A

RAINER MORITZ

ALS DER BALL NOCH RUND WAR

Schreckliche, unangenehme und
grandiose Fußball-Erinnerungen

ATLANTIK

*Atlantik Bücher erscheinen im
Hoffmann und Campe Verlag, Hamburg.*

1. Auflage 2018
Copyright © 2018 by Hoffmann und Campe Verlag, Hamburg
www.hoca.de   www.atlantik-verlag.de
Satz: Dörlemann Satz, Lemförde
Gesetzt aus der Trump Mediaeval
Druck und Bindung: C. H. Beck, Nördlingen
Printed in Germany
ISBN 978-3-455-00063-4

Ein Unternehmen der
GANSKE VERLAGSGRUPPE

»Ich kann nicht Fußball spielen,
und ich interessiere mich auch nicht für Fußball.«

Daniel Kehlmann

»Nein, ich interessiere mich überhaupt gar
nicht für Fußball.«

Benjamin von Stuckrad-Barre

»Sinnloser als Fußball ist nur noch eins:
Nachdenken über Fußball.«

Martin Walser

Für Konrad (SV Uhlenhorst-Adler)

Inhalt

Vor dem Anpfiff 11

1 Schreckliche Erinnerungen 15
2 Unangenehme Erinnerungen 43
3 Soso-lala-Erinnerungen 89
4 Schöne Erinnerungen 137
5 Grandiose Erinnerungen 225

Register 259

Vor dem Anpfiff

Franz Kafka hat die Problemlage früh erkannt. Am 3. Oktober 1923 schrieb er seinem Schwager Josef David: »Lieber Pepa, sei so gut und schreibe mir ein paar Zeilen, wenn zu Hause etwas Besonderes geschehen sollte. Heute ist Mittwoch abends, ich bin seit 10 Tagen hier und habe insgesamt 2 Nachrichten von zu Hause erhalten. Das würde vollkommen genügen, nur war es nicht gut verteilt, die 2 Nachrichten kamen schnell nacheinander. Also Du wirst mir schreiben, falls etwas geschehen sollte, nicht wahr? Und was machst Du, wenn Du niemanden hast, dem Du vor Berlin Angst machen kannst. Pepa, mir Angst machen, das ist so wie Eulen nach Athen tragen. Und es ist hier wirklich schrecklich, in der inneren Stadt leben, um Lebensmittel kämpfen, Zeitungen lesen. Das alles tue ich allerdings nicht, ich würde es keinen halben Tag aushalten, aber hier draußen ist es schön, nur manchmal dringt eine Nachricht durch, irgendeine Angst bis zu mir, und dann muss ich mit ihnen kämpfen, aber ist es in Prag anders? Wie viele Gefahren drohen dort täglich einem so ängstlichen Herzen. Und sonst ist es hier schön, dem entsprechend sind zum Beispiel der Husten und die Temperatur sogar besser als in Schelesen. – Die 20 K übergab ich einem Kinderhort, darüber werde ich Dir noch Näheres berichten. – Wenn Du ein Referat über die Berliner Zustände haben möchtest, dann schreibe mir nur. Allerdings die Berliner Preise! Es wird ein teures Referat sein. Schlage übrigens die letzte Selbstwehr auf. Professor Vogel schreibt dort wieder gegen den Fußball, vielleicht hört der Fußball jetzt überhaupt auf. Grüße mir schön die Eltern und die Geschwister und Herrn Svojsík. Übrigens kam jetzt ein Brief von Elli, es ist also alles in Ordnung.«

Wie ließe sich die Angst eines Fußballbegeisterten besser ausdrücken? »Vielleicht hört der Fußball jetzt überhaupt auf« – Franz Kafkas düstere Ahnung gehört zu den Urbefürchtungen, die alle Jahre ausgesprochen werden. Was tun, wenn es Woche für Woche keine Spiele mehr gibt? Was tun, wenn sich die Leidenschaft für das Rasengeschehen nicht mehr aufrechterhalten lässt, wenn politische oder wirtschaftliche Umstände einem die Freude am Fußball verderben, sie diesen gar unmöglich machen?

Schon im 19. Jahrhundert gab es diese Sorge, wie ein Zitat aus *Routledge's Handbook of Football* nahelegt: »Lovers of Football are the most conservative people in the world, and real lovers of Football are necessarily a little bigoted where reform is concerned.« Die Angst vor Veränderung mag vielen Menschen gemein sein, doch der Fußballanhänger scheint in speziellem Maße ängstlich in die Zukunft zu schauen. Am liebsten möchte er sein Spiel unverändert wissen, und wann immer die Regeln geändert, Videobeweise eingeführt, Ligen umstrukturiert werden sollen, darf man sicher sein, dass laute Protestschreie die Folge sind. Der Fußballfreund hat Angst, dass sein Spiel bald nicht mehr sein Spiel sein wird. Er mag progressivsten Gedanken anhängen, was gesellschaftliche Veränderungen angeht, doch wenn es ums Eingemachte, wenn es um den Ball geht, zeigt er Beharrungsvermögen.

Vielleicht dachte man zu allen Zeiten so, vielleicht ist jede Fußballzeit von jener Urangst getrieben, morgen werde es nicht mehr so schön sein, wie es gestern war. Das hält mich freilich nicht davon ab, dieses Hausbuch des deutschen Fußballs nostalgisch auszurichten. Was in den letzten Jahren rund um den Fußball, weltweit, geschehen ist, lässt viele schaudern. Die Machenschaften der Sportfunktionäre und all derjenigen, die am Fußball verdienen wollen, haben dazu geführt, dass selbst ich gelegentlich überlege, meine lebenslange Begeisterung ad acta zu legen, mich vielleicht unverdächtigen Sportarten wie Minigolf, Eiskunstlauf oder Dressurreiten zuzuwenden, um mir nichts mehr von dubiosen Investoren, Millionenablösesummen, chinesischem Wahnsinn, Gewaltexzessen oder FIFA-Seilschaften anhören zu müssen.

Deshalb dieses Buch: Es versammelt Erinnerungen an die deutsche Fußballgeschichte, an persönliche Momente und solche, die Bestandteil des kollektiven Gedächtnisses wurden. Ein Leben ohne das Aufbewahren solcher Erinnerungen wäre für einen Fußballfan sinnlos. Es benötigt das Heraufbeschwören von Ereignissen, die die Zeit stillstehen lassen. Das können großartige, sensationelle Augenblicke, aber ebenso solche des intensiven Leidens und der deprimierenden Schicksalsschläge sein. Auch das gehört zu einem Fußballleben. Deshalb steigert sich dieses Buch allmählich vom Schrecklichen bis hin zum Grandiosen, vom Vergießen bitterer Tränen bis zu ekstatischen Freudenschreien. Klar ist dabei, dass je nach Vereinsbrille nicht leicht Einigkeit darüber zu erzielen ist, was als »schrecklich« und was als »grandios« einzustufen ist. Dass der Autor schwergeprüftes Mitglied des TSV 1860 München ist, möge als Entschuldigung für gelegentliche historische Verzerrungen angenommen werden.

Ebenso wenig geht es um Vollständigkeit. Viele werden vieles vermissen; das ist unvermeidlich. Mehr als eine Auswahl bietet dieses Buch nicht. Über die »großen« Stunden des deutschen Fußballs ist schon oft geschrieben worden. Deshalb werde ich ganz unterschiedliche Stimmen zu Wort kommen lassen, Kurioses und Abseitiges einbauen, über Málaga-Eis sprechen, über das Abseits und den Elfmeter an sich und eine

Vielzahl publizistischer Stimmen rund um den Ball zitieren. Pure Fakten lassen sich in Nachschlagewerken oder im Internet ohnehin mühelos finden. Der Frauenfußball und das Geschehen in der DDR, als die Kreisches, Dörners, Minges und Duckes auf Torejagd gingen, werden nicht gebührend gewürdigt; das sei im Vorhinein eingeräumt.

Möge dieses Hausbuch dazu beitragen, uns über die düstere Gegenwart hinwegzuhelfen. Manchmal braucht man das.

1
Schreckliche Erinnerungen

24. März 1965

Der Münzwurf zu Rotterdam

Sobald heutzutage ein Pokalspiel durch Elfmeterschießen entschieden wird, jammern die Ausgeschiedenen über die schreiende Ungerechtigkeit eines solchen Verfahrens. Von »Tennis-Ästhetik« (Helmut Böttiger) sei dieses Glücksspiel geprägt und habe mit Sport wenig zu tun. Wer so argumentiert, vergisst, dass das Elfmeterschießen und selbst das kurzzeitig praktizierte Golden Goal durchaus als gesellschaftlicher Fortschritt gewertet werden dürfen. Denn bis 1970 war es vorgesehen, dass, wenn auf dem Rasen partout keine Entscheidung fallen wollte, ein billiger Losentscheid, ja, ein Münzwurf gar über Ausscheiden und Weiterkommen richten sollte.

So haben Anhänger des 1. FC Köln den Europapokalwettbewerb der Landesmeister der Saison 1964/65 in bitterster Erinnerung. Im Viertelfinale trafen die Kölner, die zuvor die erste Bundesligaspielzeit als Meister beendet hatten, auf den favorisierten, von Legende Bill Shankly betreuten FC Liverpool. Hin- und Rückspiel endeten jeweils torlos, sodass es – in Rotterdam auf neutralem Boden – zu einem Entscheidungsspiel kam. In diesem fielen endlich Tore, zuerst zwei für Liverpool, ehe die Kölner Karl-Heinz Thielen und Hannes Löhr das Spiel drehten und für den Ausgleich sorgten. In der Verlängerung geschah nichts mehr, abgesehen davon, dass der – ziemlich unerfahrene – belgische Schiedsrichter Robert Schaut einem Treffer von Heinz Hornig rätselhafterweise die Anerkennung versagte.

Und so kam es, wozu es laut Reglement kommen musste:

zum Wurf einer Münze, die allerdings keine Münze, sondern eine zweifarbige Holzscheibe war. Umringt von den Kapitänen Yeats und Sturm, warf Schaut das Objekt in die Höhe, doch zur Verblüffung von TV-Reporter Ernst Huberty war der Bedarf an Wiederholungen und Verlängerungen immer noch nicht gedeckt: Die Scheibe blieb senkrecht im Rotterdamer Morast stecken. Erst der zweite Anlauf sorgte für klare, grausame Verhältnisse, für das Weiterkommen der Engländer um Roger Hunt und Gordon Milne.

Alle Sympathie, die man den Kölnern danach entgegenbrachte, half wenig: »Seit damals ist der Ausdruck ›Sieger der Herzen‹ für mich das schlimmste Schimpfwort« (Hannes Löhr). Kölner, die die Demütigung seinerzeit erlebten, haben dieses Trauma bis heute nicht verarbeitet, zumal der Scheibenwurf womöglich eine glanzvolle Ära der Kölner beendete, bevor sie eigentlich begonnen hatte. Um die aufstrebenden Overath und Weber hatte sich ein Team gebildet, das zu größten Hoffnungen Anlass gab ... und wer weiß, was geschehen wäre, hätten sie das Halbfinale, das Endspiel erreicht? Vielleicht wären die wie Real Madrid elegant weiß gekleideten Kölner zur bestimmenden Macht im deutschen Fußball herangereift. So schrieb eine blöde Holzscheibe Fußballgeschichte. Auch heute gilt, was Kölns Trainer Georg Knöpfle hinterher zu Protokoll gab: »Es ist einfach unfassbar.« Noch einmal übrigens, im November 1974, pfiff der Belgier Schaut, der uns im Lauf der Jahre nicht angenehmer geworden war, ein internationales Spiel des 1. FC Köln, das UEFA-Cup-Achtelfinalhinspiel gegen Partizan Belgrad. Wieder verloren die Kölner, mit 0:1.

30. Juli 1966

Ein Schuss gegen die Querlatte, alles gut, bis ...

Tore sind die Erfüllung des Fußballspiels. Taktiktüftler oder intellektuell sich aufspielende Reporter mögen uns tausendmal erklären, warum ein 0:0 raffinierteste Winkelzüge bereitzuhalten, warum das Abtasten und Ausschalten des Gegners größten Genuss zu schenken vermag. Befriedigung im echten Sinn wird das auf Dauer niemandem verschaffen. Wir wollen Tore sehen, viele Tore, gekonnt herausgespielte, und nur im Notfall, wenn der Abstieg unseres Vereins am letzten Spieltag verhindert werden muss, akzeptieren wir einen mickrigen Abstauber und pfeifen auf die Ästhetik.

Manchmal jedoch schenkt auch ein Nicht-Tor Erfüllung, sind wir vom Nicht-Gelingen berührt. Damals in den frühen siebziger Jahren zum Beispiel, als wir uns nach der Schule zum spontanen Fußballspielen auf dem steinernen Pausenhof des Heilbronner Mönchseegymnasiums trafen. Für ein richtiges Match fehlten Zeit und Mitspieler, also versammelten wir uns vor einem der beiden Handballtore und versuchten uns an »Ball aus der Luft«. Drei oder vier spielten sich den Ball zu, der den Boden nicht berühren durfte, und machten uns daran, den Torhüter per Direktabnahme, also »aus der Luft«, zu überwinden.

Dieses einfache Spiel, auch »Hochball« oder »Hoch eins« genannt, kann man zu einem Wettkampf ausgestalten, bei dem erfolgreiche Torschüsse oder Paraden mit Punkten honoriert werden. Ob wir das damals auf dem Pausenhof taten, weiß ich nicht mehr. Auf jeden Fall erinnere ich mich gut daran, dass es nicht immer die satten Volleys oder platzierten Kopfbälle waren, die – wenn das Netz zappelte – Genugtuung verschafften. Nein, ein außergewöhnliches Glücksgefühl, gepaart mit leiser Tragik, bereiteten gerade jene Momente, da der prächtig getroffene Ball sein Ziel um Haaresbreite verfehlte und wuchtig gegen die rot-weiße Latte oder den Pfosten knallte. Was für ein schönes Geräusch, dieses mal dumpfe, mal helle Abprallen! Was für ein erwartungsvolles Aufschauen, was für eine Wonne, das Leder so schön getroffen, am Torwart vorbeigezirkelt und dennoch die Vollendung um wenige Zentimeter verfehlt zu haben!

Latte ist besser als Pfosten, das galt einst, das gilt heute. Am Quergebälk zu scheitern war erhabener, fataler als am in den Boden gerammten, quasi geerdeten Pfosten. Wer die Latte traf, hatte nicht versagt, musste nicht Spott und Hohn ertragen. Lattenknaller verschaffen paradoxerweise ein Gefühl der befriedigenden Enttäuschung: Ja, gewiss, man hatte nicht ins Tor getroffen, doch man war an höheren Mächten, am dummen Pech gescheitert. Wer Pech hat, ist kein Versager. Wer an der Latte scheitert, ist ein Held, ein gebrochener Held, denn wahre Größe zeigt sich erst, wenn das Schicksal sich gegen einen verschwört und winzige Widrigkeiten den Triumph verhindern.

Noch heute erfreut es mich vor dem Fernseher oder im Stadion, wenn ich das Klatschen höre, das Klatschen des gut getroffenen Balles, der von der Querlatte zurückspringt. Ich sehe, wie das Gesicht des Spielers, der die Flugbahn verfolgt, vor Schreck erstarrt, wie der Ball abprallt und der Torschrei, wie es so dramatisch heißt, auf den Lippen erstirbt. Dann vielleicht ein kurzes Aufstöhnen, ein Niedersinken auf den Rasen, ein Die-Hände-vor-den-Kopf-Schlagen – in der Ahnung, dass dieser herrliche Fehlschuss womöglich den Sieg der eigenen Mannschaft vereitelt. Und dagegen die auflodernde Erleichterung des Torhüters, dessen Blick ängstlich dem unerreichbaren Ball hinterherfliegt und der in Sekundenschnelle die Rettung erkennt. Noch einmal davongekommen, das sagt dieser Blick. Lattenknaller schenken eine Erfahrung, die es im Leben selten gibt: Genuss im Misslingen.

Diese Betrachtung über den feinen Lattenschuss wäre noch schöner, wenn sie sich auf die fatale, oft beschriebene Verlängerung des WM-Finales 1966 England gegen Deutschland anwenden ließe. Dort nämlich im Wembley-Stadion war in der Verlängerung ein solcher prächtiger Lattenschuss des Briten Geoff Hurst zu bewundern, der freilich eine unglückliche Flugbahn nahm und auf (natürlich: auf!) die Torlinie zurückprallte. Den von da hochspringenden Ball köpfte der tapfere Abwehrspieler Weber leider ins Toraus, denn hätte er ihn irgendwie im Spiel gehalten, hätte es kaum mehr als ein bisschen Geschrei gegeben und es wäre ruckzuck weitergegangen. So aber ruhte das Geschehen, es gab Zeit zu protestieren und Schiedsrichter Gottfried Dienst aus der Schweiz Zeit, nachzudenken und hinüber zu seinem Linienrichter Tofik Bachramow aus Baku zu blicken. Mit prophetischer Gabe ahnte Reporter Rudi Michel, der kurz zuvor noch räsonierend zurückgeblickt hatte (»Ich sag ja immer: Die Engländer haben das Fairplay erfunden, aber nicht alle Spieler wissen das«), das Kommende: Sein spontaner und korrekter Ausruf »Nicht im Tor, kein Tor« blieb ungehört, und als die beiden Schuldigen jenes 30. Juli, Dienst und Bachramow, auf 3:2 für England entschieden, seufzte Michel »Das wird nun wieder Diskussionen geben«. Recht hatte er.

Computeranalysen haben, zumindest wenn sie von deutschen Fachleuten angestellt wurden, längst ergeben, dass der Ball, als er von der Latte nach unten prallte, keineswegs die Linie in vollem Umfang überschritten hatte. Dienst und Bachramow agierten offenbar in Unkenntnis der Verse Reinhard Umbachs: »Soll der Schuss ein Treffer sein, / muss der Ball ins Tor hinein. / Ob er reinrollt oder -fliegt / oder unterm Tormann liegt, / ist im Grund höchst egal; / im Gegensatz zu jener Zahl, / mit der vom Ball der Radius / noch malgenommen werden muss, / um schon rein rechtlich so zu liegen, / dass letzte Zweifel rasch verfliegen. / 2 Pi macht Balls Umdrehung voll, / die er die Linie drüber soll. / So wird erst mathematisch klar, / was vorher unumstritten war.«

Die Debatten über das »Wembley-Tor« halten bis heute an. Gerhard Henschel und Günther Willen schrieben darüber sogar ein ganzes Buch *(Drin oder Linie?)*, in dem die entscheidende Frage schonungslos gestellt wurde: Wie bitte verständigten sich Dienst und Bachramow? Allein nonverbal? Telepathisch? Entschied das hektische Winken des schlechtfrisierten aserbaidschanischen Linienrichters? Oder sprachen die beiden irgendwie miteinander? Henschel und Willen liefern in ihrem Buch mehrere Versionen des bis heute nicht zweifelsfrei überlieferten Dialogs. Am besten gefällt uns die »Kleines Missverständnis« betitelte Fassung: »Dienst: Was fuchteln Sie denn hier so aufgeregt mit der Fahne rum, Mann? Ist ja furchtbar! – Bachramow *(zeigt mit der Fahne zur Ehrentribüne)*: Da vorne ist de Gaulle, de Gaulle! – Dienst: Was? – Bachramow: De Gaulle, de Gaulle, de Gaulle! – Dienst: Goal? Na, von mir aus ... *(Er entscheidet auf Goal.)*«

Nicht verschwiegen sei der diplomatische Skandal, dass das Stadion in Baku heute nach jenem Tofik Bachramow benannt ist und eine viel zu große Statue des Pfeifenmannes den Eingang verunstaltet. Dass deutsche Mannschaften in dieser Arena Spiele austragen müssen, ist eine Zumutung, ein Affront. Dass Geoff Hurst zu jenen gehörte, die diese Statue enthüllten, verwundert nicht.

6. Juni 1971

Ein Obsthändler erschüttert die Bundesliga in ihren Grundfesten

Es war schrecklich. Mein vom bundesrepublikanischen Wirtschaftswunder geprägtes Leben geriet mit einem Mal in Schieflage. Was sich in den kommenden Jahren – Anschlag bei den Olympischen Spielen in München! Autofreier Sonntag! Deutscher Herbst! – kontinuierlich verschlimmern sollte. Die sorglosen Jahre schienen vorüber, sollten nicht wiederkehren. Zu den Konstanten, die mir schon in der Schulzeit wichtig waren, gehören die prickelnden Spannungsbögen, die der Fußball, vor allem der samstägliche Bundesligafußball, für mich bereithielt. Zwar zweifelte ich in früher Naivität daran, dass es, wenn die Helden Brunnenmeier, Overath oder Müller einmal in den Ruhestand träten, es der folgenden Generation ebenso gelänge, mich in Bann zu ziehen, doch bald merkte ich, dass die Gesetze der ewigen Wiederkehr von Frühling, Sommer, Herbst und Winter auch im Fußball galten.

Diese herrlichen Aussichten trübten sich abrupt ein, als der Bundesligaskandal hohe Wellen schlug, einen Tag nach Beendigung der Saison 1970/71. Der Präsident der gerade abgestiegenen Offenbacher Kickers, der Südfrüchtegroßhändler Horst-Gregorio Canellas, lud Wegbegleiter und Medienvertreter zu sich nach Hause ein, um seinen 50. Geburtstag zu feiern. Überraschenderweise schaltete er aber nicht einen Diaapparat, sondern ein Tonband ein – jedoch nicht, um zur Feier des Tages die neuesten Hits von Mary Roos und Juliane Werding abzuspielen. Nein, Canellas beabsichtigte, seinen Gästen mit Mitschnitten von dubiosen Telefonaten die Stimmung zu verhageln. Anhand dieser Gespräche nämlich ließ sich zweifelsfrei belegen, dass der Bundesligaabstieg verschoben worden war, dass reichlich Gelder angeboten und genommen wurden, dass Arminia Bielefeld und Hertha BSC Berlin nicht aufgrund ihrer Spielstärke die Klasse erhalten hatten.

Ich litt wie ein Hund unter diesen Enthüllungen. Mein Vater schaute resigniert zu Boden, konnte es ebenso wenig fassen, dass Lug und Trug die letzten Spieltage regiert hatten. Es war zum Verzweifeln – das, was den Fußball ausmacht, die Unvorhersehbarkeit der Ergebnisse wurde in Grund und Boden erschüttert. Wo Stürmer absichtlich Torchancen versieben und

Torleute harmlose Schüsse durch die Finger rutschen lassen, ist das Prinzip des Spiels zerstört, ergibt es keinen Sinn mehr, seine Zeit damit zu vergeuden.

Das war das Ende des Fußballs, dachte ich, zumal sich bald herausstellte, dass über 50 Spieler involviert waren, dazu ein paar Trainer und Funktionäre. Und nicht irgendwelche Wald- und-Wiesen-Kicker, sondern Nationalspieler wie Bernd Patzke, Klaus Fischer, Rolf Rüssmann, Klaus Fichtel und Reinhard Libuda. 18 Saisonspiele waren betroffen, zwei Millionen Mark an Bestechungs- und Schweigegeldern geflossen. Zu den Tätern zählte mein Torwartheld Manfred Manglitz, der zuerst für den MSV Duisburg und dann vor allem, zwischen 1969 und 1971, für den 1. FC Köln den Kasten sauber hielt. Vergeblich hatte ich mich in dieser Zeit für den hochgewachsenen, eleganten Manglitz stark gemacht und gefordert, dass er und nicht Sepp Maier das deutsche Tor hütete – vergebens natürlich. Immerhin stand er im WM-Kader 1970. Und ausgerechnet mein Manglitz hatte es besonders toll getrieben und unverblümt signalisiert, dass er ein paar Dinger reinlassen werde, wenn man ihn nicht mit Geld vom Gegenteil überzeugen würde.

Viele der Sünder wurden vom DFB lebenslang gesperrt und – warum eigentlich? – schon nach sehr kurzer Zeit wieder begnadigt. Geschadet hat es der Liga enorm; die Zuschauerzahlen gingen in der Folge rapide zurück. Verschobene, abgekartete Spiele wollte niemand sehen, dann lieber Halma oder Zoobesuch. Die BILD-Zeitung titelte: »Alarm! Bundesliga ist dem Untergang geweiht«. Auch mein Vater und ich gingen auf Distanz, kurzzeitig zumindest. Manfred Manglitz, der gleich zweimal lebenslang aufgebrummt bekam, wurde 1974 begnadigt, spielte in der Folge für den FSV Gebäudereiniger Köln und den Zweiligaaufsteiger 1. FC Mülheim-Styrum, unter anderem bei dessen 6:1-Sieg gegen den Spandauer SV. Ein Tor für Styrum erzielte Holger Osieck, der später Teamchef Beckenbauer assistierte. So hängt alles mit allem zusammen. Meine Mutter stammt, nebenbei bemerkt, aus Mülheim an der Ruhr, falls das von Interesse ist.

20. Oktober 1971

Eine Cola-Dose und ein vom Schlag getroffener Italiener

Eigentlich genießt die Dose an sich bei Fußballern ein gutes Ansehen. Wer hat nicht als Kind der Verlockung nachgegeben und eine auf dem Gehsteig angetroffene, eingedellte Getränkedose lustvoll weggekickt? Das scheppert so schön, viel besser, als wenn man einen Kiesel oder eine Kastanie als Schussobjekt verwendet. So war es auch in Uruguay dereinst, wie sich der Schriftsteller Eduardo Galeano erinnert: »Auch ein Apfel kann, zumindest solange er ganz ist, als Fußball dienen, ebenso ein zusammengebundenes Stoffzeug oder zusammengeknülltes Papier oder sogar eine gar nicht runde Konservendose, wenn sie sich nur bewegen lässt; denn wenn sie sich bewegt, so hat sie in ihrer Bewegung schon den Anschein, rund zu sein.«

Dass die Dose an Renommee verlor, hat viel mit einem Europapokalabend am Gladbacher Bökelberg zu tun, mit dem 20. Oktober 1971. Die Gastgeber empfingen Inter Mailand und führten nach einer knappen halben Stunde bereits mit 2:1, als eine Dose, genauer: eine klassisch rote Coca-Cola-Dose auf den Rasen flog und den italienischen Stürmer Roberto Boninsegna am Kopf traf. Was dann geschah, lässt sich – das Spiel wurde nicht im Fernsehen übertragen – nur anhand von Augenzeugenberichten erahnen. Gladbachs fränkischer Abwehrrecke Ludwig Müller, offenbar des Italienischen kundig, machte zweckdienliche Angaben: »Ich habe gesehen, wie die Dose Boninsegna an der Schulter traf. Zunächst schaute er nur ganz verdutzt. Dann kam Inter-Kapitän Sandro Mazzola auf ihn zugestürmt und rief, er solle sich fallen lassen. Und schon sank er wie vom Blitz getroffen zu Boden. Dabei war die Dose so gut wie leer. Das habe ich gemerkt, als ich sie Richtung Bande gekickt habe. Boninsegna wollte aufstehen, doch ein Inter-Masseur drückte ihn immer wieder zu Boden. Dann ließ er sich auf einer Trage abtransportieren. Wir haben aber gesehen, dass er dabei noch seinen Mitspielern zugezwinkert hat. Es war eine große schauspielerische Leistung.«

Ein erschütternder Bericht, den Jahre später der niederländische Schiedsrichter Jef Dorpmans bestätigte. Auch er hatte den Eindruck, dass der Werfer die Dose zuvor leer getrunken hatte, ehe er Boninsegna ins Visier nahm. Dorpmans unterbrach das Spiel für mehrere Minuten, dachte über Abbruch nach, doch »dann kam der Polizeihauptkommissar von Mönchengladbach und bat mich, das Spiel fortzusetzen, weil auch 7000 bis 8000 Italiener im Stadion waren«. Was folgte, weiß jedes Kind: Der »tote Mann« (Udo Lattek) Boninsegna ließ sich auswechseln; Gladbach war nicht mehr zu bremsen und fegte die Mailänder am Ende mit 7:1 aus dem Stadion – wohl das beste Spiel, das Netzer, Kulik, le Fevre, Heynckes & Co. je ablieferten.

Genützt hat ihnen das nichts. Die UEFA annullierte das Spiel. In Mailand verlor Gladbach mit 2:4; das Wiederholungsspiel in Berlin endete 0:0. Ludwig Müller brach sich dabei das Bein – nach Foul von Boninsegna. Dessen filmreife Einlage trübte das deutsch-italienische Verhältnis über Jahre. Da hatten sich die »Gastarbeiter« allmählich eingelebt; da hörte man gern Rocco Granata, Adriano Celentano, Rita Pavone & Mina zu und freundete sich damit an, dass mit allerlei Dingen bestückte Hefefladen, Pizza genannt, tatsächlich essbar waren. Sogar mein in solchen Dingen stets skeptischer Vater griff beherzt zu, zu Hause eher als im Lokal. Bereits beim WM-Halbfinale Italien gegen Deutschland 1970 hatte man sich über die Italiener erregt, die alle paar Minuten den sterbenden Schwan mimten. Mit einem wie Boninsegna wollte man nichts zu tun haben. Gab es nicht auch andere Urlaubsziele als den Teutonengrill von Bibione und Rimini?

Das verhasste Objekt, die Dose, nahm Schiedsrichter Dorpmans mit nach Hause, nach Arnheim, wo sie viele Jahre lang zu besichtigen war. Erst 2011 gelang es den Gladbachern, sie an den Ort des Geschehens zurückzuführen. Die auf Hochglanz polierte Büchse, inzwischen gänzlich leer, schmückt seitdem das Vereinsmuseum von Borussia Mönchengladbach. Was aus Roberto Boninsegna geworden ist? Keine Ahnung. Wahrscheinlich spielt er seine Paraderolle in irgendeinem italienischen Provinztheater und hofft, dass Besucher aus Mönchengladbach ihn nicht erkennen.

21. Juni 1978

Die Schmach von Córdoba

Am 3. Juli 1866 kam die deutsche Reichsgründung einen entscheidenden Schritt voran. Im Deutschen Krieg trafen im tschechischen Dorf Sadowa die preußischen Truppen auf Österreich und Sachsen und landeten in der »Schlacht bei Königgrätz« einen verlustreichen, aber folgenreichen Sieg, der die Habsburgermonarchie außenpolitisch in die Enge trieb.

Dass sich die Niederlage von Königgrätz tief in das österreichische Bewusstsein eingrub, zeigt sich auch auf sportlicher Ebene, wo das Verhältnis zwischen Deutschland und Österreich bis heute ein besonders prekäres ist. Als bei der Fußball-WM 1954 das starke Österreich im Halbfinale gegen Deutschland mit 1:6 hilflos die Waffen streckte, saß das zwischen Innsbruck und Graz tief. Friedrich Torberg *(Die Tante Jolesch)*, ein mit Wasser- und Fußball vertrauter Autor, sprach in kühnen Superlativen von einem »katastrophalsten Debakel«, von der »vernichtendsten Niederlage seit Königgrätz«. So blühte der Deutschland-Komplex der Österreicher damals kräftig auf. Nahrung hatte dieser bereits zwanzig Jahre zuvor erhalten, als Österreich bei der WM 1934 im Spiel um den dritten Platz 2:3 gegen Deutschland verlor – das besiegelte Ende des österreichischen »Wunderteams« um Hiden, Gschweidl, Zischek, Schall und »Mozart« Matthias Sindelar. Dieses hatte noch kurz zuvor auf geniale Weise den europäischen Fußball aufgemischt und Deutschland 1931 zwei herbe Niederlagen (0:6 und 0:5) bereitet. Dass ausgerechnet der deutsche Kraftfußball 1934 über die Leichtigkeit des (schon im Verfall begriffenen) »Wunderteams« obsiegte, schmerzte doppelt.

Siebenundvierzig Jahre lang musste das gebeutelte Österreich seit 1931 auf einen Sieg gegen Deutschland warten – bis es in der argentinischen Millionenstadt Córdoba, der »Stadt der Glocken«, zum großen, nein, zum größten Sieg kam. Im letzten Vorrundenspiel der zweiten Gruppe 2 traf das bereits ausgeschiedene Österreich auf Deutschland, das seinen Zenit längst überschritten hatte – unter der Leitung des Israeli Abraham Klein. Bald stand es in einer munteren Partie, an der sich Berti Vogts in seinem letzten Länderspiel rege mit einem Eigentor beteiligte, 2:2. Zur »Schmach« gedieh das Spiel in der 87. Minute, als sich der Österreicher Hans Krankl, der schon den Führungstreffer zum 2:1 erzielt hatte, durchtankte und Sepp Maier keine Chance ließ. Dass dieser den Sieg der Mannschaft von Helmut Senekowitsch besiegelnde Augenblick derart stark in Erinnerung blieb, lag vor allem an der Reportage des Österreichers Edi Finger sen. Dessen »Da kommt Krankl (…) in den Strafraum – Schuss … Tooor, Tooor, Tooor, Tooor, Tooor, Tooor! I wer' narrisch! Krankl schießt ein – 3:2 für Österreich!« gehört zum kollektiven akustischen Gedächtnis

Österreichs. Und auch die zu überstehenden Folgeminuten kosteten Edi Finger viele Nerven. Beachtenswert blieb, dass Finger, selbst in Momenten, da sich seine Stimme überschlug, nicht jede Contenance verlor und, wie es in Österreich Sitte und Anstand gebieten, Respekt vor akademischen Titeln bewahrte. Krankls Siegtor löste zwar in der Reporterkabine heftigste Emotionen aus, doch auch der größte Kusseifer führte nicht dazu, dass Anreden unkorrekt verkürzt werden: »Meine Damen und Herrn, wir fall'n uns um den Hals, der Kollege Rippel, der Diplom-Ingenieur Posch, wir buss'ln uns ab.« Córdoba machte Edi Finger zu einer der berühmtesten österreichischen Persönlichkeiten.

Der deutsche Berichterstatter Armin Hauffe blieb, wer will es ihm verdenken, kühl und gelassen, konstatierte eine »absolute Überraschung«. Hansi Müller, der nach der Halbzeit für Erich Beer mit der »hohen Stirn« (Edi Finger) eingewechselt worden war, hielt fest, welche Atmosphäre später in der Kabine der Gedemütigten herrschte: »Eine gewisse Leere. Rolf Rüssmann hat geweint, weil er sich vom Hans Krankl düpieren hat lassen. Die Enttäuschung war wahnsinnig groß. Wir fielen irgendwie in ein tiefes Loch. Ich kann mich noch an die Heimfahrt erinnern. Wir fuhren mit dem Bus von Córdoba zum Flughafen, und es lief die Kassette mit dem Titel *Der Mann mit der Mütze geht nach Haus'* – gemeint war Helmut Schön. Das hat so richtig gepasst, wir hatten ja die Platte für die WM gemacht, und jetzt saß er vorne im Bus, der Helmut Schön, und wir fuhren wirklich nach Hause. Wir waren sehr frustriert.«

Der Ordnung halber sei angemerkt, dass die österreichische Geschichtsschreibung den Terminus »Schmach von Córdoba« nicht verwendet.

25. Juni 1982

Tu du mir nichts, dann tu ich dir nichts oder: Deutschland und Österreich kommen weiter

Es ist die Zeit der Friedensbewegung, der Nachrüstungsdebatten, der Pershing-II-Raketen, der großen Bonner Hofgartendemonstration und der Frage, welches Drohpotenzial nötig ist, um die Großmächte USA und UdSSR in Schach zu halten. Nicole gewinnt im englischen Harrogate den Grand Prix Eurovision de la Chanson mit ihrem lieblich-ehrlichen Appell *Ein bisschen Frieden*, und Hans Hartz, der Bonnie Tyler des deutschen Schlagers, zeigt mit *Die weißen Tauben sind müde*, woher der Zeitgeist weht.

Vielleicht waren es diese unterschwelligen Stimmungen, die sogar vor dem Fußball nicht haltmachten und mit »Granaten« und »Bomben« groß gewordene Stürmer plötzlich an ihrem Handwerk zweifeln ließen. So wie bei der WM 1982 im spanischen Gijón, als es zum letzten Spiel der Gruppe 2 kommt, ausgerechnet zwischen den Deutschen und den Österreichern, vier Jahre nach dem für die Ersteren so deprimierend verlaufenden WM-Ausscheiden in Argentinien (Córdoba!). Da – dieser Modus wurde nach der WM schnell geändert – das vorletzte Gruppenspiel (Algerien schlägt Chile) bereits beendet war, wussten Deutschland und Österreich genau, wie ihre Aufgabe, das gefahrlose Weiterkommen, am leichtesten zu lösen war: Deutschland musste das Spiel gewinnen, und Österreich durfte mit höchstens zwei Toren Unterschied verlieren.

Nach zehn Minuten war das Gewünschte erreicht: Horst Hrubesch brachte Deutschland in Führung, und kurz darauf beschlossen beide Teams, es mit diesem Ergebnis gut sein zu lassen. Man »verwaltete« es, mied konfliktreiche Strafraumsituationen und schob sich – einander wäre auch nicht gefahrvoller gewesen – den Ball in aller Gemütsruhe zu. So trugen alle Beteiligten, offenbar unterschwellig durch den Geist der Friedensbewegung beeinflusst, zur »Schande von Gijón« bei, die statt stürmischer Versuche, einen Treffer zu laden, zu einem Nichtangriffspakt führte. Folgerichtig blieb es beim 1:0; das Nachsehen hatten mal wieder die »Kleinen«, die tapferen Algerier, die Deutschland im ersten Gruppenspiel sensationell besiegt hatten. Die spanischen Stadionbesucher quittierten das Elend, indem sie weiße Taschentücher schwenkten.

Das Ballgeschiebe von Gijón mutete so zynisch an, dass selbst die gerne in nationaler Begeisterung schwelgenden TV-Reporter begriffen, dass hier nichts schönzureden war. Eberhard Stanjek nannte das Geschehen »schändlich«; sein österreichischer Kollege Robert Seeger forderte – eine willentliche Quotensenkung heraufbeschwörend – die Zuschauer auf, ihre Fernsehgeräte auszuschalten, während sein Landsmann Manfred Payrhuber mit der Prognose »Das Match wird zweifellos in die Geschichte eingehen« recht behalten sollte.

Die Akteure selbst sparten anfänglich mit Selbstkritik. »Ich weiß nicht, was man will: Wir sind qualifiziert«, beschied Hans Krankl patzig, wohingegen man auf deutscher Seite mal wieder alles dafür tat, um ein arrogantes Image zu hegen und zu pflegen. DFB-Präsident Hermann Neuberger und Trainer Jupp Derwall (»Das Resultat, das war der große Nenner«) schwadronierten vor sich hin, lenkten vom Gijóner Geschehen ab und zeigten auch im Nachhinein keinerlei Einsicht.

Wer wissen möchte, warum der deutsche Fußball in den achtziger Jahren trotz seiner Erfolge oft genug eine unansehnliche Zumutung war und keine innige Begeisterung auslöste, braucht nur »Gijón« zu sagen, und sofort ist alles Hässliche und Schmachvolle präsent. Erfolg ist nicht alles – manchmal stimmt dieser Satz. Ob es ohne die Friedensbewegung, Petra Kelly & Co. und ihr Bemühen, Frieden ohne Waffen zu schaffen, zu einem Stillhalteabkommen à la Gijón gekommen wäre, ist eine noch nicht ausreichend erforschte Fragestellung. Für

Torwart Toni Schumacher, der gegen Österreich sein Können vor allem beim Auffangen eines deutschen Einwurfs unter Beweis zu stellen hatte, zeitigte das ereignislose Spiel gegen Österreich schwerwiegende Folgen: Von der Friedfertigkeit zu Gijón offenbar genervt, entlud sich sein angestautes Aggressionspotenzial wenig später im Spiel gegen Frankreich, siehe den folgenden Eintrag. Zu viel Frieden kann eben auch Unheil hervorrufen.

Den souveränsten Umgang mit diesem düsteren Abend pflegte der Dichter Ror Wolf. Für seinen Zyklus von WM-Gedichten schrieb er eines mit dem Titel *Neunzehnhundertzweiundachtzig*. Es umfasst viele Strophen, bezeugt alles Mögliche, was beim Turnier in Spanien geschah – aber erwähnt das Herumgeeiere von Gijón mit keinem Wort. Darin zeigt sich die Wirkkraft von Literatur sehr anschaulich. Das Elend verschweigen kann das Elend besonders sichtbar machen.

Ein anderer Deutscher fiel bei dieser Weltmeisterschaft weniger durch unsportliches als durch ungeschicktes Verhalten auf: Schiedsrichter Walter Eschweiler, einer der kuriosen Figuren seines Metiers, kollidierte im Spiel Italien gegen Peru mit einem Spieler, stürzte zu Boden und legte – je nach Sicht der Dinge – einen Purzelbaum oder eine Rolle hin. Was erheiternd aussah, soll die im Auswärtigen Amt beschäftigten »Pfeife der Nation« jedoch einen Zahn gekostet haben. Trotzdem agierte er später als Werbeträger für das »fruchtige Kaubonbon Maoam« in einem denkwürdigen Spot, der Schiedsrichter und Fans im Dialog zeigt: »Wollt ihr Verlängerung? – Nein! – Wollt ihr Elfmeterschießen? – Nein! – Was wollt ihr denn? – Ma-o-am! Ma-o-am! Ma-o-am!« Ob Felix Brych und Manuel Gräfe nach Karriereende Ähnliches hinbekommen werden?

8. Juli 1982

Torwart Toni Schumacher zerstört die Erinnerung an ein glanzvolles Spiel

Eigentlich hat dieser Tag nichts unter den schrecklichen Erinnerungen zu suchen. Denn eigentlich war die »Nacht von Sevilla« ein prickelnder Fußballabend mit allen dramaturgischen Effekten, wie man sie liebt. Halbfinale der Fußball-WM, Frankreich gegen Deutschland. Nach einem 1:1 geht es in die Verlängerung, in der die bestens besetzte französische Elf alles klarzumachen scheint: Trésor und Giresse schießen eine 3:1-Führung heraus. Doch dank des eingewechselten Karl-Heinz Rummenigge kommen Jupp Derwalls Mannen zurück. Rummenigge selbst und Klaus Fischer schaffen den Ausgleich, sodass das Elfmeterschießen, eine deutsche Spezialdisziplin, den Ausschlag geben muss. Und während auf deutscher Seite nur Uli Stielike scheitert, pariert Toni Schumacher zwei der französischen Strafstöße. Doch so erregend dieses Spiel war, so groß die Freude übers Weiterkommen: Insgeheim wussten alle Deutschen, dass Schumacher zu diesem Zeitpunkt nicht mehr im Tor hätten stehen dürfen. In der 57. Minute war der kurz zuvor eingewechselte Patrick Battiston auf Schumacher zugelaufen, hatte den Ball über diesen gelupft und wurde im gleichen Moment vom deutschen Torhüter mit Hüft- bzw. Knieeinsatz brutal niedergestreckt: Bewusstlosigkeit, angebrochener Halswirbel, ausgeschlagene Zähne, Kiefernbruch, Auswechslung – Battiston war erledigt worden. Was alle ohne Zeitlupe sahen, sah einer nicht: der niederländische Schiedsrichter Charles Corver, der das Spiel mit Abstoß fortsetzen ließ. Rot für Schumacher und Elfmeter für Frankreich wären die einzig richtigen Entscheidungen gewesen.

Ein Trauerspiel, das der unverständige Schumacher im Nachhinein noch trauriger machte. Dass er dem gebeutelten

Battiston die Jacketkronen zahlen wolle, wurde als sein Kommentar überliefert. Französische Medien sprachen von einem Attentat, von einem Dritten Weltkrieg. Das Feindbild des plump aggressiven Deutschen bediente Schumacher aufs Beste. Der Journalist und spätere Kurzzeit-DFB-Präsident Wolfgang Niersbach verfasste einen peinlich zu lesenden Spielbericht, zitierte Schumachers »Es war wirklich keine Absicht« und sprach vom »klassischen K. o.« Battistons.

Leidtragender der Schumacher'schen Brutaloattacke wurde in gewisser Weise auch Klaus Fischer, der in der 108. Minute nach Kopfballvorlage von Hrubesch durch einen seiner wunderbaren Fallrückzieher den 3:3-Ausgleich markierte. Dieser Treffer wurde später zum Tor des Jahres 1982 gekürt, doch ungetrübte Freude will darüber bis heute nicht aufkommen, dank Schumacher. Große Gedanken scheint man sich beim DFB über seinen wildgewordenen Torhüter nicht gemacht zu haben; die Begeisterung überwog, und der unbekümmerte Pierre Littbarski erzählte in der wichtigen Publikation *Der Nationalmannschaft in den Kochtopf geguckt* gern davon, wie die Mannschaft regenerierte: »Es ist ja viel darüber geredet worden, und so plaudere ich auch gar kein Geheimnis aus: Fußballspieler greifen in ihrer Freizeit auch oft zu den Karten. Es muss ja nicht immer Poker sein – Skat tut's auch. Also: Auch in Spanien haben wir häufig Skat gespielt. Zum Beispiel nach dem Frankreichspiel, das vielleicht eines der besten Spiele der gesamten Weltmeisterschaft war und das wir erst nach Verlängerung und Elfmeterschießen gewinnen konnten. Ich gebe zu: Es wurde spät, sehr spät sogar. Der Grund oder die Erklärung: Wenn man so aufgekratzt ist, so aufgewühlt wie nach einer solchen Nervenschlacht, dann braucht man Ablenkung. So mischten Kalle Rummenigge, Paul Breitner, Hansi Müller und ich die Karten. Das Spiel ging hin und her, die Zeit verstrich, ich wurde schläfrig, die anderen hungrig. Sie bestellten Rühreier. Ich war schon fast im Bett, da riefen sie mich an, ob ich nicht auch noch Hunger hätte. Auf dem Tisch standen Rührei aus vierzig Eiern, für jeden zehn. Wir haben sie verputzt. Morgens um halb sechs.«

Rührei, das hätte der zusammengetretene Battiston zur Not zu sich nehmen können. Schumacher selbst wusste mit Eierspeisen wenig anzufangen und setzte andere Prioritäten: »Gulasch ist mein Leben.« Auch später fiel uns der Kölner Torwart nicht angenehm auf. 1987 veröffentlichte er seine wichtigtuerische, Enthüllungen versprechende Autobiographie *Anpfiff*. Es ging um Doping und das Sexleben der Fußballer, gerade während großer Turniere. Schumacher sprach Klartext: »Wir sind nun mal keine Eunuchen. Warum nicht käufliche Schöne einladen, die unter medizinischer Kontrolle stehen? Der eine nähm sich eine Brünette, der andere steht auf Rothaarige. Man hätte die Gewissheit, dass die Mädchen ›clean‹ sind. Lieber organisierte ›Liebe‹ als zusehen, wie die Jungs in die nächstgelegene Stadt flüchten und sich in irgendeinem üblen Puff Tripper, Maul- und Klauenseuche holen.«

Keine Frage, es gibt bei einer WM vieles zu bedenken.

19. Mai 2001

Auf Schalke glaubt man vier Minuten lang, deutscher Meister zu sein, bis Markus Merk und Bayern München etwas dagegen haben

An diesem Samstagnachmittag befand ich mich gegen 17 Uhr auf einer Landstraße vor den Toren Hamburgs. Wir waren auf dem Weg zum Sommerhäuschen eines befreundeten Paares. Das Radio lief, NDR 2, Bundesligaschlusskonferenz, es ging um die Wurst, es ging an diesem 34. Spieltag um die Meisterschaft. Schalke 04 hatte, wenn auch mühsam, seine Pflicht getan und Unterhaching mit 5:3 niedergerungen. Nun lag es am Hamburger SV, der gegen die Bayern gewinnen musste, um den Schalkern nach Jahrzehnten wieder eine Meisterschaft zu bescheren. Nervös lauschte ich der Konferenz, als das Wunder einzutreten schien: In der 90. Minute köpfte der HSVer Barbarez elegant ins Tor, und den Herren Hoeneß, Beckenbauer, Henke und Hitzfeld stand entsetzliche Fassungslosigkeit ins Gesicht geschrieben. Ich fuhr mit dem Auto an den Straßenrand; das ließ sich nicht in Bewegung ertragen.

Auf Schalke pfiff Schiedsrichter Strampe ab, in Hamburg lief die Nachspielzeit, die 94. Minute ... als Hamburgs Torwart Schober, ein Schalker eigentlich, einen Rückpass aufnahm und Schiedsrichter Merk zum Pfiff zwang. Ob es wirklich ein absichtlicher, mit indirektem Freistoß zu ahndender Rückpass war oder nicht, darüber lässt sich bis heute trefflich streiten – eine Entscheidung, die nicht mal der Videobeweis eindeutig hätte treffen können. Es kam, wie es kommen musste: Abwehrspieler Andersson machte den Ausgleich und riss Schalke die Meisterschale aus den Händen.

Die Szenen, die sich danach abspielten, waren herzerschütternd. Aufgrund einer Fehlinformation dachten die Schalker eine kurze Zeit lang, dass das Spiel in Hamburg bereits abgepfiffen sei, und jubelten über Fortunas Gabe. Bis die Wahrheit ans Licht, also auf die Leinwand kam, bis der »Genickschlag« (Rudi Assauer) mit eigenen Augen zu sehen war. Aus der kurze Traum. Ich war kaum noch fähig, die Autofahrt wieder aufzunehmen. Der Abend verlief in gedrückter Stimmung. Wäre ich Schalke-Anhänger gewesen, hätte ich geweint. Fußballfans haben, das verstehen Nicht-Fußballfans selten, Gefühle, starke Gefühle, und selbst wenn sie vielleicht nicht in der Lage sind, diese gegenüber ihrer Familie, ihrem Partner zu zeigen – beim Fußball ist das anders, bei Abstiegen und gemein verpassten Meisterschaften. Tränen gehören zu diesem Spiel. Lassen Sie mich dazu etwas Grundsätzliches sagen:

Wer wie ich mit schlechter Musik aufgewachsen ist und statt Alice Cooper, Nazareth oder Rory Gallagher eine offen gezeigte Schwäche für Mary Roos, Marianne Rosenberg und Peter Orloff hegte, der behält Zeilen im Ohr, die er für alle Zeiten nicht mehr loswird. Irgendwann sollte man aufhören, gegen diesen Schrott im Kopf anzugehen, und klaglos akzeptieren, dass die Alltagskultur vielfältig ist und man selbst mit literarisch dürftigem Gut in der Welt bestehen kann. Nehmen Sie mich zum Beispiel und meine frühe Prägung durch das Schaffen des Mannheimer Sängers Bernd Clüver, der als junger Mensch Anfang der siebziger Jahre mit geschmachteten Liedern rauschende Erfolge wie *Der Junge mit der Mundharmonika* oder *Der kleine Prinz* feierte und später bei einem Treppensturz ums Leben kam.

So sehr mich Clüvers Hitparadentoptitel bewegten, so unverkennbar war damals mein Faible für dessen Lied *Der König weint um seinen Thron*, das außer mir heute wohl nur noch den Bernd-Clüver-Fanclubs in – sagen wir – Hachenburg, Rothenklempenow oder Dautphetal-Holzhausen geläufig ist. Dieser recht traurige Schlager setzt mit Versen ein, die sich mir einätzten: »Tränen, die ein König weint, / Kannst du niemals sehn. / Doch es gibt sie, viel mehr als wir verstehn.«

Da ist es, das Bild des Mannes, der weinen möchte und es nicht darf, das Bild des Mächtigen, dem es die Gesellschaft verbietet, seine Schwächen zuzugeben. »Big boys don't cry« oder »Männer weinen heimlich« (Herbert Grönemeyer) hieß das später, und bis heute tun sich weite Teile der Welt schwer, Männer zu akzeptieren, die Schmerz und Tränen freien Lauf lassen – allen Gegenbewegungen zum Trotz, die in den siebziger Jahren aufkamen und den sensiblen, zu seinen Gefühlen stehenden »neuen Mann« einforderten. Ungeachtet dieser nie gänzlich eingerissenen Tabugrenze ist es ausgerechnet der Fußball, der diese Gesetze außer Kraft setzt. Ausgerechnet der »harte« Männersport lässt es – in ausgewählten Momenten –

zu, dass Tränen, ja Weinkrämpfe als tolerables Verhalten gelten und dass ihre Vergießer nicht automatisch als Memmen abqualifiziert werden.

Fußball ist, so scheint es, ein derart zentraler gesellschaftlicher Raum, dass die Ereignisse, die er gebiert, Emotionen rechtfertigen, die andernorts undenkbar wären. Frauen ohne Fußballaffinität ist in der Regel völlig unerklärlich, wieso Männer in höchste Aufwallung geraten, wenn ein Elfmeter verschossen wird oder der eigene Verein dem Abstieg nicht mehr entgehen kann. Wir kennen sie, diese herzzerreißenden Bilder, wenn es wieder einmal Arminia Bielefeld oder den VfL Bochum erwischt, wenn der letzte Spieltag abgepfiffen und der Untergang nicht mehr zu vermeiden ist. Fans aus allen gesellschaftlichen Schichten sinken zu Boden, fallen in sich zusammen wie ein auf dem Ofen geholtes Soufflee und heulen hemmungslos ihre Trauer in die unverständige Welt.

Anders als in der Politik oder in der Wirtschaft darf Trauer im Profifußball tränenreichen Ausdruck finden, ohne dass der Weinende befürchten muss, deswegen aus dem Kreis der Grätschenden und Flankenden ausgeschlossen zu werden. Hier ist erlaubt, was in unserer Ellbogengesellschaft normalerweise unter Ächtung steht. Das Stadion ist der Ort, um angestaute Emotionen rauszulassen, wo sich selbst toughste Männer, die zu Hause, zum Leidwesen ihrer Partnerinnen, in Gefühlsdingen nie den Mund aufkriegen, gehen lassen. Im Stadion erfüllt sich eine gesellschaftliche Funktion, ist es dort doch den werktätigen Männern möglich, Druck abzulassen und ihre Emotionen untereinander auszuleben. Männer fühlen sich unter Männern ja meist am besten verstanden.

Frauen – das weiß jede Frauenzeitschrift – mögen Männer, die sich zu Gefühlen bekennen, doch gerade deshalb befremdet es sie so sehr zu sehen, wie Männer ihre gepflegte Zurückhaltung aufgeben, wenn es um so nichtige Gegenstände wie ein Abseits- oder ein Eigentor geht. In den letzten Jahren scheint sich jedoch in dieser Hinsicht manches geändert zu haben. Der Fußball hat längst die mittleren und oberen Schichten erreicht, wo vor Frauen geweinte Tränen, ja selbst Homosexualität kein Problem mehr darstellen. Thomas Hitzlsperger hat davon profitiert, wenngleich er sein Outing erst nach Karriereende verkündete.

Freilich: Nicht jeder weinende Mann im Fußball ist ein gern gesehener Mann. Es kommt darauf an, wer sich wann und wie tränenreich zeigt. Andreas Möller, wohl einer der besten Mittelfeldspieler, die Deutschland in den letzten dreißig Jahren hatte, festigte seinen Ruf als »Heulsuse« oder »Heintje«, als er mit tränenerstickter Stimme Treueschwüre ins Mikrophon sprach – und diese wenig später ad acta legte. Das verzeihen Fans nicht. Ihnen hatte schon immer missfallen, wenn sich Möller beim Schiedsrichter oder beim Gegenspieler quengelnd über ungerechte Behandlung beschwerte. Diese Art von Weinerlichkeit hat, so die Fanmeinung, im Fußball nichts zu suchen. Darin liegt weniger ein Tadel für die Tränen an sich als für ein moralisch zweifelhaftes Handeln, das die Schuld stets bei anderen sucht.

Anders bei Paul Gascoigne, dem englischen Enfant terrible: Als er 1990 mit der englischen Nationalelf so unglücklich im Elfmeterschießen ausschied, schämte er sich seiner Tränen nicht, und gerade dieser scheinbar unmännliche Ausbruch machte ihn populärer denn je – zeigte er doch, wie innig es um Gascoignes Beziehung zu seinem Team stand und welches Maß an Gefühlen er dafür zu investieren bereit war. Der nie als »Weichei« verdächtigte Gascoigne rührte auf diese Weise auch diejenigen, die seine Eskapaden bis dahin unerträglich fanden und ihn als Schande für das britische Empire ansahen.

Tränen sind nicht gleich Tränen, und die Crux bei ihrer Beurteilung liegt – im Fußball wie im Leben – darin, dass ihre Wahrhaftigkeit so schwer zu belegen ist. Taktische Tränen, geheuchelte Tränen, Krokodilstränen – ungezählt die Tränenvarianten, die auf Wirkung bedacht sind und den anderen beeindrucken wollen. Fußball ist, das wissen wir, eine Sache auf Leben und Tod, und vielleicht deshalb genießen die Tränen, die er hervorruft, erst einmal hohe Glaubwürdigkeit. So wie die Tränen, die am Grab vergossen werden. Der Schlager, um zum Ausgangspunkt dieser kleinen Betrachtung zurückzukehren, bietet bei diesem Thema nicht immer verlässliche Gewähr. Da ihm meistens nur drei bis vier Minuten zur Verfügung stehen, ist er gezwungen, seine Wahr- und Weisheiten zu komprimieren und mitunter zu vereinfachen. Von Tränen singt er viel, denn da die meisten Schlager von der Liebe und ihren Enttäuschungen handeln, nimmt auch der Schmerz in den Liedtexten breiten Raum ein. Tränen fließen da zwangsläufig, und nicht immer ist deren Authentizität so klar einzuschätzen, wie Michael Holm es in seinem großen Lied *Tränen lügen nicht* behauptet: »Wenn du dir sagst, / alles ist vorbei. / Wenn du nicht glaubst, / sie ist immer treu. / Dreh dich einmal um, / schau in ihr Gesicht, / und du wirst sehn: / Tränen lügen nicht«.

Gerne wollen wir das dem Sänger Holm und seiner der Treulosigkeit geziehenen Gefährtin glauben, doch mir ist ungleich wohler, wenn ich Fußballspieler und ihre Anhänger in Tränen ausbrechen sehe: wenn sich Stürmer nach Abpfiff auf den Rasen werfen und ihre Trikots benetzen, wenn Fans über ihren Pappbechern zusammensinken und ihren rot geweinten Kopf vergraben. Diese Tränen lügen wirklich nicht. Wie gut, dass es auch in unserer Zeit gesellschaftliche Reservate gibt, wo kein Falsch regiert. Und wie immer ist dem Dichtergroßmeister Goethe zuzustimmen: »Weinende Männer sind gut.« Ob das auch nach bald zwanzig Jahren für Schalke 04 ein Trost sein kann, sei dahingestellt. Die Narben des 19. Mai 2001 sind bis heute nicht verheilt; die Schalker sind weiter denn je von ihrer achten Meisterschaft entfernt, und der zum Experten mutierte Schiedsrichter Markus Merk tut immer noch gut daran, sich von Gelsenkirchen fernzuhalten.

30. Mai 2017

Jahn Regensburg schickt die Münchner Löwen in die dritte, nein, in die vierte Liga

Ich verbringe den Abend im Hamburger Stadtteil Volksdorf, stelle Neuerscheinungen des Buchmarktes vor. Ich erkläre dem Publikum, dass ich während meiner Präsentation notgedrungen im Minutenabstand mein Smartphone konsultieren müsse. Die Zuhörer zeigen sich verständnisvoll, denn sie wissen, was mich umtreibt.

Mir ist elend, sehr elend – und das mit Grund. Denn mein TSV 1860 München, dieser lächerliche, sich immer lächerlicher machende, absurde, immer absurder werdende Hampelmannverein trägt das Relegationsrückspiel gegen Jahn Regensburg aus, vor 62.000 Zuschauern in der ungeliebten Allianz-Arena. Das Hinspiel endete unentschieden. Und während ich unruhig auf meinem Stuhl in Volksdorf hin und her rutsche, passiert das Unausweichliche, das Erwartete, das ich nicht wahrhaben wollte: Die Oberpfälzer gewinnen 2:0; die Löwen steigen in die dritte Liga ab und müssen, weil es mit dem geldgebenden Jordanier Ismaik mal wieder drunter und drüber geht und weil der DFB die Lizenz selbst für diese Liga verweigert, sogar in der Regionalliga verschwinden. Gegen 21.30 Uhr verlasse ich Volksdorf. Tränen vergieße ich erst im Auto.

2
Unangenehme Erinnerungen

24. Juni 1958

Ein Cannae für Sepp Herbergers Team!

Damals gab es ihn noch, den deutschen Bildungsbürger, der, ohne zum Konversationslexikon zu eilen, mühelos Anspielungen auf historische, mythologische oder biblische Motive erkannte. Heute sind solche Kenntnisse nahezu ausgestorben, naturgemäß auch unter Fußballkommentatoren, zumal sich Marcel Reif in den Ruhestand zurückgezogen hat. Allenfalls von einem »Waterloo« ist mitunter noch die Rede, wenn Bremen oder der HSV eine ordentliche Klatsche abbekommen, wobei man sich nicht immer sicher ist, ob diejenigen, die Waterloo im Munde führen, an die schwedische Popgruppe ABBA oder an Napoleon denken.

Früher, als Bildung, Kultur, Literatur & Co. noch etwas galten, konnte man den Zuschauern und Zuhörern viel mehr zumuten. Herbert Zimmermann zum Beispiel, der WM-Reporter von 1954, war ein solcher Mann, der fest darauf setzte, dass selbst Fußballfans über historische Grundkenntnisse verfügten. 1958 kam es bei der Weltmeisterschaft in Schweden zum Halbfinalspiel zwischen dem Gastgeber und Titelverteidiger Deutschland. Fahnen schwenkende und in Megaphone brüllende schwedische Einpeitscher sorgten für eine hitzige Atmosphäre, die Uwe Seeler im Rückblick als »monoton« und »als Sportler gesehen nicht so gut« empfand. Dennoch ging Deutschland durch Schäfer in Führung, ehe Skoglund für Schweden ausglich, was die »Heja! Heja«-Rufe im Stadion anschwellen ließ.

Den Genickbruch erlitt die deutsche Mannschaft in der 58. Minute, als sich Verteidiger Erich »Hammer« Juskowiak durch den fintenreichen Schweden Kurt Hamrin provoziert fühlte und sich kurzerhand mit einem Tritt revanchierte. Der ungarische Schiedsrichter István Zsolt – keine glückliche Ansetzung, wie viele fanden – ahndete nur die Tat des Deutschen und verwies ihn des Feldes. Als kurz darauf Fritz Walter derb gefoult wurde und sich nur noch humpelnd fortbewegen konnte, nutzten die Schweden ihre Überzahl und schossen sich mit 3:1 ins Finale.

Die Nachwirkungen der »Hölle«, der »Schlacht« von Göteborg waren heftig. Sepp Herberger sprach tagelang nicht mit Sündenbock Juskowiak, der sich beim Bankett nach dem Spiel wie auf einem »Begräbnis« fühlte, »als ließen sie mich in einem Sarg ganz langsam hinunter, als hätte ich allein schuld, dass Deutschland nicht Weltmeister werden konnte«. DFB-Präsident Bauwens fiel mal wieder aus der Rolle und kündigte scharfe Konsequenzen an: »Was hier passiert ist, grenzt an Volksverhetzung. Nie mehr werden wir dieses Land betreten, nie mehr werden wir gegen Schweden spielen.«

Natürlich täuschte sich der Mann, heizte aber die Stimmung zu Hause an: Glaubhaften Augenzeugen zufolge strichen deutsche Gastwirte Smörgåsbord und Schwedenplatte von ihren Speisekarten. Ja, und es kam noch schlimmer, wie sich *Der Spiegel* erinnert: »Beim internationalen Reitturnier in Aachen reißen Unbekannte die schwedische Flagge vom Mast. Schwedischen Touristen werden die Autoreifen zerstochen, an Tankstellen und Reparaturwerkstätten werden sie abgewiesen oder nur unwillig bedient. Bei der Kieler Woche empfängt das Publikum eine schwedische Kinderkapelle mit Pfuirufen, und Höltjes Gesellschaftshaus in Verden an der Aller teilt mit, ein Konzert des Lars-Lindström-Sextetts könne nicht stattfinden – ›auf Grund der Vorfälle bei den Weltmeisterschaften möchten wir einen Abend mit einer schwedischen Tanzkapelle zur Zeit nicht wagen.‹«

Eingedenk der Schiedsrichterleistung soll in den Folgemonaten sogar der Absatz von Paprikaschnitzel und Paprikagulasch markant zurückgegangen sein. Fortan vermied es die deutsche Hausfrau generell, mit dem roten Pulver aus Ungarn zu würzen; der Spielfilm *Ich denke oft an Piroschka* mit Liselotte Pulver und Gunnar Möller wurde kaum noch ausgestrahlt. Geglättet wurden die deutsch-schwedischen Wogen erst 1965, als Deutschland sich in Stockholm gegen Schweden die WM-Qualifikation sicherte, doch verblassten die Erinnerungen an Hamrin und Heja-Heja! erst endgültig, als IKEA das deutsche Einrichtungswesen von Grund auf veränderte. Seitdem finden Deutsche Schwedisches in der Regel gut und sympathisch, nicht zuletzt, wenn es sich um Kriminalromane handelt.

Welche Folgen Juskowiaks Tritt für das Spiel selbst haben sollte, erkannte Reporter Herbert Zimmermann früh. Er notierte eine »Affekthandlung« des Düsseldorfers und rief, als sich Fritz Walter verletzte, besorgt ins Mikrophon: »Das wird ja ein Cannae hier!« Man stelle sich das vor: Da geht es um den WM-Einzug, da tobt die Stimmung in Göteborg, da rückt die Titelverteidigung in weite Ferne ... und just da sieht der gebildete Zimmermann keinen Canossagang, kein Königgrätz und keine Kanonade von Valmy kommen, sondern ein Cannae! Für alle, die im Geschichtsunterricht nicht aufgepasst haben: 216 v. Chr. fügten Hannibals Karthager den zahlenmäßig überlegenen Römern eine verheerende Niederlage zu. 50.000 der 80.000 römischen Soldaten sollen dabei ihr Leben verloren haben. Hannibal hatte die Schwächen der römischen Kavallerie ausgenutzt und eine der meistgerühmten militärischen Leistungen vollbracht.

Welche Analogie Herbert Zimmermann genau im Sinn hatte, als ihm die Schlacht von Cannae in den Sinn kam, weshalb er Herbergers dezimierte Elf mit den Römern verglich und ob er der schwedischen Spieltaktik hannibaleske Qualitäten zuschreiben wollte – das alles lässt sich im Nachhinein nicht mehr zweifelsfrei beantworten.

28. Juni 1958

Im ungeliebten Spiel um den dritten Platz
verliert Deutschland bei der WM in Schweden
gegen Frankreich mit 3:6 ...

... was im Grunde nicht der Rede wert wäre, wenn nicht im deutschen Tor der bedauernswerte Heinrich Kwiatkowski gestanden hätte. Der wackere, durch seine gekonnte Faustabwehr berühmt gewordene Dortmunder Schlussmann stand meist im zweiten Nationalmannschaftsglied, erst hinter Toni Turek, dann hinter Fritz Herkenrath. Vier Länderspiele durfte er immerhin absolvieren, bei denen er allerdings achtzehnmal hinter sich greifen musste – achtmal allein 1954 beim 3:8-WM-Vorrundendebakel gegen Ungarn und sechsmal 1958 bei der Göteborger Niederlage gegen Frankreich. Eine bedauernswert schlechte Quote, die Kwiats große Oberliga-Karriere im Trikot der Borussia überschattete. 1963 absolvierte er noch drei Bundesligaspiele.

Wenn wir schon dabei sind: Nicht minder unangenehm verlief die Karriere von Hermann Ruländer, der es im November 1981 auf zwei Bundesligaspiele, genauer: auf 92 Spielminuten, für Werder Bremen brachte. Nachdem er im zweiten Spiel siebenmal hinter sich gegriffen hatte, wechselte ihn sein Trainer Rehhagel aus. Macht unterm Strich alle 10,5 Minuten ein Gegentor für Ruländer. Beim SV Meppen rehabilitierte er sich später.

14. August 1965

Tasmania 1900 Berlin erobert Tabellenplatz 2, doch bald ...

Nachdem Hertha BSC Berlin wegen finanzieller Unregelmäßigkeiten seinen Platz in der Bundesliga verloren hatte, entwickelte sich ein eifriges juristisches Gemauschel, wer an die Stelle der alten Dame treten dürfe. Mit sauberen Dingen ging das nicht zu, und so wurde die Liga zur Saison 1965/66 mit einem Mal auf 18 Vereine aufgestockt. Zudem erschien es manchem Verantwortlichen unerträglich, dass das gebeutelte Berlin keinen Bundesligafußball mehr sehen solle. So kam man auf die kuriose Idee, den Neuköllner Verein Tasmania 1900 Berlin aufrücken zu lassen – eine Entscheidung, die zumindest das DFB-Anekdotenarsenal erweiterte. Am ersten Spieltag freilich wirkten die Berliner noch ligatauglich. Sie schlugen den Karlsruher SC mit 2:0 und setzten sich auf den zweiten Tabellenplatz. Danach aber ging es steil bergab: Es folgten 32 sieglose Spiele am Stück, darunter saftige Klatschen wie die 0:9-Heimniederlage gegen den Meidericher SV.

Sagen wir es offen: Tasmania war eine Zumutung und ging mit einer Schlussbilanz von 8:60 Punkten und einem Torverhältnis von 15:106 als erfolgloseste Team in die Bundesligageschichte ein. Kamen zum ersten Heimspiel noch über 80.000 Zuschauer ins Olympiastadion, verlor sich aus verständlichen Gründen das Interesse rasch: Einmal, im kalten Januar gegen Mönchengladbach, verloren sich nur noch 827 Unentwegte im Rund.

Immerhin sei nicht vergessen, dass bei Tasmania der Spieler Heribert Finken zum Einsatz kam, der seine Gegenspieler mit dem Reim »Mein Name ist Finken, und du wirst gleich hinken« einzuschüchtern pflegte und im März 1966 nach dem Diebstahl eines Kamelhaarmantels seinen Job bei Tasmania verlor. Ob es andere Berliner Finken nachtaten und ausriefen »Mein Name ist Rosenfeldt, und du wirst gleich vom Platz gestellt«, weiß ich nicht. Nicht nötig hatte das sicher Nationalspieler Horst Szymaniak, der nach seinen italienischen Jahren bei Tasmania anfing, die Karriere ausklingen zu lassen. Aus der biederen Truppe stach der Läufer Szymaniak heraus, konnte das Debakel freilich nicht verhindern.

22. Juni 1969

Ein kleines pfälzisches Dorf verpasst die Sensation

Gallien ist überall. Und überall der Wille, sich gegen übermächtige, zahlungskräftige, lobbystarke Römer, Bayern oder Sachsen durchzusetzen. Eine 2000-Seelen-Gemeinde aus der Pfalz schien dieser Kraftakt Ende der 1960er-Jahre zu glücken, dem wunderbaren SV Alsenborn, der die Regionalliga Südwest eine Zeit lang dominierte und um den Aufstieg in die Bundesliga kämpfte. Dreimal verpassten die Alsenborner knapp ihr Ziel und damit die Krönung eines sensationellen Höhenflugs.

Der Bauunternehmer Hans Ruth hatte beschlossen, seinen Dorfverein aus den Tiefen der A-Klasse nach oben zu lotsen. Dies sollte mit Hilfe seines Freundes Fritz Walter geschehen, der einen hübschen günstigen Bauplatz im unweit von Kaiserslautern gelegenen Alsenborn erhielt und sich fortan um die sportlichen Belange des SVA kümmerte. Talente stießen dazu, und die Mannschaft um Jürgen Schieck, Willi Hölz, Lorenz Horr, Karel Nepomucký und Trainer Otto Render meisterte Aufstieg um Aufstieg. Bei Sekt, Fritz Walters Lieblingsgetränk, und zu den Klängen von Connie Francis' *Barcarole in der Nacht* feierte man in Alsenborn und träumte davon, sich mit Köln, Hamburg und München zu messen. Als man Regionalligameister wurde, durften die Hauptakteure ins *Aktuelle Sportstudio* des ZDF, wo der mit ihnen nicht vertraute Moderator Gerd Krämer Mühe hatte, die Provinzkicker auseinanderzuhalten.

Dem DFB – es war nicht anders zu erwarten – gefiel diese Großmannssucht eines Dorfvereins nicht. Man nötigte den SVA, seine Aufstiegsspiele in Ludwigshafen auszutragen. Dreimal nahm Alsenborn einen Anlauf und schien es im Juni 1969 zu packen. Am vorletzten Spieltag der Fünfer-Aufstiegsgruppe spielte man bei Hertha Zehlendorf, verlor 0:3 und blieb so einen winzigen Punkt hinter dem Aufsteiger Rot-Weiß Oberhausen und dem Freiburger FC zurück. Lorenz Horr wechselte danach für die Rekordsumme von 336.000 DM zu Hertha BSC Berlin. 1974 sah es noch einmal gut aus, als die zweigleisige Zweite Bundesliga eingeführt und Regionalligameister SV Alsenborn nominiert wurde. Doch der DFB sah das anders, sodass stattdessen der FC Saarbrücken seine Lobbymacht ausnutzte und den Vorzug erhielt. Eine Gemeinheit sondergleichen, die mich damals schwer gegen den DFB und seinen aalglatten Präsidenten Neuberger aufbrachte. Was später noch häufiger passieren sollte.

Wo der wackere SV Alsenborn heute spielt? Zehntklassig, in der B-Klasse Kaiserslautern-Donnersberg, Staffel Süd.

6. September 1969

Kommissar Rex hat einen ersten Auftritt

Hunde und Fußball, das ist kein großes Thema. Katzen und Fußball auch nicht. Der beinharte Löwen-Trainer Werner Lorant soll im Ruhestand mit seiner Lebensgefährtin, fünf

Katzen und seinem Hund Jackson in Spanien gelebt haben – eine Nachricht von eher geringem Interesse. Auch nicht spannender wird es, wenn man weiß, dass Jupp Heynckes' Hund Cando heißt und Marcel Schmelzer, Manuel Neuer, Toni Kroos und Julian Weigl ebenfalls Hundebesitzer sind.

Schon besser ist da die Erinnerung an das Revierderby Dortmund gegen Schalke im September 1969. Schalke ging durch Pirkner in Führung, und da es im Stadion »Rote Erde« – wenn man sich die Bilder von damals anschaut – Absperrungen für die Zuschauer so gut wie keine gab, stürmten die bestens gestimmten Schalker Fans ungehindert aufs Feld, was wiederum die Dortmunder Ordner auf den Plan rief. Diese brachten ihre Hundestaffel mit, darunter wie die *BILD*-Zeitung schrieb, die Geheimwaffe Rex, einen Schäferhund, der erkannte, dass Schalke an diesem Tag nicht leicht zu besiegen war. So biss Rex beherzt zu, ins Gesäß des Schalker Abwehrspielers Friedel Rausch, dessen Hose binnen weniger Sekunden blutdurchtränkt war. Rausch freilich war ein richtiger, ein ganzer Kerl, ließ sich eine Tetanusspritze geben und spielte weiter. Zwei Wochen konnte der gepeinigte Rausch nur bäuchlings schlafen. Eine sechs Zentimeter lange Narbe auf der rechten Pobacke trug er davon. Und 300 DM Schmerzensgeld. Rex' Nachfahren schrieben später Fernsehgeschichte.

20. Juni 1976

Weltmeister Deutschland wird nicht Europameister, weil Uli Hoeneß ...

Nein, wir wollen nichts Grundsätzliches und schon gar nichts grundsätzlich Schlechtes über Uli Hoeneß sagen, weder über den Spieler noch über den hocherfolgreichen Manager und Präsidenten. Und wir haben auch nicht die Absicht, Reinhard Umbachs Verse »Ach, was hört man niemals Schönes / aus dem Mund von Uli Hoeneß!« zu zitieren. Wir erinnern auch nicht an seine Fehden mit Willi Lemke oder Christoph Daum und schon gar nicht an seinen gnadenlosen Absturz als schwerer Steuersünder, der ihm eine in Teilen sogar abzusitzende Gefängnisstrafe einbrachte. Geschadet hat ihm das auf Dauer nicht, zumindest in Süddeutschland; beim FC Bayern München gilt er unbeirrt als Personalunion von Gott, Jesus und dem Heiligen Geist. Sein Beispiel zeigt, dass gerade im gestrengen Bayern die Reintegration straffällig Gewordener manchmal erstaunlich schnell vonstattengeht. Das alles lassen wir unerwähnt, denn es würde die Lebensleistung Hoeneß' ungerechterweise schmälern. Denn dass er Bayern München vorbildlich geführt und finanziell aufgestellt hat, lässt sich nicht einmal von seinen größten Gegnern abstreiten.

Doch wo Licht, da Schatten. Und wer sich an den wieselflinken Blondschopf Hoeneß erinnert, der durch gegnerische Abwehrreihen flitzte, der darf nicht verdrängen, dass seine aktive Laufbahn sehr dunkle Momente aufweist. 1974 im WM-Endspiel brachte er uns nach wenigen Sekunden an den Rand des Herzinfarkts, als er ungelenk zu Werke ging und den Holländern einen Elfmeter bescherte. Und zwei Jahre später beendete er alle Träume, dass Deutschland nach dem WM-Sieg gleich wieder Europameister werden könnte, im Belgrader Endspiel gegen die ČSSR.

2:2 stand es nach 120 Minuten, als es zum Elfmeterschießen kam. Die ersten sieben Strafstöße wurden meist mühelos verwandelt, ehe Hoeneß an den Punkt trat, leichte Rücklage bekam und den Ball in den Abendhimmel schoss, nein, drosch. Und um die Demütigung noch größer zu machen, trat nach Hoeneß der Prager Antonín Panenka an, der blitzschnell erkannte, dass sich Sepp Maier, wie es fast alle seiner Kollegen tun, für eine Ecke entschied und er den Ball deshalb sanft in die Tormitte schaufelte. Das Spiel war entschieden; Maier und Hoeneß standen belämmert auf dem Rasen herum. Panenkas freche Art der Elfmeterausführung schrieb Geschichte, ist bis heute als Panenka-Heber bekannt und fand viele Nachahmer – auch auf die Gefahr hin, sich als Schütze dabei gründlich zu blamieren. Denn wer Panenka imitiert und den Ball in die Arme des Torhüters lupft, weil der seelenruhig stehen bleibt, der sieht Hohn und Spott entgegen und wird als »arrogant« verschrien.

Panenka selbst bestritt im Nachhinein die Absicht, Maier lächerlich zu machen. Seine Erklärung klingt ganz einfach: »Im Gegenteil, ich schoss den Elfmeter so, weil ich sah und begriff, dass es das einfachste Rezept war, ein Tor zu schießen.« Darüber hätte Uli Hoeneß vorher nachdenken sollen. Immerhin zeitigte der Belgrader Fehlschuss literarische Folgen. Die Orientalistin und Friedenspreisträgerin des Deutschen Buchhandels Prof. Dr. Dr. h. c. Annemarie Schimmel widmete dem Ereignis einen tadellosen Limerick: »Inmitten gewalt'gen Gestöhnes / verschoss den Elfmeter der Hoeneß. / Das Spiel ist verloren ... / Mit hängenden Ohren / betrachtet der Trainer, Herr Schön, es!«

14. August 1981

Ein aufgeschlitzter Oberschenkel

Das brutalste Foul der Bundesliga-Geschichte habe sich da beim Spiel Werder Bremen gegen Arminia Bielefeld ereignet – darüber scheint bei Historikern Konsens zu herrschen. Und doch ist Vorsicht geboten. Die Bilder dieses Nachmittags sind unvergessen: Der Bielefelder Norbert Siegmann, einer jener Verteidiger, die heute für ihre Tacklings serienweise vom

Platz gestellt würden, stoppt den wieselflinken Ewald Lienen mit einem deftigen Tritt gegen den Oberschenkel. Ein grobes Foul keine Frage, doch eines, wie man es damals in vielen Spielen sah. Erst die Wirkung machte aus Siegmanns Attacke ein Foul des Jahrzehnts: Lienen wälzte sich am Boden, schrie auf, denn an seinem Oberschenkel klaffte ein Riss von über zwanzig Zentimetern, und das, was normalerweise gut verborgen ist, quoll plötzlich hervor.

Kein schönes Bild, gar keine Frage, und eines, das zeigt, dass ein Foulspiel nicht nach seinen Folgen zu beurteilen ist. So sah es der saarländische Schiedsrichter Medardus Luca, ein erfahrener Mann, der seine letzte Saison vor sich hatte. Hören wir ihn (und weder Täter noch Opfer): »In der Partie Werder Bremen – Arminia Bielefeld brachte der Bremer Spieler Norbert Siegmann seinen Gegenspieler Ewald Lienen mit gestrecktem Bein, Ball und Mann spielend, zu Fall. Solche Fouls sieht man bei jedem Spiel des öfteren. Lienen schrie auf, und ich verwarnte Siegmann wegen gefährlichen Spiels. Ich dachte bei mir: ›So schlimm war es doch gar nicht.‹ Erst beim Einstecken der gelben Karte bemerkte ich, dass der rechte Oberschenkel von Lienen aufgerissen war. Ein ca. 25 cm langer und sehr tiefer Riss, der grässlich aussah. Ich erschrak. In solch einer Situation Ruhe zu bewahren ist erste Schiedsrichter-Pflicht. Manche Arminen-Spieler wollten sich um ihren verletzten Kameraden kümmern, andere wollten dem Übeltäter an den Kragen (Bregman u. Riedl). Lienen selbst beschwerte sich heftig beim Bremer Trainer Otto Rehhagel und warf diesem vor, seinen Spieler Siegmann zu diesem Foul durch entsprechende Gesten angestachelt zu haben. Der Bielefelder Bregman schrie: ›Jetzt geht's rund.‹ – Ich warnte ihn: ›Dann fliegen Sie raus.‹«

Vom Platz geflogen ist an diesem Nachmittag niemand. Lienens Wunde heilte prächtig; gut vier Wochen später spielte er wieder mit.

22. April 1986

Werder Bremen hätte Deutscher Meister werden können, wenn nicht Michael Kutzop ...

Alles eine Frage der Perspektive, wie man auf diesen Dienstagabend im Weserstadion blickt: Für Bremerinnen und Bremer zählt er zu den unerfreulichsten Erinnerungen ihres Lebens. Denn am vorletzten Spieltag hätte Michael Kutzop die Meisterschaft entscheiden können: Man führte die Tabelle mit zwei Punkten Vorsprung vor Bayern München an und hätte mit einem Sieg gegen den Verfolger alles klarmachen können. Torlos stand es bis zwei Minuten vor Schluss, als Rudi Völler in den Münchner Strafraum eindrang und Gegenspieler Søren Lerby den Ball ins Gesicht schoss. Was fast alle sahen, bis auf Schiedsrichter Volker Roth und seinen Linienrichter. Die erkannten auf Handspiel und trotz aller Bayern-Proteste auf Elfmeter – eine saftige Fehlentscheidung. Der im Grunde treffsichere Bremer Kutzop lief an, mit einem merkwürdigen Zittern in den Beinen, das nichts Gutes verhieß. Mehr als ein Außenpfostentreffer sprang dabei für die Bremer nicht heraus – Entsetzen an der Weser. Und wenn schon, denn schon: Am letzten Spieltag vergeigte man das Spiel in Stuttgart, und dank des besseren Torverhältnisses wurden die Bayern mal wieder Meister. Das zu verhindern wäre so leicht gewesen. Kutzops Erklärung »Das Tor war plötzlich so klein wie eine Streichholzschachtel« befriedigt nicht. Bayerns Torhüter Pfaff hingegen erfreute sich noch Jahre später am Geräusch, das Kutzops Fehlschuss erzeugte: »Das höre ich noch heute: das Klatschen von Leder gegen einen Aluminiumpfosten. Herrlich.«

Wenn wir schon über diese für Bremen so verkorkste Saison sprechen, dann darf ein Foul nicht unerwähnt bleiben, das den Verlauf der Ereignisse wohl verändert hätte. Denn vermutlich wären die Bremer den Bayern längst enteilt gewesen, wenn ihr Stürmer Rudi Völler nicht für einige Zeit außer Gefecht gesetzt worden wäre. Genauer: beim Hinspiel in München am 23. November 1985 hatte Klaus Augenthaler Völlers schnellen Sprint kurz nach der Mittellinie durch eine Attacke unterbunden, die mit rüde höflich beschrieben ist. Einmal durchgesenst, und schon war es mit Völlers Bundesligatreiben für fünf Monate vorbei. Bayern-Trainer Lattek sah nur, dass sein Spieler bedauerlicherweise zu spät gekommen sei, während Uli Hoeneß ein »normales Foul« erkannt haben wollte. Schiedsrichter Theobald aus Wiebelskirchen ließ Gnade vor Recht ergehen und zog nur Gelb.

9. August 1986

Frank Mill will alles richtig machen ...
und trifft nur den Pfosten

Fangen wir beim Allgemeinen und Grundsätzlichen an, sprechen wir darüber, ob es auf die Größe ankommt. Ja, großgewachsene Menschen haben es leichter. Kaum betreten sie einen Raum, scheint es, als stünden sie im Mittelpunkt, als würde von ihrer physischen Präsenz eine Aura von Macht und Geist ausgehen. Nicht umsonst mangelt es nicht an (populär-)psychologischen Deutungen, die insbesondere zu kurz geratenen Männern unterstellen, ständig in der Angst vor dem Zukurz-Kommen zu leben und deshalb zur Profilierungssucht zu neigen. Die Weltpolitik kennt solche Beispiele, als nicht zum Hünenhaften tendierende Figuren wie Napoleon oder Oskar Lafontaine auf dem Schlachtfeld oder am Rednerpult kompensatorische Großtaten beginnen, die es ihren Zeitgenossen kaum noch erlaubten, leichtfertig über sie hinwegzugehen und -zusehen. Heinz Schubert als Ruhrpottekel Alfred Tetzlaff schließlich machte die Figur des großmäuligen Winzlings bildschirmfähig.

Randy Newmans böse Liedzeile »Short people got nobody to love« macht auch vor den Toren der Sporthallen und Stadien nicht halt. Man muss nicht auf die Notwendigkeiten des Basketballs oder Zehnkampfs verweisen, um zu sehen, dass in vielen Sportarten Größe und Kraft ein entscheidendes Plus darstellen. Wer nicht als ringender Papiergewichtler, Jockey oder Steuermann Erfolge feiern will, tut sich vielerorts schwerer, wenn er zu den gut zehn Prozent der (deutschen) Männer zählt, die weniger als 1,70 Meter messen.

Im Fußball liegen die Dinge komplizierter. Auf die Größe kommt es hier nicht immer an, und das viele Lob, das Barcelonas Wunderstürmer Lionel Messi, der einst unter Wachstumsstörungen litt und es nun auf 1,69 Meter (ohne Stollenschuhe) bringt, seit Jahren ereilt, zeigt die besonderen und oft unberechenbaren Umstände dieser Disziplin. Selbst in Metin Tolans Buch *So werden wir Weltmeister. Die Physik des Fußballspiels*, wo viel von Luftwiderstand und Reibungskräften die Rede ist, erhalten wir keine letztgültige Auskunft.

Einigkeit scheint lediglich auf der Torwartposition zu herrschen. Die Großen dieses Faches waren meist auch körperlich Große, von Ausnahmen wie Bernhard Wessel, Gerhard Heinze oder Peter Kunter abgesehen, die ein paar fehlende Zentimeter durch immense Sprungkraft auszugleichen suchten. Auch im Abwehrzentrum einer Mannschaft dominieren die kopfballstarken Recken – wir erinnern uns an Berlins »Funkturm« Uwe Kliemann –, die wie Per Mertesacker, Anthony Brooks, Jérôme Boateng oder Jan Vestergaard die Oberhoheit im Strafraum für sich reklamieren und mit robustem Körpereinsatz die gegnerischen Angreifer in Schach halten. Anders auf den Außenpositionen, wo ein Philipp Lahm nie unter seinen Dustin-Hoffman-Dimensionen litt und wo die gefürchteten

»Terrier« und »Wadenbeißer« zu Hause waren. Rackerer wie Bernard Dietz oder Berti Vogts pflegten wie Kletten an ihren technisch meist beschlageneren Gegenspielern zu hängen, die vergeblich versuchten, sie wie lästige Fliegen abzuschütteln. Und wer in den sechziger Jahren jemals gegen England zu spielen hatte, erinnerte sich ein Leben lang an den zahnlosen Zerstörer Nobby Stiles, der als Manndecker mit nicht immer feinen Mitteln zuerst danach trachtete, das gegnerische Kreativspiel rustikal zu unterbinden.

Lange Zeit scheuten sich Manager und Trainer, kleingewachsene Spieler, die auch vom Gewicht her als »halbes Hemd« wirkten, unter Vertrag zu nehmen. Zu gering schien die Chance, dass sich die Schmalbrüstigen gegen Kopfballgiganten wie Horst Hrubesch oder Jan Koller durchsetzen würden. »Der Junge ist zu schmächtig, der muss erst mal was auf den Rippen haben«, urteilte Trainer Sepp Piontek skeptisch über seinen Zögling Klaus Allofs, und sein Kollege Herbert Widmayer ging noch einen Schritt weiter und musterte Flügelflitzer Calle Del'Haye mit großer Skepsis: »Wenn der unter der Dusche steht, hat man Schwierigkeiten ihn zwischen den Wasserstrahlen zu entdecken.«

Die so Geschmähten wussten jedoch aus der Not oft eine Tugend zu machen und glichen fehlenden Wuchs durch technische Raffinesse aus. Als Dribbelkönige und Wirbelwinde nutzen sie bis heute ihre größere Bodennähe aus, spielen Gegenspieler schwindlig oder ackern sich wie Münchens »kleines, dickes Müller« oder Hamburgs »Uns' Uwe« zum entscheidenden Torschuss vor. Reich ist die Liste der fintenreichen Mittelfeldspieler mit Tordrang, die Wuttkes, Wosz', Häßlers oder Keegans die sich bei den Anhängern meist großer Beliebtheit erfreuen, da es ihnen als David immer wieder gelingt, ungestüme Goliaths zu düpieren. Zu tricksen und zu täuschen, den Gegner mit Beinschüssen zu narren, das war seit jeher eine Spezialität der Außenstürmer, ob sie nun Allan Simonsen, Ludwig Kögl oder Francisco Gento hießen. Da manche von ihnen nicht immer auf festen Füßen stehen und schon bei dezentestem Körperkontakt zu Boden gehen, beschworen diese den einen oder anderen Elfmeterpfiff herauf. Und ungerecht, wie die Welt nun mal ist, verdankt die eine oder andere Zaubermaus ihre Triumphe anatomischen Eigentümlichkeiten. Pierre Littbarskis Beinstellung wurde gern fotografisch festgehalten, und Brasiliens zweifacher Weltmeister Garrincha behielt trotz medizinischer Behandlungen zeitlebens höchst ungleich geformte Beine, die es ihm ermöglichen, seine überforderten Gegenspieler mit unvorhersehbaren Winkelzügen zu überraschen.

Das Unberechenbare des kleinen Kickers macht seinen Stellenwert im Fußball bis heute aus. Wo jeder Quadratmeter auf dem Rasen im Blick der Trainerstrategen ist, braucht es Überraschungselemente, die den Ausschlag geben, und manchmal lohnt es sich, auf die wendigen Überraschungskünstler zu vertrauen, wie Trainerurgestein Hennes Weisweiler, dem dereinst an Prognostischem zu Pierre Littbarski einfiel: »Aus dem Kleinen wird ein Großer.«

Einer dieser bewunderten Wirbler war Frank Mill, der es immerhin auf 17 Länderspiele und über einhundert Bundesligatore brachte. Der – so sein Teamkollege Norbert Dickel – »mit allen Abwassern gewaschene« Mill zählte nicht zu den Recken im Sturmzentrum, was er durch schlitzohrige Finten ausglich. Bundesligageschichte schrieb er freilich mit einem Unglücksschuss, als er in seinem ersten Bundesligaspiel für Borussia Dortmund Bayern Münchens Abwehrreihen und zuletzt Torwart Pfaff umkurvte und aufs leere Tor zulief. Jede Oma mit Krückstock hätte, möchte man sagen, den Ball versenkt, doch offenkundig ließ sich Mill vom hechelnden Atem eines Münchner Verteidigers beeindrucken, geriet ins Straucheln und schob den Ball an den Pfosten. Für solche tragischen Momente hat die Fußballsprache den Ausdruck

»eine Tausendprozentige vergeben« geschaffen. Das Beispiel Frank Mill zeigt es: Man kann sich nicht aussuchen, womit man in die Ewigkeit eingeht.

24. Juni 1990

Rudi Völler und Frank Rijkaard schreiben (WM-)Geschichte – mit dem, wie Wissenschaftler sagen, Mailänder Spuck-Attentat

Man erinnert sich gern an die Fußballweltmeisterschaft in Italien, vor allem aus deutscher Perspektive. Allein schon weil es die Gastgeber verstanden, endlich einen vernünftigen, nicht peinlichen WM-Song zu platzieren. Edoardo Bennato und Gianna Nannini sangen *Notti magiche* mit so schönen Zeilen wie »Notti magiche inseguendo un goal sotto il cielo di un'estate italiana«. Was schmerzhaft daran erinnerte, dass deutsche WM-Lieder von Peter Alexander und Michael Schanze interpretiert wurden. Selbst ein Udo Jürgens bekleckerte sich 1978 nicht mit Ruhm, als er die argentinische Militärjunta mit *Buenos días, Argentina* herzlich begrüßte.

Deutschland wurde am 8. Juli 1990 Weltmeister, gewiss, doch von allen deutschen Mannschaften, die sich mit diesem Titel schmücken durften, strahlt das neunziger Team am wenigsten Glanz aus. Zu viele Handwerker, zu wenig Esprit – und dazu im Endspiel ein schmeichelhafter Elfmeter, als der mexikanische Schiedsrichter Codesal Méndez auf ein Dahinsinken Völlers reinfiel. Brehme, Schuss, Tor, 1:0-Sieg, wir sehen es vor uns.

Überhaupt Rudi Völler: Mit ihm ist ein höchst unrühmliches Ereignis dieser WM verbunden, als es am 24. Juni zum ohnehin aufgeladenen Achtelfinale zwischen Deutschland und den Niederlanden kam. Kaum waren gut zwanzig Minuten vorüber, gab es kein emotionales Halten mehr. Frank Rijkaard und Völler gerieten aneinander, und dank des großen Kameraaufgebots bei dieser WM ist haarklein dokumentiert, was in diesem Moment geschah: Als sich Rijkaard unbeobachtet fühlte, feuerte er eine Spucksalve in Völlers lockiges Haar.

Dieser nahm das mit großem, bewundernswertem Gleichmut auf, fand sich jedoch bald wieder im Konflikt mit Rijkaard und Torsteher van Breukelen. Rijkaard zog Völler am Ohr, und mit einem Mal zückte der argentinische Schiedsrichter Juan Carlos Loustau Rot – verblüffenderweise für beide.

Auf dem Weg in die Kabine rundete Rijkaard das Geschehen ab und spuckte Völler erneut ins Haar. Aus allen Kameraeinstellungen geht hervor, wie reichhaltig die Spuckeladung des Niederländers war. An deutschen Spontanreaktionen mangelte es natürlich nicht: Am TV-Mikrophon ereiferten sich Karl-Heinz Rummenigge und Heribert Faßbender, sprachen von »Skandal« und wollten Herrn Loustau in die »Pampas« zurückschicken. Was dieser ignorierte und so Zeuge wurde, wie Jürgen Klinsmann eines seiner besten Spiele zeigte und Deutschland mit 2:1 gewann.

Über das Spucken an und für sich und im Besonderen wurden nach den Mailänder Ereignissen vielfach nachgedacht. Die »Süddeutsche Zeitung« befragte den Sportpsychologen Hans-Georg Rupp, der im Spucken einen »Befreiungsakt« sah: »Wir haben es zu tun mit einer symbolischen Befreiung von Blockaden. In einer Situation, in der sich der Spieler als Versager fühlt, etwa nachdem er eine Torchance vergeben hat. Er spuckt, um zu zeigen: Es geht weiter, ich hab mein Rohr wieder freigelegt, beim nächsten Mal klappt es besser. Und das wird nicht heimlich gemacht, sondern richtig offen ausgelebt, damit die Galerie das auch merkt.« Das Spucken stellt, so Rupp, eine »symbolische Handlung« dar: »Mit dem Rausrotzen soll eine Botschaft vermittelt werden, eine Selbstermutigung: Ich bin nicht blockiert! Ich mach mir den Weg frei! Mit Freud könnte man die Frustrations- und Aggressionshypothese anführen. Das heißt: Wenn ein Mensch sein Ziel nicht erreicht – hier: Stürmers Grundbedürfnis, ein Tor zu schießen –, dann führt dieses Versagenserlebnis zur Aggression. Ausspucken ist das Ventil dagegen.«

Der Jurist Bertram Schmitt hingegen sah die Sache in seiner Schrift *Körperverletzungen im Fußball. Eine kriminologische Studie über typische Erscheinungsformen und Konsequenzen für die Strafrechtsanwendung sowie über das Verhältnis der staatlichen Strafrechtspflege zur Strafgewalt der Verbände* nüchterner und stufte das Anspucken als »typische Primitivreaktion« ein.

Ein Nachdenken lohnt die Frage, warum im Hallenfußball ein (Aus-)Spucken eher selten vorkommt. Mag es daran liegen, dass der Ekelfaktor hier noch größer ist, da die klebrige Flüssigkeit nicht schnell im Rasen oder in einem Haarschopf versickern kann?

Ein Wort noch zu Rudi Völler: Vorbildlich hat sich der Torjäger damals in Mailand verhalten und sich nicht zu gewöhnlichen Racheaktionen hinreißen lassen. Später als Trainer und Funktionär in Leverkusen entwickelte sich Völler nicht erfreulich: Wann immer er sich zu Schiedsrichterentscheidungen äußert, darf man mit maß- und meist grundloser Empörung rechnen, die von erstaunlich geringem Sachverstand getragen ist.

23. April 1994

Das Phantom des Olympiastadions

Beginnen wir mit dem *Duden*, der wie immer Bescheid weiß. Ihm zufolge versteht man unter einem »Phantom« eine »unwirkliche Erscheinung«, ein »Trugbild«. Im weiteren Sinne ist der Fußballsport reich an »unwirklichen Erscheinungen«; jeder Spieltag liefert solche frei Haus. Im engeren Sinne jedoch hat sich in der Fußballsprache eingebürgert, das »Phantom« vor allem mit dem Kompositum »Phantomtor« zu verwenden. Gemeint sind damit Tore, die – bei aller Berücksichtigung aller subjektiver Wahrnehmungsbeeinträchtigungen – keine waren, das heißt, Tore, die gegeben werden, obwohl sie beim besten Willen nicht als Tore gemäß Regel 10 verstanden werden können: »Ein Tor ist gültig erzielt, wenn der Ball die Torlinie zwischen den Torpfosten und unterhalb der Querlatte vollständig überquert, sofern das Team, das den Treffer erzielt hat, zuvor nicht gegen die Spielregeln verstoßen hat.«

Phantomtore sind somit von besonderem Reiz, da sie eine unwirkliche Erscheinung letztlich zu einer wirklichen Erscheinung, zu einem unumstößlichen Tatbestand machen. Unumstößlich? Nun, das ist so eine Sache, wie sich am Ende der Bundesligasaison 1993/94 im Münchner Olympiastadion zeigte. Obwohl die Bundesligageschichte mehrere Phantomtore aufzuweisen hat, gilt jenes, das Thomas Helmer in der 24. Minute erzielte bzw. nicht erzielte, als die Mutter oder der Vater aller Phantomtore.

Wie es dazu kam, ist schnell erzählt: Ein Eckball fällt dem knapp einem Meter vor der Torlinie stehenden Helmer vor die Füße bzw. an die Wade, worauf dieser in seiner Überraschung den Ball wenige Zentimeter neben den Torpfosten ins Aus stochert. Helmer ärgert sich und wird von Nürnbergs Keeper Andreas Köpke getröstet. Doch in Sekundenbruchteilen verändert sich dessen Gesichtsausdruck, weil er zu seinem Entsetzen feststellen muss, dass Schiedsrichter Hans-Joachim Osmers und sein Assistent Jörg Jablonski, der hurtig seine Fahne emporgereckt hat, auf Tor, also nicht auf Phantomtor, erkennen. Die Bayern-Spieler tun so, als sei das normal, fallen dem kurz zuvor noch mit sich hadernden Helmer um den Hals, worauf dieser so tut, als brauche er nicht mehr mit sich zu hadern. Sämtliche Proteste der Nürnberger nützen erst mal nichts, man verliert das Spiel mit 1:2 (inkl. Phantomtor).

Nach dem Spiel legen die Besiegten Protest ein, dem – obwohl es sich auf den ersten Blick um eine nicht revidierbare Tatsachenentscheidung handelt – stattgegeben wird. Es kommt zum Wiederholungsspiel, das der Club nun 0:5 verliert und damit seinen Abstieg besiegelt.

Für die Neuansetzung des Spiels bedurfte es einiger juristischer Verrenkungen. Die Tatsachenentscheidung musste zu einer Nicht-Tatsachenentscheidung umgemünzt werden, was dadurch gelang, dass der Eindruck erweckt wurde, Schiedsrichter Osmers und Linienrichter Jablonski hätten sich missverstanden und unterschiedliche Szenen – Helmers Gestochere mit der Wade und Helmers Absatzkick, der den Ball ins Toraus rollen ließ – bewertet. »Beide«, so das DFB-Sportgericht, »gingen damit von zwei verschiedenen Spielvorgängen aus mit der Folge, dass die Feststellung, dass der Ball im Tor war, keine Tatsachenfeststellung des Schiedsrichters, sondern eine solche des Linienrichters – und dazu noch eine falsche – war.« Gemäß dieser Logik habe es Osmers versäumt, Jablonski zu fragen, welcher Aktion sein Fahnenschwenken gegolten habe, womit »keine unanfechtbare Tatsachenentscheidung des Schiedsrichters gemäß Regel V Abs. 2, Satz 2« mehr vorliege. Zu bewundern ist diese Spitzfindigkeit allemal; für Leserinnen und Leser, die sich in die Materie weiter vertiefen wollen, empfehlen wir Horst Hilperts *Die Fehlentscheidungen der Fußballschiedsrichter* (2010), das mit 89,95 Euro nur so viel wie eine gute Tribünenkarte kostet.

Jörg Jablonski zeigte auch im Nachhinein eine gewisse Uneinsichtigkeit und gab an, dass sich »99 Prozent« wie er verhalten hätten. Seine Karriere beendete er kurz darauf, zermürbt von den »Anfeindungen« der sich ans Phantomtor erinnernden Zuschauer. Sein Sohn Sven, der sich trotz der familiären Belastung für den Schiedsrichterjob entschied, stieg 2017/18 in die erste Bundesliga auf. Auf den Irrtum seines Vaters werde er nicht mehr angesprochen, sagt er. Hans-Joachim Osmers durfte noch ein Jahr weiterpfeifen, bis er die Altersgrenze erreicht hatte. Mit seiner fatalen Fehlentscheidung arrangierte sich der gelernte Kaufmann offensichtlich; hinter seinem Büroschreibtisch hing lange ein großformatiges Foto des Phantomtors.

Der Ordnung halber seien noch zwei weitere bemerkenswerte Phantomtore aufgeführt. Eines erzielte Leverkusens Stefan Kießling per Kopf am 18. Oktober 2013 gegen Hoffenheim. Der Ball, der knapp am Tor vorbeistrich, schlich sich so geschickt durch die Maschen des Netzes ins Tor, dass der eigentlich sehr gut postierte Schiedsrichter Felix Brych auf Tor entschied. Eine Spielwiederholung gab es diesmal nicht. Als weiterführende Literatur sei auf einen Aufsatz von Christian Schäfer-Hock aus dem Jahr 2017 verwiesen: *Stefan Kießlings Phantomtor und die Zunahme gesellschaftlicher Überwachung. Vorschlag für eine Intensivierungsspirale auf Grundlage eines Mehrebenenmodells der Öffentlichkeit.*

Mein liebstes Phantomtor fiel jedoch in einem Zweitligaspiel, am 15. Januar 2010. Erzielt hat es der Duisburger Christian Tiffert zum 5:0 gegen den FSV Frankfurt. Nach einem Torwartfehler nahm Tiffert den Ball an und schoss ihn aus knapp zwanzig Metern gegen die Querlatte. Von da sprang dieser herunter und landete rund einen Meter vor der Torlinie auf dem Rasen. Pech, dachte sich Tiffert, bis plötzlich ein Pfiff von Schiedsrichter Marco Fritz zu hören war, der auf Anraten seines Assistenten Thomas Münch auf Tor entschied. Im Vergleich zu dieser krassen optischen Täuschung wirken Helmers und Kießlings Phantomtore fast wie richtige Tore.

»Ich habe es nicht gesehen, nur reagiert«, gab Fritz später als Entschuldigung an, wohingegen Lehrwart Eugen Strigel deutlichere Worte fand: »Dass der Ball einen Meter vor der Torlinie aufspringt und auf Tor entschieden wird – das hat es noch gar nie gegeben.« Marco Fritz erholte sich von diesem Schock und stieg zum FIFA-Schiedsrichter auf. Thomas Münch nicht.

13. April 1995

Andreas Möller stürzt zu Boden und legt die schönste Bundesligaschwalbe hin

Eine Spielszene, die das Image eines Spielers auf Jahre hinaus prägen sollte. Es läuft das Bundesligaspiel Borussia Dortmund gegen den Karlsruher SC. Die Borussen wollen Meister werden, tun sich aber schwer und verzweifeln schier daran, dass die Badener durch Metz in Führung gegangen sind. Bis Andreas Möller, einer der elegantesten Mittelfeldspieler, die es in der Bundesliga je gab, die Initiative ergreift, dynamisch in den Strafraum eindringt und nur ein einziges Ziel verfolgt: einen Elfmeter herauszuholen. Was ihm mit einer »Jahrhundertschwalbe« auch tatsächlich gelingt, als er, eine Pirouette drehend, wild zu Boden stürzt. Sein Gegenspieler Dirk Schuster hielt sich dabei nicht unmittelbar in Möllers Nähe auf, wie er es im Nachhinein beschreibt: »Zwischen ihm und mir hätte ein Kleinwagen parken können.«

Alle sahen, was geschah, bis auf den ungünstig postierten Schiedsrichter Günther Habermann aus dem thüringischen

Weißensee und seinen günstig postierten Linienrichter. Zum Entsetzen aller Karlsruher Spieler und ihres schäumenden Trainers Winfried Schäfer zeigte Habermann auf den Punkt. Zorc verwandelte, später setzte Sammer mit einem Fernschuss einen drauf, und so drehte die Borussia das Spiel.

Für den höchst empfindsamen Andreas »Susi« Möller hatte das schwerwiegende Folgen. Zum einen war er fortan als Buhmann verschrien, zum anderen sperrte ihn – ehrlich gesagt: rätselhafterweise – der DFB für zwei Spiele. Möllers Versuch, sich nach dem Spiel mit dem Satz »Das war eine Schutzschwalbe. Ich dachte, dass Dirk Schuster mich voll umhauen würde« herauszureden, machte die Sache nicht besser. Immerhin ist »Schutzschwalbe« ein schönes Wort, das man auch in anderen Lebenszusammenhängen verwenden kann. Fast klingt es wie »vorgetäuschter Orgasmus«.

Doch auch ein anderer Beteiligter wird diesen Aprilabend nie vergessen: Schiedsrichter Habermann, dessen Bundesligakarriere mit einem Schlag beendet war. Zwischen 1975 und 1990 hatte der immerhin 118 Begegnungen der DDR-Oberliga gepfiffen, es zum FIFA-Referee gebracht und als einer der wenigen den Sprung in die gesamtdeutsche Bundesliga geschafft. Seine Wahrnehmungsstörung zog trotzdem den sofortigen Vorruhestand nach sich.

Möllers Schutzschwalbe ist bis heute unerreicht, selbst wenn es im Laufe der Geschichte viele Fälle eleganter Flugeinlagen gab und gibt. Der Leipziger Timo Werner zum Beispiel gab sich alle Mühe, in Möllers Fußstapfen zu treten bzw. zu fallen, als er am 3. Dezember 2016 im Spiel gegen Schalke 04 theatralisch zu Boden ging, ohne dass Schlussmann Ralf Fährmann ihn irgendwo und irgendwie berührt hätte. Was Schiedsrichter Bastian Dankert nicht davon abhielt, Fährmann zu verwarnen. Werners perfider Sturz, den Sportdirektor Rangnick hinterher schönzureden versuchte, führte gleich in der zweiten Minute zum Führungstreffer der

Leipziger. Frecherweise schoss Kunstflieger Werner den Elfmeter selbst, unnötigerweise sogar ins Tor. Anhängen wird ihm das wahrscheinlich noch eine Weile.

4. Juli 1998

WM-Aus im Viertelfinale gegen Kroatien, und Berti Vogts' Ende naht

Der Europameisterschaftserfolg von 1996 kaschierte es nur unzureichend. Die neunziger Jahre waren mal wieder dürftige Jahre für den deutschen Fußball. In der Nationalelf liefen die Tarnats, Heinrichs, Freunds und Marschalls auf, was dem Spiel selten Glanzlichter aufsetzte. Und an der Seitenlinie dirigierte der redliche Berti Vogts, der sich, wie es in Arbeitszeugnissen stünde, wacker bemühte, aus seinem überschaubar brillanten Kader das Beste herauszuholen.

Dass seine letzten Stunden als Nationaltrainer eingeläutet waren, zeigte sich bei der aus deutscher Sicht recht trostlosen WM '98 in Frankreich, als man im Viertelfinale in Lyon gegen Kroatien mit einem satten 0:3 ausschied. Ab der 40. Minute spielten Bertis Buben nur noch zu zehnt, nachdem Christian Wörns, ohne den Ball zu beachten, den davoneilenden Davor Suker mit einem üblen Tritt zu Boden gestreckt hatte. Die rote Karte, die der Norweger Rune Pedersen zückte, war völlig berechtigt, wenngleich sie Wörns noch Jahre später als »übertrieben« einstufte. Im Nachhinein pflichteten die meisten dem Schiedsrichter bei, abgesehen von Trainer Vogts, der im TV-Interview kein Einsehen zeigte und alberne Verschwörungstheorien in den Raum warf, die ihm nicht einmal Interviewer Waldemar Hartmann abnehmen wollte. Ein unrühmliches Ende mit einem schlechten Verlierer.

Bundeskanzler Helmut Kohl versuchte die Unterlegenen mit gewohnt überschaubarer Rhetorik und der sich auf Dragoslav Stepanović (»Lebbe geht weider«) beziehenden Sentenz »Das Leben geht weiter« zu trösten. Vogts hielt sich noch ein paar Wochen im Amt. Nach einem dürftigen Resultat auf Malta verabschiedete er sich. Dass rätselhafterweise Erich Ribbeck sein Nachfolger wurde, machte alles aber noch schlimmer. Vogts versuchte sich in der Folge als Trainer, in Schottland, Nigeria und Aserbeidschan, ohne sich dort ruhmreich in die Annalen einzuschreiben.

Wörns' Platzverweis in Lyon war fraglos ein Knackpunkt des Spiels, doch dass die spielstarken Kroaten wohl auch ohne diesen weitergekommen wären, darf als wahrscheinlich gelten. Über den Platzverweis als solchen, diese drastische, oft folgenreiche Entscheidung, ist oft nachgedacht worden, am eigentümlichsten sicher vom Bremer Schriftsteller Manfred Hausmann, der sich bereits 1960 in philosophisches Dickicht schlug, um der Sache auf den Grund zu gehen: »Der Feldverweis ist nicht nur seine sehr harte, sondern überhaupt die härteste Strafe, die sich denken lässt. Sieht man sich nach einer Entsprechung in der sonstigen Welt um, dann muss man schon, es hilft nichts, die Todesstrafe heranziehen. Für die Lebensdauer des Spiels ist der vom Platz Gewiesene doch sozusagen tot. (...) Alle Beweismittel, die für und gegen die Todesstrafe ins Treffen geführt werden, lassen sich dann auch mutatis mutandis für oder gegen den Feldverweis verwenden. Aber die Regel kennt keine Sentimentalität. Sie lehnt jede Diskussion ab. Ihre Haltung ist eindeutig und unbeirrbar. Ein Feldverweis kann nicht widerrufen werden. Es gibt keine Begnadigung, tot ist tot, verwiesen ist verwiesen.«

Todesstrafe für den foulenden Wörns – kein Wunder, dass die Deutschen gegen Kroatien kein Bein mehr auf den Boden brachten. »Die Regel kennt keine Sentimentalität«, das hätte sich Berti Vogts ins Stammbuch schreiben sollen.

26. Mai 1999

Fast hätte Bayern München die Champions League gewonnen, fast ...

Ob es schön oder schrecklich ist, sich an bestimmte Fußballereignisse zu erinnern, hängt stark davon ab, für wen das Herz schlägt. Und wo Zuneigung herrscht, ist Abneigung nicht fern. Wo man für Borussia Dortmund schwärmt, wird man es schwerlich verzeihen, wenn einer der Seinen ausgerechnet zum Lokalrivalen Schalke 04 wechselt, und wer mit den Münchner Bayern nichts im Sinn hat, zerfließt selten vor Mitleid, wenn diese irgendwo eine Abreibung bekommen. Doch es gibt auch Ereignisse, wo solche Voreingenommenheiten keine Rolle mehr spielen, wo Tragik stärker als persönliche Animosität wiegt.

Nehmen wir das Champions-League-Finale der Saison 1998/99. Barcelona, Camp Nou: Die Bayern schicken sich an, gegen Manchester United auf den Olymp zu gelangen, führen, als neunzig Minuten gespielt sind, durch ein frühes Basler-Tor mit 1:0. Lothar Matthäus steht, als das Gespann um den Italiener Pierluigi Collina drei Minuten Nachspielzeit anzeigt, nicht mehr auf dem Platz: Zehn Minuten zuvor ist Thorsten Fink für ihn eingewechselt worden.

Was dann geschah, gehört zum Abenteuerlichsten, Unfasslichsten der Europacup-Geschichte. Ich selbst – wir wollen offen sprechen – sah das Spiel in einer Wohnung in Hamburg-Altona, mit etwa acht, neun Freunden und Bekannten, von denen kaum einer, mich eingeschlossen, zu den Bayern hielt. Wie diesen dann binnen weniger Sekunden der sicher geglaubte Sieg wie heißes Wachs zwischen den Fingern zerrann, hat – wir wollen wieder offen sprechen – in Altona für Begeisterung und verstärkten Bierkonsum gesorgt. Zu schön, dass die schnöseligen Münchner eins übergebraten bekamen, und doch schleicht sich bei mir im Rückblick eine leise Betretenheit ein. War meine Häme angesichts des Schicksals, das den Bayern da widerfuhr, wirklich gerechtfertigt? Zeugt Schadenfreude nicht von geringer moralischer Gesinnung? Wie fällt das Ergebnis meiner Selbstbeleuchtung aus, wenn ich mein Tun an Kants Kategorischem Imperativ – »Handle nur nach derjenigen Maxime, durch die du zugleich wollen kannst, dass sie ein allgemeines Gesetz werde« – messe? Wie sähe eine Welt aus, in der mein Jubel für ManU und mein Spott für Hitzfelds Bayern zur universalisierten Regel würde? Wollten wir in einer solchen Welt leben? Albert Camus' gern zitierter Kalenderspruch »Alles, was ich im Hinblick auf menschliche Moral und menschliche Pflichten am sichersten weiß, verdanke ich dem Fußball« wäre auch in Erwägung zu ziehen.

So führt uns der Fußball unweigerlich ins (Moral-)Philosophische – und das alles, weil in Barcelona damals Sheringham in der ersten und Solskjaer in der dritten Minute der Nachspielzeit die Bayern-Abwehr übertölpelten. So stand es wundersamerweise plötzlich 2:1 für die Engländer, und als Collina Sekunden später abpfiff, konnten die gerade noch himmelhoch jauchzenden Unterlegenen das Geschehen nicht begreifen.

Manche witterten natürlich Unrecht und Verschwörung, wie der vor Erregung schier kollabierende bayerische Rundfunkreporter Hans-Peter Pull, der mehrfach und lautstark die »klare Abseitsposition« vom Ausgleichsschützen Sheringham beklagte. Schiedsrichter Collina sah dies, in völligem Einklang mit den Fernsehbildern, anders und hielt sich an die strengen Sätze des Schriftstellers Manfred Hausmann: »Die Regel lehnt jede Diskussion ab. Ihre Haltung ist eindeutig und unbeirrbar.« Pulls TV-Kollege Marcel Reif blieb hingegen gelassener und brachte das Unerhörte auf einen einfachen Nenner: »Das darf es nicht geben. Da sind die Bayern selber schuld.«

Sekunden haben gefehlt, die reguläre Spielzeit war abgelaufen, die Nachspielzeit erst brachte die Wende … je länger man über all das nachsinnt, desto mehr rückt das Thema »Zeit« als solches in den Blickpunkt. Heideggers *Sein und Zeit* muss man nicht bemühen; es genügt, an Hermann Schmidhausers 1972 im Untersiggenthaler Harder Verlag erschienenes Standardwerk *Über die seelische Beeinflussung, Hypnose und Suggestion im Fußball* zu erinnern, um die Dimensionen zu erfassen: »Alles ist eine Frage der Zeit. Der Trainer hat seine Amtszeit, der Spieler seine Glanzzeit und der Vereinspräsident opfert meist seine Freizeit. Überhaupt: das Leben eines Menschen dauert, das ist für viele ein Trost, nur eine bestimmte Zeit. Im seelischen Leben macht letztlich die Zeit die Konflikte. Der Fußballer kennt das Spielen auf Zeit, der Zuschauer erlebt das ›große Zittern‹ kurz vor Ablauf der regulären Spielzeit, wenn die eigene Mannschaft, zurückgedrängt in die eigene Platzhälfte, den Vorsprung über die Distanz bringen will. Ließe man einem normalen Spieler genügend Zeit, den Ball ins Tor zu schießen, in der Tat, er würde es nie verfehlen. Das Wesentliche beim richtigen Fußballspiel ist aber, dass man dem gegnerischen Spieler keine Zeit lässt, ihn sofort in der Ballabnahme stört, ihn hindert, ihm keine Zeit lässt, auf das Tor zu schießen. Gute Stürmer aber verlieren keine Zeit und verwerten kaltblütig jede Chance. Wer schnell und genau Fußball spielt, gehört immer zu den Besten. Wer schnell, aber ungenau spielt, wird sich an die Buh-Rufe der Zuschauer gewöhnen müssen. Wer langsam, aber genau spielt, verzögert das Spiel, spannt Trainer und Zuschauer auf die ›Folter‹. Spieler, die langsam und dazu noch ungenau spielen, sind niemals richtige Fußballspieler und hängen ihre Fußballschuhe am besten an den Nagel. Der Ball hat eine Flugzeit; er fliegt schneller als Spieler laufen können; wo also der Ball gespielt und nicht von Mann zu Mann geschoben wird, sehen wir ein schnelles Spiel!« Vielleicht wäre es hilfreich gewesen, wenn Bayern-Trainer Hitzfeld Schmidhausers Schrift bei der Endspielvorbereitung eingesetzt hätte.

Geschichte wiederholt sich nicht, das ist bekannt. Doch am 19. Mai 2012 standen die Bayern erneut im Champions-League-Finale, diesmal gegen den FC Chelsea. Die Münchner galten als Favorit, zumal das Spiel in der heimischen Allianz Arena ausgetragen wurde. Das »Finale dahoam« zu gewinnen schien nur eine Formsache zu sein, und entsprechend selbstsicher trat man schon im Vorfeld auf. Das Spiel selbst ließ erst einmal keine andere Prognose zu: Gegen die sich einigelnden Engländer dominierten die Bayern nach Belieben, brauchten aber, nachdem sie viele Chancen versiebt hatten, bis zur 83. Minute, ehe Thomas Müller die Erlösung hinbekam, nein, hinzubekommen schien. Denn fünf Minuten später gelang Drogba erstaunlicherweise der Ausgleich, was zur Verlängerung (in der Robben einen Elfmeter vergeigte) und zum Strafstoßschießen führte. Was Chelsea bekanntlich mit 4:3 gewann. Schweinsteiger war der Unglücksrabe, der an Torwart Čech und am Pfosten scheiterte.

Dieses bayerische Finale sah ich bei einem Klassentreffen in der gediegenen Weinsberger Gaststätte »Rappenhof«. Ehrlicherweise empfand ich auch damals eine stille Freude, wenngleich weniger heftig als damals gegen ManU. Zu siegessicher und arrogant waren die Bayern im Vorfeld mal wieder aufgetreten.

Freilich: als sie ein Jahr später endlich die Champions League im deutsch-deutschen Endspiel gegen Dortmund gewannen, habe ich mich mehr geärgert. Wir waren seinerzeit zu einem privaten Essen geladen, was umgehend zu häuslichem Unfrieden führte: Wer bitte lädt Gäste zu Tisch ein und wer nimmt eine solche Einladung an, wenn gleichzeitig im Champions-League-Finale seltensterweise zwei deutsche Mannschaften aufeinandertreffen? Ich ließ mich davon nicht beeindrucken, das Dessert links liegen und eilte zum Fernseher, um die entscheidenden Szenen nicht zu verpassen.

20. Mai 2000

In Unterhaching kündigt sich der Niedergang eines Fußballtrainers an

Vizekusen. Von Gegnern derart verhöhnt zu werden, daran hat sich Bayer Leverkusen mittlerweile gewöhnt. Und es ist ja verdammt bitter, wenn man zwischen 1994 und 2016 in der Bundesliga fünfmal auf den zweiten und fünfmal auf den dritten, doch nie auf den ersten Platz gelangt ist. Am dichtesten stand der Club am 20. Mai 2000 vor seinem größten Triumph, schien das furchtbare Image des Nicht-Meisters endlich abzustreifen.

Es war der 34. Spieltag, Bayer hatte zwei Punkte Vorsprung vor den Münchner Bayern und bei der im Tabellenmittelfeld rangierenden SpVgg Unterhaching wahrlich keine unlösbare Aufgabe vor sich. Doch es kam ganz anders: Während die Bayern ihren Pflichtsieg gegen Bremen früh sicherten, quälte sich Bayer und erzielte in der ersten Halbzeit lediglich ein Eigentor durch Michael Ballack. Anstatt sich aber mit einem einzigen Törchen und einem Unentschieden die Meisterschale endlich zu sichern, ließ man Underdog Unterhaching gewähren, der einen drauflegte und mit 2:0 gewann.

Aus der Traum, und Leverkusens Trainer Christoph Daum hatte an diesem schrecklichen Tag vor allem die Tränen seines Sohnes Marcel zu trocknen. Wenige Monate später sah die Daum'sche Welt noch trister aus. Designiert, im Sommer 2001 Trainer der deutschen Fußball-Nationalelf zu werden, musste er nun zusehen, wie Interimsmann Völler Erfolge feierte und sich in der medialen Gerüchteküche vieles gegen ihn zusammenbraute. Von zweifelhaften Geschäften Daums, von zweifelhaftem Lebenswandel und Drogenkonsum war da die Rede, und Intimfeind Uli Hoeneß, damals noch ganz oben auf dem moralischen Ross, lancierte gezielt Zwielichtiges über Daum, den er unbedingt als Bundestrainer verhindern wollte: »Wenn das alles Fakt ist, worüber geschrieben wurde, auch unwidersprochen über den verschnupften Daum, dann kann er nicht Bundestrainer werden.«

Was danach kam, sei hier auf keinen Fall nacherzählt. Ein schauerliches, ein würdeloses Spiel, bei dem Daum seine Unschuld beteuerte, gegen Hoeneß klagte und eine Analyse seiner Haare zuließ, um seine Kokainabstinenz zu belegen. Was die Kölner Mediziner herausfanden, ließ sich mit Daums Aussagen gar nicht in Einklang bringen. Er verlor seinen Job bei Bayer Leverkusen sowie seinen künftigen beim DFB, und er entschwand ins Exil nach Florida.

Dieses jämmerliche Schauspiel mit vielen falsch spielenden Darstellern soll nicht verdecken, dass Daum ein hocherfolgreicher Trainer war, der in Stuttgart, Istanbul und Wien Meisterschaften feierte und in Köln fast so verehrt wird wie Lukas Podolski. Mit seinen Motivationsideen war Daum, der sein Diplom mit der Arbeit *Die Wichtigkeit und Bedeutung von pädagogischen und psychologischen Maßnahmen eines Fußballtrainers* erlangt hatte und durch seinen stechenden Blick auffiel, seiner Zeit weit voraus, wenn er zum Beispiel Spieler über Glasscherben laufen ließ. Solches Zeug fand sich kurz darauf in jedem zweiten Psychoratgeber und verschwand dann zum Glück irgendwann wieder in der Versenkung. Heute läuft in der Bundesliga keiner mehr über Glasscherben.

Im Herbst seiner Karriere, bei Eintracht Frankfurt und bei der rumänischen Nationalmannschaft, brillierte Daum eher selten, aber das ist etlichen seiner Kollegen nicht anders ergangen. Alter schützt vor Misserfolg nicht.

21. August 2004

Bei einem harmlosen DFB-Pokal-Spiel zwischen Drittligist SC Paderborn und dem Hamburger SV geschieht Merkwürdiges, was vor allem am Schiedsrichter liegt

Robert Hoyzer galt als großes Schiedsrichtertalent. In sehr jungen Jahren schaffte er es bereits auf die DFB-Liste und pfiff in der zweiten Liga. Sein Auftritt beim Pokalspiel in Paderborn freilich ließ ihn Geschichte schreiben, eine unschöne allerdings. Hoyzer war in einen Wettskandal verwickelt, der in dubiosen Berliner Cafés unter Einfluss kroatischer Wettbrüder seinen Anfang nahm, und geschickt nutzte er seine Macht aus, als er den Paderbornern zwei Elfmeter zuschusterte und den erregten Hamburger Stürmer Emile Mpenza zu Beleidigungen provozierte, die Hoyzer nur zu gerne mit einer roten Karte quittierte. Die Manipulation flog Monate später auf und führte 2005 zum Wettskandal, der Hoyzers Karriere beendete und ihn in Haft brachte. Dass Hoyzer finanziell nicht einmal groß profitierte, verwunderte im Nachhinein; um hundsgewöhnliche Flachbildschirme soll es gegangen sein ...

Dass ein Schiedsrichter absichtlich – und nicht aufgrund von Sehbeeinträchtigungen – einen Spielverlauf in gewünschte Bahnen lenkt, rüttelt an den Grundfesten des Sports. Und gab und gibt Anlass über das Wesen des Schiedsrichters nachzudenken, zumal ich selbst in jungen Jahren diesen harten Job ausübte und ganz vergeblich darauf wartete, in Versuchung geführt zu werden. Wann immer ich forsch antrat, um auf württembergischen Dorfplätzen für Gerechtigkeit zu sorgen, wollte sich partout kein Vereinsfunktionär in meine Kabine, die nicht selten ein alter Geräteschuppen war, schleichen und mir mit verschwörerischem Blick Geschenke anbieten ... für den Fall einer wohlwollenden Spielleitung.

Nein, Bestechlichkeit an der Pfeife ist keine Gefahr für den deutschen Fußball, auch nicht in den unteren Spielklassen, wo in der Regel nicht die Crème de la Crème der Gilde für Recht und Ordnung sorgt. Ob in Massenbachhausen, Winnenden, Gailenkirchen oder Markgröningen ... wo auch immer ich damals dem merkwürdigen Hobby nachging, mich für eine minimale Aufwandsentschädigung als »Blindgänger«, »Arschloch« oder »Vollidiot« beschimpfen zu lassen, gab es keine aktiven Bestechungsversuche, geschweige denn zarte Avancen von ortsansässigen Kartoffel- oder Weinköniginnen, die mir ein Schäferstündchen in Aussicht stellten.

Natürlich gibt es in der Kreis- oder Bezirksliga fanatische Funktionäre, deren Lebensinhalt aus Punktgewinnen und Aufstiegen besteht, und natürlich wissen diese, dass Schiedsrichter Menschen sind, die gerne freundlich behandelt werden. Schleimige Begeisterungsausrufe zur Begrüßung (»Schön, dass Sie endlich wieder bei uns pfeifen! Man hat ja nicht jeden Sonntag einen so guten Mann wie Sie«) sind an der Tagesordnung, und die Einladung zum Nachtessen im Dorfkrug (»Nach dem Spiel sitzen wir noch zusammen, oder?«) ist keine Seltenheit, soll sie doch den Unparteiischen unauffällig gnädig stimmen und davor zurückschrecken lassen, in der letzten Spielminute einen Elfmeter gegen die Heimmannschaft zu pfeifen.

Gewogenheit herstellen, das allein ist das Ziel jener Vereinsmeier, die sich um die Unparteiischen kümmern. Wer jedoch zu viel des Guten tut, gewinnt bei ernsthaften Schiedsrichtern keinen Blumentopf, sorgt eher für Verstimmung. Unvergessen ist mir jener Funktionär aus einem Stuttgarter Vorort, der es sich nie nehmen ließ, vor dem Spiel das Schiedsrichtergespann wie ein öliger Versicherungsvertreter zu umschmeicheln – eine Gunsterweisung, von der, je nach Matchverlauf, 90 Minuten später oft nichts mehr zu spüren war.

Gastgeschenke habe ich damals keine bekommen. Froh war ich manchmal – in Scheppach etwa, als jener Mann mit dem

Messer von einem Besuch in meiner Kabine Abstand nahm –, das Gelände heil verlassen zu dürfen und meinen VW-Käfer ohne Platten vorzufinden. Diese unmittelbaren Gefahren drohen Bundesligareferees längst nicht mehr, und auch das Ausmaß der Präsente ist, seitdem der FC Nürnberg vor einigen Jahren mal über die Stränge schlug, überschaubar geworden. Wer in Dortmund oder München pfeift, könnte allenfalls mehrere Haushalte mit Handtüchern, Feuerzeugen, Schlüsselanhängern oder Pyjamas ausstatten, die mehr oder weniger ästhetisch gelungen die Vereinsembleme tragen. Und jene gern kolportierten Geschichten von FIFA-Schiedsrichtern, die in osteuropäischen Ländern auf der Schwelle ihres Hotelzimmers blonde Callgirls vorfanden, sind wohl eher Branchenfolklore als Pfeifenalltag.

Robert Hoyzers naiver Glaube, mit manipulierten Pfiffen dauerhaft dem strengen DFB-Beobachtersystem zu entkommen, zeugte von erstaunlichem Realitätsverlust, und was er damals in Paderborn oder Osnabrück seiner Pfeife bewusst an Misstönen entlockte, stellte einen harten Schlag für das Ansehen seiner Zunft dar. Schiedsrichter wird, wer an die Idee unbeeinflussbarer Gerechtigkeit glaubt. So wie ich damals in Langenbeutingen (Landkreis Heilbronn) oder Wachbach (Main-Tauber-Kreis). Dort erhielt ich übrigens nach Spielschluss ein Bierglas (0,3 Liter) mit Vereinsaufdruck geschenkt. Der SV Wachbach hatte 3:1 gewonnen ...

Wenn wir schon bei den Schiedsrichtern sind – und weil hier Platz genug ist –, will ich ein paar grundsätzliche Anmerkungen zur Spezies des Schiedsrichters machen, auch wenn ich keine Hoffnung habe, dass José Mourinho diese Zeilen lesen wird.

Wer spielt, so heißt es, vergisst die Zwänge des Alltags; er stellt sein Tun nicht unter die Anforderungen des Gewinnen- oder Geld-verdienen-Müssens. Allein um der Freude (und vielleicht auch der Schönheit und Freiheit willen) gibt sich der

Spielende seinem Treiben hin. Schnöde Sekundärziele dürfen sein Tun nicht belasten, und wer das anders sieht, hat vom Wesen des Spiels wenig verstanden.

So die Theorie – doch wie immer beginnen die Probleme, wenn der Mensch seine Möglichkeiten in der Praxis umsetzen will oder muss. Versuchungen umzingeln den Spieler, locken ihn in die Falle der Abhängigkeit. Viele Spiele kreisen nicht selbstgenügsam um und in sich selbst, sondern sind mit zähl- und messbaren Resultaten verknüpft. Spiele führen zu Hotels in der Schlossallee, zu Toren, Körben oder Satzgewinnen, und das Schielen auf den denkbaren Sieg überlappt die pure Spielfreude, vor allem wenn Triumphe mit Mammon oder Ruhm honoriert werden.

Einer nur, so will es heutzutage scheinen, stellt sich dem Verlust des reinen Spielvergnügens unbeirrt entgegen: der Schiedsrichter. Woche für Woche steht er im Blickpunkt, bringt Trainer zur Weißglut und Spieler, denen mal wieder ein entscheidender Treffer aberkannt wurde, zur Verzweiflung. Der Schiedsrichter allein macht sich auf, der Gerechtigkeit – nach Aristoteles der höchsten aller Tugenden – Gehör zu schaffen, sie den erfolgsversessenen Spielern in Erinnerung zu rufen bzw. zu pfeifen. Der Unparteiische waltet seines Amtes unabhängig davon, wie Akteure und Zuschauer sein Wirken kommentieren. An jedem Wochenende, jedem Spieltag der Fußball-Bundesliga wird das anschaulich dokumentiert: Der Schiedsrichter ist *die* Hassfigur der heutigen Gesellschaft, mal der Lächerlichkeit preisgegeben, mal dem blanken Zorn ausgeliefert. Gewiss, sein Renommee war stets überschaubar: Wer schon will übelste Beschimpfungen geduldig ertragen, von denen die »Bratwurst«, mit der Fredi Bobic einst Schiedsrichter Kasper bedachte, eine der harmlosesten ist?

Der Schiedsrichter ist an allem schuld, so einfach ist das. Er erfüllt in dieser Hinsicht eine zentrale Kompensationsfunktion. Er lenkt ab vom eigenen Unvermögen und erlaubt es den Nicht-Unparteiischen, selbstbewusst in den Spiegel zu schauen, auch wenn man am Tag zuvor drei hundertprozentige Torchancen vergeigt hat und sein Monatssalär wohltätigen Einrichtungen stiften müsste. Die Schuldzuweisung an den Schiedsrichter ist ein leicht zu durchschauendes und doch gern praktiziertes Verfahren, den Unmut der anderen von sich zu weisen – in der Hoffnung, die eigene Haut zu retten. Vor diesen psychologisch simplen Verhaltensmustern ist kaum ein Spieler gefeit. Selbst intelligente Trainer wie Jürgen Klopp oder Christian Streich nicht.

Falsche oder vermeintlich falsche Schiedsrichter-Entscheidungen graben sich tief ins kollektive Gedächtnis und erregen die Gemüter noch Jahrzehnte später. Und mancher Referee bringt es gar zu literarischen Ehren, wie Arturo Yamasaki aus Mexiko, dessen vermeintliche Fehlpfiffe beim Jahrhundertspiel Italien gegen Deutschland 1970 den Dichter Ror Wolf zu einem gepfefferten WM-Gedicht inspirierten: »Der Catenaccio knirscht. Die Riesen wanken. / Mazzola fällt vor lauter Elend um. / Als Seeler blutet, bleibt die Pfeife stumm. / Das hat man Yamasaki zu verdanken«. So wird mancher zum Gegenstand der Weltliteratur, ohne je danach gestrebt zu haben.

Der Schiedsrichter ist der letzte Mohikaner gelebter Ethik. Manager, Trainer und Spieler, die sich allesamt und immer von ihm betrogen fühlen, stempeln ihn zum Versager, zum Bösen schlechthin. Er ist der »Spielverderber«, der die Freude am scheinbar unschuldig ausgeübten Spiel raubt, weil er ahndet, was er sieht. An »Fingerspitzengefühl«, einer im Regelwerk nicht vorgesehenen Eigenschaft, habe es dem Mann in Schwarz (oder Grün, Gelb, Rot) gemangelt, monieren jene Furien auf Vereinsbank oder Tribüne, denen zum Sieg normalerweise jedes Mittel recht ist. »Ich hasse Schiedsrichter, ich könnte sie manchmal sogar umbringen«, hat Trainer Udo Lattek dies kurz und bündig zusammengefasst.

Schiedsrichter versuchen die Regeln des Spiels umzusetzen.

Sie interpretieren sie und wissen bei jedem Pfiff, dass hundertprozentige Eindeutigkeit jeder ihrer Entscheidungen nicht zu gewährleisten ist. Einwurf- oder Abstoßpfiffe bieten in der Regel wenig Deutungsspielraum, doch ganz anders sieht es aus, wenn ein Rempeln oder Stoßen im Strafraum auszulegen und wenn bei Abseitsentscheidungen zu prüfen ist, ob ein Akteur wirklich Einfluss auf das Spiel nimmt und somit strafwürdig positioniert ist. Vor allem die Abseitsregel lässt zwangsläufig eine Grauzone der subjektiven Wahrnehmung zu.

Dieses Dilemma beseitigen auch Fernsehaufnahmen nicht. Seitdem die Stadien von zahllosen Kameras besetzt sind und seitdem sich im Nachhinein die Richtigkeit von Pfiffen aus mehreren Perspektiven (vermeintlich sicher) beurteilen lässt, hat der Erregungsgrad in der Beurteilung von Schiedsrichterentscheidungen zugenommen. Der Ruf nach dem umfassenden »Videobeweis« ließ sich nicht mehr ignorieren.

Diese Machtposition des Schiedsrichters mag als Anachronismus erscheinen und gefällt nicht jedem. Der Kulturphilosoph Klaus Theweleit zum Beispiel hat in dem Buch *Tor zur Welt. Fußball als Realitätsmodell* (2004) seinem Zorn über die Willkür der Pfeifenmänner freien Lauf gelassen und das durch die Befugnisse des Schiedsrichters konstituierte System des Spiels infrage gestellt: »Der Schiedsrichter und seine Assistenten als Willkürherrscher auf dem Platz sind ein schändliches Überbleibsel vergangener Herrschaftsformen. Für mich ist das ein Fall für Brüssel. Die päpstliche Rechteausstattung der Schiedsrichter widerspricht jeder europäischen Rechtsnorm.«

Theweleits Frontalangriff, der sich je nach Blickwinkel komisch oder töricht liest, verkennt, welche Folgen die Einführung einer »Kontrollinstanz« hätte und dass das Richteramt auf dem Spielfeld mit europäischen Rechtsnormen nichts zu tun hat. Seine Attacke auf die »Terrormänner« verkennt, dass selbst haarsträubende Fehlentscheidungen zum Ritual des Spiels gehören und die Erregung darüber eine zentrale Entlastungsfunktion ausübt, ja, indirekt zur Faszination des Spiels gehört.

Die meisten Schiedsrichter sind sich ihrer Ausnahmerolle bewusst und leiden, wenn sie ihr Amt fehlerhaft ausüben. Sehr deutlich hat dies der französische Schiedsrichter Joël Quiniou zum Ausdruck gebracht. Quiniou, der sein Land dreimal bei Weltmeisterschaften vertrat und dadurch Berühmtheit erlangte, dass er 1986 im WM-Spiel Uruguay gegen Schottland in der ersten Minute – zu Recht – die rote Karte zückte, stand seinem Neffen, dem Schriftsteller Christophe Donner, Rede und Antwort für dessen Buch *Mon oncle* (1995). Quiniou beschreibt darin die existenzielle Traurigkeit, die den reflektierten Schiedsrichter befällt, sobald er während des Spiels merkt, falsch entschieden zu haben: »Manchmal bin ich sehr traurig, sagte er. Und tatsächlich sah man ihn, Joël, als wäre man selbst dabei gewesen, auf dem Rasen irgendeines riesigen Stadions stehen, inmitten dieser heulenden Menge, die er nicht mehr hört, man sah seine Einsamkeit und seine Traurigkeit in dem Augenblick, da er sich bewusst wird, einen Irrtum begangen zu haben.«

Große Macht in Händen zu halten bekommt nicht allen Menschen, und so nimmt es nicht wunder, dass Schiedsrichter mitunter zur Selbstdarstellung neigen und ihr Richteramt telegen zelebrieren. Je schneller und athletischer das Spiel in den letzten Jahrzehnten geworden ist, desto seltener freilich sind in höheren Spielklassen jene Schiedsrichter anzutreffen, die sich als Primadonnen oder Diven gerieren. Figuren wie Walter Eschweiler, der seinen WM-Einsatz 1982 mit einem unfreiwilligen Purzelbaum krönte, Kugelblitz Wolf-Dieter Ahlenfelder oder der Elsässer Robert Wurtz, der sich gerne in Bodennähe begab, um im Strafraumgetümmel den Überblick zu wahren, sind Relikte aus jener Zeit, als das Bundesliga- und Europacupgeschehen noch Raum für schiedsrichterliche Extravaganzen gewährte.

Der Schiedsrichter ist im zum puren Kommerz gewordenen Spiel ein Überbleibsel aus alten Tagen. Und daher rührt seine Faszination: Selbst wenn seine Leistungen in den höheren Spielklassen inzwischen angemessen vergütet werden, bleibt er ein Außenseiter, dessen anachronistisches Wirken daran erinnert, dass das Spiel seinen ursprünglichen Charakter längst verloren hat. Das »interesselose Wohlgefallen« (Immanuel Kant) gilt in den großen Stadien nur bedingt, und der unerschrockene zwölfte Mann mahnt uns an das verlorene Paradies. Und manchmal tut er dies, trotz aller Anfeindungen, auch noch gerne: »Pfeifen begeistert und macht mich glücklich«, ließ der frühere FIFA-Schiri Hans-Joachim Weyland verlauten.

Wer so wahrhaftig und freudig sein Richteramt ausübt und wer sich nicht darum schert, als »Sündenbock« und »Spielverderber« verfemt zu werden, der verdient Hochachtung, zumindest neunzig Minuten lang. Ohne ihn wäre der Fußball nicht denkbar – auch wenn ein Rekordnationalspieler wie Lothar Matthäus diesen Zusammenhang nicht sofort erfasste, als er einst nach seinen Zukunftsplänen befragt wurde: »Schiedsrichter kommt für mich nicht infrage, schon eher etwas, das mit Fußball zu tun hat.«

28. Juni 2012

Nacktheit als Provokation

Mein Sohn steht diesem Spieler bis heute mit großer Reserviertheit gegenüber, und seine Empörung wird so schnell nicht verfliegen. Im Alter von sechs Jahren loderte seine Begeisterung für den Fußball erstmals auf, und eine Europameisterschaft ist Anlass genug, solches Feuer zu schüren. So war er voller Zuversicht, als Joachim Löws Mannen im Halbfinale auf Italien trafen – und schon in der ersten Halbzeit in Mario Balotelli ihren Meister fanden. Zweimal traf dieser, einmal per Kopf und einmal, als er im richtigen Moment durchstartete, den stolpernden Lahm alt aussehen ließ und den Ball ins Netz hämmerte.

Was danach geschah, hat sich in unser Bildgedächtnis eingegraben: Balotellis Triumphgeste mit freiem Oberkörper, das Ballen der Fäuste, der reglose Blick, der nichts von plumpem Jubel hatte und die Vernichtung der deutschen Mannschaft aufs Schlimmste bloßstellte. »Krieger« Balotelli mit seiner Bodybuilder-Muskulatur zerstörte die Deutschen doppelt, und mein Sohn spürte instinktiv, um welche Provokation es sich dabei handelte und dass Neuer, Gomez & Schweinsteiger in diesem Spiel nichts mehr reißen würden.

Balotellis Pose wurde zu einem Internetrenner und später von anderen Akteuren nachgemacht. Jubelgesten sind sowieso ein großartiges, symbolträchtiges Thema, zum Beispiel für Master- und Promotionsarbeiten. Der afrodeutsche Medienkünstler Michael Küppers-Adebisi gab dafür eine Steilvorlage, als er auf eine Selbstinterpretation Balotellis hinwies, der im Zurschaustellen seines Oberkörpers ein Zeichen für das »Abwerfen der Ketten von Sklaverei und Unfreiheit« habe setzen wollen. Darüber werde ich mit meinem Sohn sprechen, wenn er etwas älter ist.

Dass Italien kurz darauf das Endspiel gegen Spanien sang- und klanglos verlor, schmerzte uns trotzdem wenig. Auch die weitere Karriere des italienischen Enfant terrible ließ die Überzeugung aufkommen, dass er seinen Zenit bereits in diesem Halbfinale erreicht haben könnte. Ausgerechnet gegen Deutschland.

Sommer 2017

Neymar verlässt Barcelona und wechselt für 222 Millionen zu Paris Saint-Germain, dessen Besitzer so gerne mal die Champions League gewinnen würde

Geht der Fußball daran zugrunde? Oder ist alles nur eine konsequente Entwicklung, sobald das Geld alles regiert? Alttrainer Berti Vogts (70) hat das kurz darauf so kommentiert: »Ich weiß überhaupt nicht, warum so viele Sportdirektoren und Verantwortliche negativ gegenüber Paris St. Germain eingestellt sind. Was ist da passiert? Ein Sponsor hat einen Spieler gekauft. PSG zahlt für diesen Spieler nur das Gehalt. Das Ergebnis: Alle Heim- und Auswärtsspiele von PSG sind bereits ausverkauft. Es ist total positiv für den Fußball.« Warum können manche Männer im Ruhestand, wie es das Wort besagt, nicht einfach Ruhe geben?

14. August 2017

Brennende Sitzschalen beim DFB-Pokalspiel Hansa Rostock gegen Hertha BSC Berlin

Es sind die üblichen Bilder, und es folgen die üblichen Reaktionen. Eine Viertelstunde vor Spielschluss brechen vermummte Gestalten in ein freigehaltenes Tribünensegment ein und legen Lagerfeuer, nachdem zuvor bereits Bengalos flogen und irgendeine Hertha-Fahne von den Rostockern abgefackelt wurde. Alles brennt vor sich hin; die Polizisten schauen zu, hinterher heißt es, eine Zugangspforte sei verschlossen gewesen. Das Spiel wird unterbrochen; dann geht es weiter und endet irgendwie. Der Reporter regt sich politisch korrekt über die hirnverbrannten Idioten auf; das Ganze habe im Fußball nichts zu suchen und mit Sport nichts zu tun. Schluss müsse damit endlich sein. Wer Schuld an allem habe, sei schwer zu sagen. So ist das mit der Gewaltbereitschaft im Fußball heutzutage.

Lektüreempfehlung: Philipp Winklers Roman *Hool*, wo die Ergebnisse der Spiele gar keine Rolle mehr spielen. Letzte Konsequenz.

3

Soso-lala-Erinnerungen

5. April 1908

Endlich, das erste Länderspiel einer deutschen Nationalmannschaft, mit nicht ganz eindeutigem Resultat

Im Basler Landhof-Stadion fand es statt, das erste offizielle Länderspiel der DFB-Auswahl. Handgestrickt ging es zu; die deutschen Spieler erfuhren kurzfristig von ihrer Einladung, und die meisten lernten sich erst im Zug kennen. Immerhin sollen 3.500 Zuschauer dem Match beigewohnt haben. Das Ergebnis war für den DFB unbefriedigend: Mit 3:5 verlor man gegen die Schweizer, die gleich mit zwei Promovierten angetreten waren. 3:5? Ja, wenn man das so sicher wüsste ... die Medien berichteten, wir sind nicht überrascht, damals nicht sehr intensiv von den Basler Ereignissen, und so verdankte sich manches Spieldetail vagen Informationen vom Hörensagen. Dass freilich sogar Zweifel am korrekten Endergebnis aufkamen, überrascht dennoch. Der berühmte Sportjournalist Richard Kirn säte diese in seinem Buch *Der lachende Fußball. Anekdoten und Geschichten um das runde Leder* (1942), als er von einem Gespräch mit dem Stürmer Fritz (bei Kirn: Willy) Becker berichtete: »Es war der erste Länderkampf des damaligen DFB. Wir verloren ihn in Basel: die Schweizer siegten 5:3. Zwei Tore hat Becker gemacht, ein drittes der Förderer vom großen Karlsruher Fußballverein. So steht es in allen Chroniken, diesseits und jenseits der Alpen, in den Annalen der FIFA, in den Almanachen der Fußballnationen. Aber Willy Becker sagt: Nein. Es stimmt nicht. Wir haben 2:5 verloren. Das Tor von Förderer war kein Tor; es war ein Lattenschuss. Man muss wissen, dass es damals noch kaum eine Berichterstattung gab und schon gar keine Zeitung, die einen Mann um eines Fußballspiels willen nach der Schweiz geschickt hätte. (...) Fußball war eine odiose Angelegenheit. Und deshalb hat Willy Beckers Begründung einen winzigen Hauch von Wahrscheinlichkeit: In dem Artikel eines Berichterstatters habe sich das 5:3 eingeschlichen und seit dieser Zeit werde es geglaubt.«

Höchst unbefriedigend, dass das Resultat des ersten deutschen Länderspiels nicht mit Sicherheit zu verifizieren ist. Tor oder Latte? Das müsste sich zum Kuckuck doch klären lassen, vielleicht von Studierenden der (Sport-)Geschichtswissenschaft. Der wohl 1881 geborene Schweizer Unparteiische mit englischen Wurzeln H. P. Devitte, dessen genaue Vornamen nicht überliefert sind, kann nicht mehr befragt werden. Vielleicht findet sich etwas in seinem Nachlass. Fritz Becker absolvierte übrigens kein weiteres Länderspiel. Seine Trefferquote – zwei Tore in einem Spiel – ist imponierend und wurde weder von Gerd Müller noch von Miroslav Klose erreicht.

18. Juni / 6. August 1922

Keiner ist deutscher Meister, trotz 294 Minuten Spielzeit

In den Statistiken des DFB klafft in diesem Jahr eine schmerzliche Lücke. 1922 scheiterte man daran, einen deutschen Meister zu ermitteln, und als man schließlich einen der beiden Finalisten zum Sieger erklärte, verzichtete dieser auf diese Lorbeeren vom grünen Tisch.

1. FC Nürnberg gegen Hamburger SV, das waren die Berliner Endspielpartner am 18. Juni 1922, und blickt man auf die Auf-

stellungen, erkennen selbst historisch Desinteressierte, welche Größen damals aufliefen. Im Tor der »Clubberer« stand einer der weltbesten Torhüter seiner Zeit: Heiner Stuhlfauth, der in Nürnberg bis heute als Galionsfigur gilt. Im Hamburger Sturm hingegen tankte sich Otto »Tull« Harder durch die gegnerischen Reihen. In 15 Länderspielen machte der explosive Stürmer 14 Tore; sein Ruhm war so groß, dass sogar eine Zigarettenfirma ihn zum Werbeträger machte. Den Packungen lagen Bilder des Stürmers bei, versehen mit dem guten Rat: »Sportler, raucht die neue Tull Harder Cigarette!« Dass dem einstigen »Volksliebling« anders als Stuhlfauth nur bei Geschichtsblinden Nachruhm beschieden war, hat mit seinem politischen Wirken zu tun. Schon 1932 trat er der NSDAP bei, ein Jahr später der SS. Er fungierte als Wachmann in den KZs Sachsenhausen und Neuengamme; ab August 1944 stand er, mittlerweile im Rang eines SS-Hauptscharführers, als Lagerführer im KZ Ahlem einer SS-Wachkompanie vor. Nach dem Krieg versuchte sich Harder mit fadenscheinigen Ausreden reinzuwaschen. Dennoch wurde der einstige »König der Mittelstürmer« als Kriegsverbrecher zu 15 Jahren Haft verurteilt. Bereits 1951 wurde er entlassen und von seinen Anhängern begeistert gefeiert. Bei seinem Tod 1956 hielten HSV-Jugendspieler Ehrenwache, und noch vor der WM 1974 wollte der Hamburger Senat den KZ-Aufseher Harder, neben Posipal und Seeler, zum »Vorbild« erklären.

Stuhlfauth gegen Harder – so hieß das vielleicht pikanteste Duell des Endspiels von 1922.

Des Endspiels? Nein, denn Schiedsrichter Peco Bauwens brach die erste Partie in Berlin nach 189 Minuten beim Stand von 2:2 wegen einbrechender Dunkelheit ab. Gespielt werden sollte bis zum entscheidenden Tor – eine frühe Golden-Goal-Regelung also –, doch das wollte partout nicht fallen. Bauwens wurde von Schwächeanfällen übermannt. Das »ewige Finale« hatte alle Beteiligten gefordert; die Fachzeitschrift »Fußball«

riss alle metaphorischen Dämme ein, um das Geschehen angemessen zu würdigen: »Ein Kampf von unerhörter Erbitterung. Nerven springen wie sprödes Glas. Spieler sind auch nur Menschen. Es kommen Entgleisungen vor, auf beiden Seiten. Hamburg drängt mit unwiderstehlichen Flankenläufen und weit vorgeschlagenen Bällen zu Stuhlfauth. Harder wühlt sich durch. Es gibt harte Karambolagen, Kampf, kein Süßholztennis, kein Heiratsmarkt.« Allem Einsatz zum Trotz will keine Entscheidung fallen; als sich die Nacht über den Rasen senkt, bleibt den Zuschauern nur Sarkasmus: »Nur weiterspielen, es wird gleich wieder hell!«

Sieben Wochen Erholungsphase waren nötig, bis am 6. August die Neuauflage des Endspiels stattfand, diesmal in Leipzig. Wieder pfiff der spätere DFB-Präsident Peco Bauwens, und wieder sollte ihm die Spielleitung keine rechte Freude bereiten. Das Match entwickelte sich erneut zu einem Hauen und Stechen; Bauwens notierte leidvoll: »Nachdem sich in der ersten Viertelstunde eine scharfe Note im Spiel beider Mannschaften zeigte, ermahnte ich die Mannschaftsführer und wies darauf hin, dass ich nun zu dem schärferen Mittel des Herausstellens greifen würde, da meine dauernden Ermahnungen und die Verhängung von Strafstößen doch nichts nützen würden.« Die sanfte Tour nutzte auf Dauer nichts; Bauwens kam nicht umhin, zwei Feldverweise gegen die Nürnberger auszusprechen.

Als schließlich in der Verlängerung zwei Clubberer verletzt ausschieden (Auswechslungen waren damals nicht vorgesehen), verblieben sieben halbwegs Aufrechte auf dem Feld, was Bauwens zum Abbruch des Spiels bewegte. Korrekt hatte er freilich die Regeln nicht ausgelegt, und so folgte Protest auf Protest, bis der DFB den Hamburger SV zum Meister erklärte – eine Ehrung, die dieser, wie gesagt, wohl oder übel nicht annahm. Zwei martialische Kampfspiele hatten keinen Sieger hervorgebracht, doch für die Persönlichkeitsentwicklung waren sie sehr wertvoll, wie der große Sportsmann Stuhlfauth erkannte: »Wenn man in so einem Spiel drei Stund' lang spielt, dann lernt man sich richtig kennen – kameradschaftlich und charakterlich.«

Juni 1925

Aus drei mach zwei – die Abseitsregel wird entscheidend geändert

Der brillante Sportjournalist und Analytiker Willy Meisl, dessen Bruder Hugo Anfang der dreißiger Jahre das österreichische Wunderteam um Matthias Sindelar formte, veröffentlichte 1955 das Buch *Soccer Revolution*, das nach den Erfahrungen der Weltmeisterschaft von 1954 dem Absinken des britischen Fußballs auf den Grund gehen wollte. Der erste Teil wird mit dem unmissverständlich betitelten Kapitel »Commerce knocks soccer groggy« eingeleitet und bezieht sich auf den Juni 1925, als die Gralshüter des Regelwerks, der IFAB, in Paris zusammenkamen und auf Antrag des schottischen Verbands eine winzige und ungemein folgenreiche Änderung der Abseitsregel von 1866 beschlossen. Fortan – und die Regel ist in dieser Form weitgehend bis heute gültig – befand sich ein Spieler bei Ballabgabe nur dann strafbar im Abseits, wenn nicht mindestens zwei (statt bisher drei) gegnerische Spieler näher als er selbst zur Torlinie standen.

»Zwei« statt »drei«, ein einziges Wort wurde ausgetauscht – mit ungeheuren Folgen. Der Entschluss der Regelkommission war von kommerziellen Interessen geleitet, von einer Unzufriedenheit, die vor allem von den Managern des britischen Profifußballs ausging. Dessen Akteure hatten nach dem Ersten Weltkrieg – konsequenter als ihre Kollegen im Amateurbereich oder auf dem Kontinent – Defensivstrategien ausgearbeitet, die zur Perfektionierung der Abseitsfallen führten. Der Fußball professionalisierte sich, und man suchte das Regelwerk nach Schlupflöchern ab, die man – gegen den Sinn der Regel – ausnutzte. Die »Schutzregel« (Carl Koppehel) Abseits wurde bewusst uminterpretiert; destruktives Abwehrspiel setzte sich durch. Ausgelöst wurde die Regeländerung durch die Torabstinenz vor allem im britischen Fußball; sie sollte offensiveren Fußball ermöglichen, eine Absicht, die anfangs Erfolg hatte, alsbald jedoch von findigen Trainern unterlaufen wurde.

Ein Zankapfel ist die Abseitsregel bis heute geblieben. Die siebzehn Fußball-Regeln bilden keine großen Verständnishürden, sind selbst für Laien durchschaubar – mit einer Ausnahme, mit der Ausnahme der Regel 11, die dem Abseits gilt. An ihr scheiden sich seit jeher die Geister. Sie war und ist umstritten. Folgte man blind der Stimme des Volkes, gäbe es sie nicht mehr; ja, manch ungestüme Betrachter wie der Kulturwissenschaftler Klaus Theweleit meinen zu erkennen, dass die »jetzige Abseitsregel« dem »Grundgedanken des Spiels« widerspreche. Das ist, mit Verlaub, Unsinn, verkennt es doch die strukturelle Bedeutung, die diese Regel besitzt. Im Gegensatz zu den Bestimmungen, die die elementaren Begriffe des Spiels definieren, die Maße des Spielfeldes und die Spieldauer fixieren oder »verbotenes Spiel« und daraus resultierende Sanktionen beschreiben, greift die Abseitsregel in das Grundgefüge ein und nötigt die Akteure viel stärker als alle anderen Regeln dazu, das System ihrer Aufstellung zu überdenken.

Abseits beschreibt nicht, was in der direkten körperlichen Auseinandersetzung von Mann zu Mann erlaubt ist, sondern unterbindet bestimmte Positionen der Spieler, die nicht im Ballbesitz sind. Es zwingt somit sowohl denjenigen, der den Ball führt, als auch denjenigen, der das Zuspiel erwartet, den eigenen Standort, mit Blick auf die gegnerischen Abwehrspieler, unablässig zu überprüfen. Die Abseitsregel verlangt den

Akteuren ein »geordnetes Verhalten auf dem Feld« ab und sorgt dafür, dass ein Torerfolg »nur mit spielerischer Intelligenz« (Christoph Bausenwein) erzielt werden kann. Selbst wenn man dies – mit der Erinnerung an »Duseltore«, die eher dem Zufall denn der Genialität geschuldet sind – einschränken mag, ist unstrittig, dass die Strukturregel Abseits dem Fußball höhere Weihen gibt und ihn von anderen Ballspielen abgrenzt. Handball oder Basketball kennen keine Regel dieser Art, und folglich markiert das schnell zu überbrückende Mittelfeld in ihrer Spielpraxis einen Raum von geringer strategischer Bedeutung. Fußballer dagegen kommen nicht umhin, den – so der promovierte Exprofi Stefan Lottermann – »großen Aktionsraum zwischen den beiden Toren, der eine erhebliche strategisch-taktische Dimension innehat«, zu nutzen.

Der Abseitspfiff des Schiedsrichters entscheidet nicht selten Spiele. Die Komplexität der Regel und die generelle Schwierigkeit, strafbare Abseitspositionen zu erkennen, geben dem Abseits eine unheilvolle Aura, die nicht zu seiner Beliebtheit beiträgt. Wenn Vorfreude in Freude umschlägt und einem Spieler ein glanzvoller Treffer gelingt, entlädt sich explosiver Jubel, der ungeheure psychische Befreiung signalisiert. Der entscheidende Ausgleichstreffer mit spektakulärem Fallrückzieher erzielt – wer will den beteiligten Akteuren, auf dem Platz und auf den Rängen, verdenken, ein derartiges Gelingen eruptiv zu feiern? Sobald der Ball im Netz zappelt, sind alle vorangegangenen Frustrationen vergessen. Je größer die Anspannung, desto exzessiver die Entladung, desto kühner die Formen des Jubels ... und desto drastischer der Absturz, wenn sich, oft mit einer Verzögerung von mehreren Sekunden, die Einsicht einstellt, dass das umjubelte Tor keine Anerkennung findet, weil der Schiedsrichter und sein trotzig die Fahne hebender Assistent eine Abseitsposition erkannt haben, die sich womöglich keinem der Beteiligten auf Anhieb erschloss. Im Nu verändern sich die Gesichtszüge des vermeintlichen Torschützen, seine gerade noch in die Höhe gerissenen Arme fallen jäh herab. Der entgeisterte Blick gilt dem Linienrichter. Protest beginnt sich zu entladen, ein zweckloser Akt, da eine Korrektur des Pfiffes so gut wie nie erfolgt.

Ist es Spielern, Zuschauern und Reportern oft einsichtig, wenn ein Tor wegen eines vorangegangenen Stoßens oder Tretens aberkannt wird, so fehlt dem Abseits in vielen Fällen diese Eindeutigkeit. Da der Moment der Ballabgabe, nicht der Ballannahme entscheidet und die Möglichkeiten des erlaubten Abseitsstehens (das im Wortlaut der Regel nicht vorkommende »passive Abseits«) groß sind, trifft der Abseitspfiff den freudig erregten Spieler wie der gern zitierte Blitz aus heiterem Himmel. Freude schlägt in Entsetzen um; der himmelhoch jauchzende Stürmer mutiert zum zu Tode betrübten Unglücksraben. Zurückgepfiffene Spieler sinken nicht selten zu Boden, wollen ihre Scham unter der Grasnarbe verbergen.

Ach ja, wenn es um das Abseits geht, darf ein Hinweis auf das Jahr 1974 nicht fehlen. Dieses bescherte Deutschland nicht nur den zweiten Weltmeisterschaftstitel, sondern dem Alternativfußball der Bunten Ligen auch eine neue Mannschaft von subtiler Namensgebung: »Grand Hotel Abseits«. Das unorthodoxe Kölner Team verdankt seinen Clubnamen dem Philosophen und Soziologen Georg Lukács, der der bürgerlichen Intelligenz, darunter Theodor W. Adorno, vorwarf, es sich im »Grand Hotel Abgrund« gemütlich zu machen, in einem »schönen, mit allem Komfort ausgestatteten Hotel am Rande des Abgrunds, des Nichts, der Sinnlosigkeit«.

Sich eine anarchisch geprägte, bunt gescheckte Truppe vorzustellen, die sich permanent zwischen Regelbruch und Regelkonformität bewegt und es sich am Rande des Abseits einrichtet, öffnet einen gedanklichen Raum, der nicht leicht zu erfassen ist. Ideologische Kämpfe konnten da nicht ausbleiben, beim Verlangen nach einem – wie es in einer Selbstdarstellung des Teams hieß – »ganz neuen kampf- und körperlosen, gedankenverlorenen, geistig-metaphysischen Mannschaftsspiel«. Das Einhalten der Abseitsregel war »meist mit einem schlechten Gewissen verbunden« und führte zu revolutionären Losungen wie »Wer zweimal nicht ins Abseits rennt, gehört schon zum Establishment«, die in der Praxis, mal wieder, schwer durchzuhalten waren.

Und nach aller Theorie ein Beispiel für die schwerwiegenden Folgen, die eine Abseitsentscheidung manchmal mit sich bringt: Am 18. Mai 2013 steht der letzte Bundesligaspieltag an. Hoffenheim muss beim Tabellenzweiten Borussia Dortmund gewinnen, um einen direkten Abstiegsplatz zu vermeiden. In einem turbulenten Spiel führt man mit 2:1, ehe der Dortmunder Marcel Schmelzer in der Nachspielzeit den Ausgleich erzielt, nein, zu erzielen scheint. Denn nach Rücksprache mit seinem Assistenten Benjamin Brand erkennt Schiedsrichter Jochen Drees den Treffer nicht an, weil der im Abseits stehende Stürmer Lewandowski, als er versuchte, Schmelzers Schuss ins Tor zu lenken, Hoffenheims Keeper Casteels irritiert und so aktiv ins Spiel eingegriffen habe. Hätte Drees anders entschieden, wäre Hoffenheim abgestiegen und das Geschrei groß gewesen.

3. April 1971

Ein Wort schreibt Geschichte: Pfostenbruch!

Genickbruch, Leistenbruch, Spielabbruch – alles Vokabeln, die man gut kennt und die längst in den *Duden* Einzug gehalten haben. Doch das Schöne an der Sprache ist, dass sie nicht für alle Zeiten festgemauert ist. Sie verändert sich, nimmt Fremdes auf und gibt nach, wenn sich Dinge ereignen, die neue Komposita verlangen. Das wiederum kann das Deutsche prima, und so gibt es seit dem 3. April 1971 das schöne Wort »Pfostenbruch«, das darauf reagierte, dass etwas brach, was eigentlich nicht brechen sollte.

Die Saison neigte sich dem Ende zu. Borussia Mönchengladbach strebte die Titelverteidigung an, mühte sich aber im Heimspiel gegen Werder Bremen. 1:1 stand es kurz vor Spielschluss, als der Bremer Keeper Bernard im Luftkampf mit Gladbachs Stürmer Laumen den Ball über die Torlatte lenkte. Der anrauschende Laumen flog dabei mit derart großer Wucht ins Netz, dass das schön gezimmerte Bökelberggtor nicht länger standhielt. In Sekundenschnelle gab es seinen Geist auf und kippte nach hinten. Holz splitterte, und Bernard blickte verstört auf einen Pfostenstumpf. Ein Ersatztor war nicht zu beschaffen, an eine notdürftige Reparatur mit Leim oder Nägeln nicht zu denken. So blieb Schiedsrichter Meuser nichts anderes übrig, als das Spiel abzubrechen, was den gastgebenden Gladbachern per DFB-Urteil eine schmerzliche 0:2-Niederlage bescherte. Das Bild des in sich zusammengeklappten Tores, der gefangene Laumen, die betroffenen Platzordner – das alles freilich gab ein schönes Schauspiel ab, das niemand missen möchte.

Von Stund' an war es im großen Fußball vorbei mit den gut geformten, eckigen Holztoren. Die Rede von »Holztreffern« ging rapide zurück, da die Vereine alsbald auf Aluminiumtore umstellten, deren Gestänge nicht so leicht wie der Gladbacher Pfosten einknickten. Erfreulicherweise führte der Münsteraner Sportgerätehersteller Schäper schon damals Alutore in seinem Sortiment und wurde schnell zum Marktführer. Heute findet man sie überall, und auch wer großzügig wohnt, kann als Privatmann schnell fündig werden, um seinen Gästen zu imponieren, und sich ein feines Aluminiumtor mit den Idealmaßen 7,32 auf 2,44 m in den Vorgarten stellen. Dafür sind allerdings deutlich mehr als 1.000 Euro zu investieren. Wir denken da zum Beispiel an das Jobasport-Fußballtor »Robust

Super GS + DIN«, dessen, so der Anbieter, Pfosten-/Querlatten-/Bodenrahmenkonstruktion, in Verbindung mit der Netzbügel-/Stützrohrkonstruktion, dem Tor eine ungeheure Stabilität verleihe. Dank der eingesetzten Alu-Materialien gelten die Tore als »dauerhaft wartungsfrei« und »unverrottbar«.

Aber: auch Aluminium sollte nicht überschätzt werden. Der Torfall von Madrid am 1. April 1998 im berühmten Bernabéu-Stadion bewies das eindrücklich. Kurz vor Anpfiff des Champions-League-Spiels Real Madrid gegen Borussia Dortmund rissen spanische Zuschauer einen Begrenzungszaun ein, der dann postwendend eines der beiden Tore nach vorne stürzen ließ. Was folgte, schrieb weniger Fußball- als Fernsehgeschichte.

Den Königlichen von Madrid wollte und wollte es nicht glücken, das gestürzte Teil zu reparieren oder ein Ersatztor zu beschaffen. Im Stadion spielten sich daraufhin erheiternde Szenen größter Unprofessionalität ab. Weniger lustig fanden das die RTL-Reporter Günther Jauch und Marcel Reif, die sehr lange 76 Minuten zu überbrücken hatten und sich allmählich in einen fatalistischen Redeflash hineinsteigerten. Den wackeren Kommentatoren gelangen dabei bleibende Sätze der Fernsehunterhaltung, für die sie zu Recht mit dem Grimme-Preis ausgezeichnet wurden: »Noch nie hätte ein Tor einem Spiel so gut getan« (Reif), »Für alle die, die nicht rechtzeitig eingeschaltet haben, das erste Tor ist schon gefallen!« (Jauch). Über 12 Millionen lauschten dem Stadionstadl unverdrossen; als Schiedsrichter van der Ende das Spiel dann endlich anpfiff, ging die Hälfte davon ins Bett. Wie es ausging, weiß kaum noch einer.

22. Juni 1974

Ein Mann namens Sparwasser stürzt den Kapitalismus in eine (kurze) Krise

Wolfgang Menges Serie *Ein Herz und eine Seele* zählt ohne Zweifel zu den wichtigsten Hervorbringungen des deutschen Fernsehens. Folgen wie *Rosenmontagszug* oder *Sylvesterpunsch* sind aus den Wiederholungsschleifen der dritten Programme bis heute nicht wegzudenken. Die Familiendramen aus dem kleinbürgerlichen Ruhrpotthaushalt um den sich von Sozialisten umzingelt fühlenden Tyrannen Alfred Tetzlaff haben sich einen gewissen Charme bewahrt und waren Anfang der siebziger Jahre ein erfrischendes Novum in der Fernsehlandschaft. Kenner schätzen allerdings nur die erste Staffel mit Heinz Schubert, Elisabeth Wiedemann, Hildegard Krekel und Diether Krebs in den Hauptrollen. Der 1976 aufbereitete Aufguss der zweiten Staffel, bei der Elisabeth Wiedemann durch Helga Feddersen und Diether Krebs durch Klaus Dahlen ersetzt wurden, ist nicht der Rede wert.

Am 17. Juni 1974 strahlte die ARD die Farbversion der ursprünglich schon 1973 gelaufenen Folge *Besuch aus der Ostzone* aus. Die Eltern von Alfreds Schwiegersohn reisen darin erstmals zu den Tetzlaffs, ein Ereignis, das dem westdeutschen Hausherrn Gelegenheit gibt, die Vorzüge des kapitalistischen Systems lang und breit zu erläutern. Diese gelten natürlich nicht nur in der Wirtschaft, sondern auch im Sport, da der Sozialismus in einer Mannschaftssportart wie dem Fußball chancenlos sei.

Eine Woche später erschüttert das wirkliche Leben Alfreds Gewissheit. Im Hamburger Volksparkstadion kommt es zum ersten Aufeinandertreffen der deutsch-deutschen Teams. Gastgeber BRD (wie die BILD nie geschrieben hätte) trifft auf die DDR, die sich erstmals (und letztmals) für ein WM-Turnier qualifiziert hatte. Beide Mannschaften ist die nächste Runde bereits sicher, sodass es allein um den Gruppensieg geht.

Was monatelang als Klassenkampf hochgeschrieben wurde, erweist sich auf dem Rasen als müde Auseinandersetzung. Die DDR mit ihren Leitfiguren Kreische, Croy und Kurbjuweit legt die Schwächen der Mannschaft Helmut Schöns gnadenlos bloß. Das Spiel plätschert vor sich hin, bis in der 77. Minute der Magdeburger Jürgen Sparwasser die bundesdeutsche Deckung düpiert – nein, lassen wir den Dichter, lassen wir Erich Loest sprechen: »Croy schlug ab, Hamann hieb den Ball weit vor, Sparwasser erlief sich ihn, umspielte zwei Verteidiger und knallte ihn über den sich werfenden Maier unter die Latte.«

Ein trostloser Kick, der Franz Beckenbauer noch unter der Dusche die Sache in die Hand nehmen ließ, um den WM-Titel nicht vorzeitig abschreiben zu müssen. Dass ausgerechnet Günter Netzer bei dieser unangenehmen Niederlage zu seinem einzigen WM-Einsatz kam, machte das Ereignis besonders unangenehm. Zu einem weiteren Brüderduell sollte es nie mehr kommen. Die DDR schied bald aus, die BRD nicht und wurde bekanntermaßen Weltmeister. Sparwasser flüchtete 1988 in den Westen. Sein Torschützentrikot von 1974 ist heute im Haus der Geschichte zu bewundern.

1998 gab Elke Wittich ein Buch heraus, dessen Titel eine grundlegende Frage stellte: »*Wo waren Sie, als das Sparwasser-Tor fiel?*« Über 50 Antworten trudelten bei ihr ein, unter anderen von Regula Venske, Günter Gaus, Gisbert Haefs, Peggy Parnass, Peter Wawerzinek, Günter Wallraff, F. W. Bernstein und Hermann Kant. Am eindringlichsten antwortete Torwart Sepp Maier: »Wo ich war, als das Sparwasser-Tor fiel? Blöde Frage. Am Boden war ich gelegen. Deswegen kann ich mich auch gar nicht so genau erinnern, wie das Tor fiel. Ich glaube, der Verteidiger Höttges hat ein bisserl geschlafen, der Sparwasser hat den Ball an mir vorbeigehaun und ist damit berühmt geworden. Für uns war das gut so, sonst wären wir nicht Weltmeister geworden. Hätten wir zwei, drei oder vier zu null gewonnen, hätte es sicher nicht geklappt mit dem Titel. Wir hatten ja zuvor gegen Chile auch so ein Gurkenspiel hingelegt und dann die Niederlage gegen die DDR – der Oberhammer.«

Torschütze Sparwasser selbst sah die Sache im Rückblick nüchtern, als »Spiel der Funktionäre«: »Natürlich habe ich durch dieses Spiel eine gewaltige Popularität gewonnen. Auf meinem Sarg müsste nur stehen ›Hamburg WM 1974‹, und schon wüsste jeder Bescheid. Man hat auch versucht, meinen Namen zu vermarkten, einmal wollte sogar eine Firma ihr Mineralwasser ›Sparwasser‹ nennen.«

Aus Hamburg stammte auch der Geldbriefträger Walter Spahrbier, der zur gleichen Zeit in Wim Thoelkes *Drei mal Neun* und *Der große Preis* als Glücksbote hohe TV-Popularität genoss.

17. Mai 1975

Der Deutsche Fußball-Bund feiert sein 75-jähriges Bestehen und gibt sich progressiv

So dreht sich der Zeitgeistwind. 1960, als der DFB seinen Sechzigsten feierte und Konrad Adenauer Bundeskanzler war, ließ man den Schriftsteller Manfred Hausmann die Festrede halten, was dieser zu strammen Ausführungen nutzte, die ihn – beim Abseits oder beim Einwurf – nach dem ethischen Fundament der Fußballregeln suchen ließ.

Dann betraten Rudi Dutschke, Oswalt Kolle und Willy Brandt die Bühne, eine Libertinage kam auf, die die bundesrepublikanische Gesellschaft in vielen Belangen öffnete. Kein Wunder also, dass der DFB, wenn auch sicher mit etwas Widerwillen, reagierte und sich zu seinem Fünfundsiebzigsten ins Frankfurter Schauspielhaus einen »Progressiven« und »Linken« einlud, den ballaffinen Tübinger Schriftsteller und Rhetorikprofessor Walter Jens. Der ließ sich nicht zweimal bitten und schrieb dem DFB so einiges, wie den laxen Umgang mit der eigenen Geschichte während des Nationalsozialismus, ins Stammbuch. Darüber hinaus verfertigte Jens wundervolle Sätze wie »Fußball: Wirklichkeits-Verdoppelung und zugleich Entwurf von Möglichkeit? Widerschein und Vorausschau in eins – wie die Kunst? Fußball die coincidentia oppositorum? Die Versöhnung mitten im Streit?«. Besser noch als diese Gedankenflüge gefällt mir Jensens geerdetes Geständnis: »Derle Ahlers, Otto Rohwedder, Herbert Pause, Kalli Mohr und Hanno Maack ... wenn ich den letzten Goethe-Vers vergessen habe, werde ich den Eimsbütteler Sturm noch aufzählen können.«

8. November 1975

Die erste Halbzeit eines Bundesligaspiels endet überraschend früh, unter Nicht-Beteiligung einer Orangenlimonade

Ein Buch der feinen und nicht so feinen Erinnerungen ist das hier. Und so wie, Robert Lewandowski zufolge, im Fußball heute allein Erfolg und Geld zählen, ändern sich die Geschmacksvorlieben auch in anderer Hinsicht. Lassen Sie mich, ehe wir auf Erfrischungsgetränke kommen, kurz über Speiseeis sprechen, genauer: über die Lieblingssorte meiner Jugend, damals, als es manchmal »richtig Sommer« war ...

Wann merkte man, dass der Sommer da ist? Wenn es hitzefrei in der Schule gab? Wenn Mutter kein Sauerkraut mehr kochte, auf die Nylonstrümpfe verzichtete und Vater mit kurzärmeligem Hemd ins Büro ging? Der Sommer begann auf jeden Fall, wenn die Freibadsaison eröffnet wurde und die Lokalzeitung darüber berichtete, welche Todesmutigen sich bei vierzehn Grad Wassertemperatur ihr erstes Bad nicht nehmen ließen. Der Sommer erreichte seinen Höhepunkt, wenn man sich nach der Schule, ohne an die Hausaufgaben zu denken, aufs Fahrrad schwang, um so schnell wie möglich ins altgediente Heilbronner Freibad Neckarhalde zu gelangen. Je nachdem, wie der Wind stand, begleiteten einen die Bouillondüfte der Firma Knorr, und man wunderte sich, wie es Menschen aushielten, direkt neben dem Unternehmenssitz zu wohnen und ständig Rindfleischextrakte in die Nase geblasen zu bekommen.

Und nichts gehörte so zum Sommer, wie von Mutter mit fünfzig Pfennig ausgestattet zu werden – einem kostbaren Schatz, der spätestens zwei Stunden später an der Freibadbude sinnvoll investiert wurde. In eine Cola manchmal, zwei Brausetüten, eine Rolle Weingummi und gern in eine Kugel Eis für zehn Pfennige, in ein Waffelhorn gedrückt, das mal aus lascher Oblate und mal aus knusprigem Keks bestand.

Mein Lieblingseis war Málaga-Eis, und bis heute ist es mein Lieblingseis geblieben, obwohl ich inzwischen nach Eiscafés ausspähen muss, die es führen, dieses leicht dekadente Vanilleeis mit Rosinen, die im Idealfall in süßem Málaga-Wein oder zur Not in Rum eingelegt sind. Heute ist mein Málaga-Eis allenthalben neumodischen Farb- und Geschmacksvariationen gewichen, deren Namen ich kaum auszusprechen vermag und die so intensiv oder bunt sein mögen, wie sie wollen – die Geschmackssensationen meiner Kindheitseiscreme erreichen sie nie, und so wächst in mir ein wehmütiges Gefühl heran, wenn ich auf jene überladenen Eisboxen blicke und mit Papaya- oder Rosenwassereis konfrontiert werde.

Dass es ein außergewöhnliches Gefühl ist, wenn sich die ersten Eisschlieren auf der Zunge verlieren, man unsicher ist, ob es sich ziemt, sich der Fraktion der »Beißer« anzuschließen, also jenen groben Zeitgenossen, die ihre Schneidezähne nicht schonen und sie kraftvoll in eine pralle Kugel Pistazieneis rammen. Irgendwo in unserem Gehirn wird es Gründe dafür geben, warum sich der Geschmack von Eiscreme wie kaum ein zweiter mit der Erinnerung verbindet und uns Momente zurückruft, die wir längst vergessen wähnten.

Wer Menschen beobachtet, die an einem Eiscafé innehalten, kurz nach links und rechts schauen und ihren geschäftigen Alltag unterbrechen, um sich eine Kugel Eis zu gönnen, sieht ihnen die diebische Freude an, sich in die Vergangenheit zurückzustehlen, am Nuss- oder Erdbeereis zu lecken und den grandiosen Moment auszukosten, wenn die Zähne erstmals ein Stück der süßen Waffel abbeißen. Ein Eis zu bekommen, das war für viele Kinder der Wirtschaftswunderzeit ein erster Ausflug in den lebensfrohen Süden, und als in den Fünfzigerjahren Gastarbeiter nach Deutschland kamen, zählten Italiener, die eine Eisdiele aufmachten, zu den beliebtesten. Eine davon – das 1955 in Hamburg eröffnete Café der Familie Giacomel – zog Anfang der neunziger Jahre um, ins Bonner Haus der Geschichte, wo sein grünes Resopal bis heute den Lebensstil einer Generation spiegelt, die mit dem süßen Schmelz von Eiscreme die Vergangenheit vergessen wollte.

Eisdielen (wie die von Enzo Presutti in Heilbronn!) und Milchbars entwickelten sich zu Jugendtreffs. Begleitet von Rita-Pavone- und Adriano-Celentano-Klängen, riskierte man erste Küsse, träumte von Urlaubsreisen und erhielt mit Bananensplit oder Spaghetti-Eis (das vom Mannheimer Dario Fontanella erfunden wurde) einen kalten Vorgeschmack. Schon 1954 präsentierte das Hotel Bergischer Hof, das die deutschen Fußballweltmeister um Fritz Walter bekochen durfte, Menüvorschläge, die kraftvoll militärisch eine Eisbombe »Turek« bereithielten. Zu Hause am sonntäglichen Mittagstisch entwickelte sich die Eiskultur pazifistischer und langsamer. Der eher fade, dreifarbige Fürst-Pückler-Quader bescherte uns den Einstieg in eine neue Dessertvielfalt, und als es den Deutschen immer besser ging, scheute Mutter vor extravaganten Kombinationen nicht zurück und beglückte uns mit einer Portion Vanilleeis, die von heißen Himbeeren gekrönt wurde.

Erst in den Dreißigerjahren hatte man in Deutschland mit der industriellen Fertigung von Speiseeis begonnen, initiiert von den Firmen Langnese und Schöller. Die bunten Farben und kühnen Signets, mit denen die Eisunternehmen auf sich aufmerksam machten, setzten sich in den Kinderköpfen fest, und wo immer eines dieser Fähnchen wehte, geriet die Barschaft der Eltern in Gefahr. Becircender Reiz ging allein schon von den Namen aus: Jopa, Eskimo (mit der eigenwilligen Schiebeeissorte »Paiper«, dem österreichischen Ed-von-Schleck-Pendant), Motta ... Firmennamen, die mehr waren als seelenlose Firmennamen. Und immer wieder gelang und gelingt es den Marketingstrategen, revolutionäre Eissorten auf den Markt zu bringen, und in vierzig Jahren, das ist sicher, werden sich Journalisten mit verklärtem Blick an ihr erstes Magnum-Eis erinnern.

Meine Eis-am-Stiel-Klassiker heißen Nogger und Capri, das von keiner Marktentwicklung gefährdete Orangenfruchteis, das die von Rudi Schurickes *Capri-Fischern* besungene Sehnsucht materialisierte. Man zog das Papier ab, und wie durch ein Wunder fror das Eis bei der ersten Berührung einen Augenblick lang an der Zunge fest. So etwas vergisst man nicht, der Schriftsteller Axel Hacke, der in früher Jugend – um unser Hauptthema nicht aus den Augen zu verlieren – sein Herz an Eintracht Braunschweig verlor, auch nicht: »Es schmeckte schon wirklich sehr nach Orangen, mehr als es heute nach Orangen schmeckt, da bin ich sicher, ich spüre diesen kühlen, intensiven Apfelsinengeschmack noch auf der Zunge, je länger ich an dieses Eis denke.«

Natürlich gibt es, wenn man junge Kunden an den Kiosk locken will, bisweilen bedenkliche Produktideen. Wie das einst an jeder Fußgängerzonenecke erhältliche Softeis. Schön waren dessen cremige Serpentinen anzusehen, doch Mutters strenger Blick beschwor uns, aus hygienischen Gründen auf diesen Genuss zu verzichten. Auch die Erfindung des Wassereis sei besser verschwiegen, denn dieses Rohrstück gefärbten, sehr künstlich aromatisierten Wassers, das man aus einer Plastikfolie schob, hat mit den Errungenschaften der Eiszivilisation so viel zu tun wie Bubble Tea mit gesunder Ernährung.

Ein Eis zu essen, das ist viel mehr, als sich in sommerlicher Hitze abzukühlen. Manche Hersteller – Amorino zum Beispiel – formen für schlappe 3 Euro 50 aus exotischen Ingredienzien eine Kugel, die keine mehr ist, sondern ein zart gespachteltes Rosenblätteretwas. Wem das zu viel des Kunsthandwerks ist, der darf sich beim Eisschlecken erotische Gedanken machen. Slogans wie »Nogger dir einen!« ließen das deutlich anklingen, und die triumphale Einführung des »Magnum«-Eis verdankte nicht wenig der Plakatwerbung, die dafür gemacht wurde: Leicht laszive, genusssüchtige Frauen, die mit sichtlichem Wohlgefallen den Schokoüberzug des Eisblocks zum Knacken bringen – ein Schelm, wer Übles dabei denkt. Subtiler drückte Marcel Proust in einer berühmten Szene der *Suche nach der verlorenen Zeit* das erotische Potenzial des Eisverzehrs aus: »Sie machen auch Himbeerobelisken, die von Zeit zu Zeit in der glühenden Wüste meines Durstes aufragen; ich lasse dann ihren rosigen Granit erst schmelzen, wenn sie schon tief in meine Kehle heruntergeglitten sind und mir größere Labung verschaffen als die schönsten Oasen.«

Ob Magnum-Eis oder Himbeerobelisken – ich bleibe dem Málaga-Eis treu und schere mich nicht darum, dass ich damit nicht im Trend liege. Immerhin erzählen mir einschlägige Internetseiten, dass »Freunde« dieser Eissorte »nichts dem Zufall« überlassen, »sehr gewissenhaft« agieren und in der Lage sind, »viel Charme« zu entwickeln. Na also, denke ich mir und werde die nächste Kugel Málaga-Eis noch andächtiger vertilgen. Wem ich dafür zu danken habe, scheint seit einiger Zeit geklärt. Denn die Journalistin Nika Scheidemandel hat wahre Pionierarbeit geleistet und sich nach Málaga aufgemacht, um den Erfinder der Wohltat aufzuspüren. Und siehe da, sie wurde fündig und entlockte Señor Prudente Dimas Mira, dem Inhaber der seit 1890 von seiner Familie betriebenen »Heladería Mira«, das Geheimnis, dass er sich in jungen Jahren die Geschmacksrichtung Málaga ausgedacht habe – aus naheliegendem Grund: »Ach, mir schmeckten die Rosinen schon immer sehr gut, und gegen ein Gläschen Málaga-Wein habe ich auch nichts einzuwenden.«

Das Freibad Neckarhalde gibt es übrigens auch heute noch ...

Málaga-Eis? Neckarhalde? Worüber wollte ich eigentlich sprechen? Ja, über kulinarische Prägungen, die bei mir nicht allein aus der Bekanntschaft mit Málaga-Eis bestanden. Auch die Getränkevorlieben änderten sich in meiner Jugend. Meine Mutter schwor – nicht zuletzt aus Sparsamkeitsgründen – darauf, Obstsäfte selbst herzustellen. Mit einem eigentümlichen Gerät, das sich Entsafter nannte, machte sie sich an die Getränkeherstellung und aus rotgrünen Rhabarberstangen einen Saft, der in Glasflaschen abgefüllt und mit Gummipfropfen sorgfältig verschlossen wurde. Mutter ließ darauf nichts kommen, während uns der rötliche Saft zu sauer war ... und gar nicht schmeckte, wie das, was die bundesdeutsche Getränkeindustrie inzwischen an Verführerischem bot. Coca-Cola, Fanta, Sprite und Spezi, das es zu Hause nicht gab, allenfalls, wenn wir nach Sonntagswanderungen in einer soliden schwäbischen Wirtschaft einkehrten.

Fanta stand im Orangenlimosegment in harter Konkurrenz zu Bluna und Sinalco, die in herrlich geformten Flaschen angeboten wurden und – meinen Geschmacksnerven zufolge – besser schmeckten, eine Spur herber vielleicht als Fanta. Alle drei Erzeugnisse gibt es bis heute, besitzen aber natürlich nichts mehr von ihrem alten Glanz, wenngleich ein Werbeslogan wie »Sind wir nicht alle ein bisschen Bluna?« in den neunziger Jahren noch einmal für Aufmerksamkeit sorgte.

Sinalco und Bluna spielen meines Wissens keine erhebliche Rolle in der deutschen Fußballgeschichte. Fanta schon – dank der Ereignisse, die sich am 8. November 1975 im Nachgang des Bundesligaspiels Werder Bremen gegen Hannover 96 abspielten. Diese Partie blieb im Gedächtnis, weil der seinerzeit am Anfang seiner Karriere stehende Oberhausener Schiedsrichter Wolf-Dieter Ahlenfelder beschloss, die erste Halbzeit nach zweiunddreißig Minuten für beendet zu erklären. Natürlich machte man den verwirrten Mann umgehend auf seinen Irrtum aufmerksam, Bremens Höttges zum Beispiel mit dem Zuruf »Wir haben keine Halbzeit. Mein Trikot ist noch nicht nass«.

Gleich nach Spielschluss war davon die Rede, dass Ahli, wie er sich selbst gern nannte, alkoholisiert war. Und ja, bald wurde bestätigt, dass sich er und sein Gespann vor dem Spiel mit einem üppigen Mittagessen gestärkt hätten: mit knuspriger Gans, Bier und Malteser. Auf seine Getränkewahl angesprochen, erwiderte Ahlenfelder: »Wir sind Männer und trinken keine Fanta.« (Anmerkung 1: Der Ordnung halber sei bemerkt, dass andere historische Schulen annehmen, statt »Fanta« sei »Brause« gesagt worden. – Anmerkung 2: In einem Interview viele Jahre später antwortete Ahlenfelder interessanterweise auf die Frage, was Bundesligaschiedsrichter heute wohl vor dem Spiel zu sich nähmen: »Keine Ahnung, wie die heute betreut werden. Ob die nur Sinalco trinken?«)

Trotz dieses Fauxpas ließ der DFB den rundlichen Referee nicht fallen. Auf über einhundert Bundesligaspiele brachte er es – und auf die FIFA-Liste, obwohl er international kein Spiel leiten durfte. Erst 1988 hatte man die Faxen dicke und strich den »Kult-Schiri« von der DFB-Liste – eine Entscheidung, die ihn bis zu seinem Tod 2014 schmerzte. Unnachahmlich waren Ahlenfelders Gestik und Mimik – und seine Wechselreden mit dem ihm unterstellten Personal. Trainer Otto Rehhagel soll er mit dem Zuruf: »Bleib auf deinem Hintern sitzen, sonst komme ich mit Pattex zu deiner Bank« zur Räson gebracht, wehleidigen Spielern mit »Junge, steh' auf, die Rasenheizung ist nicht an« zum Weitermachen animiert haben. Und dann natürlich jener Dialog mit Paul Breitner, der ihn mit »Ahlenfelder, du pfeifst wie ein Arsch« anpöbelte, was der Geschmähte nicht auf sich sitzen ließ: »Und du spielst wie ein Arsch.«

Schiedsrichter wie Wolf-Dieter Ahlenfelder gibt es heute nicht mehr. Welche Eissorten er bevorzugte, ist nicht überliefert.

29. April 1978

Schießbude Borussia Dortmund, mit einem beklagenswerten Torwart mittendrin

Eigentlich war die Meisterschaft eine Runde vor dem Ende entschieden. Der 1. FC Köln und Borussia Mönchengladbach standen punktgleich an der Tabellenspitze, getrennt allerdings durch zehn Tore. Am letzten Spieltag musste Köln beim abgeschlagenen Schlusslicht St. Pauli antreten, wohingegen Gladbach im Düsseldorfer Rheinstadion Borussia Dortmund empfing, die irgendwo im Niemandsland der Tabelle logierten.

Eigentlich eine klare Sache also ... doch nach 27 Minuten stand es am Millerntor noch torlos, während Udo Latteks Gladbacher wie entfesselt aufspielten und zu diesem Zeitpunkt bereits vier Treffer erzielt hatten. Das Scheibenschießen ging weiter; allein Jupp Heynckes traf fünf Mal, und am Ende hieß es 12:0 für Mönchengladbach – das höchste Ergebnis, das die Bundesligageschichte bis heute verzeichnet. Selbst Tasmania Berlin und Borussia Neunkirchen kamen nie derart unter die Räder. Genützt hat diese Aufholjagd nichts, denn die Kölner ließen sich nicht lumpen und gewannen in Hamburg 5:0, was zur Meisterschaft reichte. Dass das auch gut so war, geben selbst die eingefleischtesten Gladbacher Fans zu. Zu peinlich hätte es gewirkt, wenn ein solcher Kantersieg die Machtverhältnisse kurz vor Ligaschluss noch verändert hätte. Als hätte ihnen Otto Rehhagel Schlafmittel verabreicht, agierten die Dortmunder auf dem Platz wie tote Hosen und wehrten sich nur halbherzig. Die Abwehrspieler Huber und Theis waren kaum mehr als Pappkameraden, die von Kulik, Lienen, Del'Haye und Nielsen mühelos umkurvt wurden.

Die ärmste Sau im Rheinstadion war freilich Torwart Peter Endrulat, dessen ohnehin kurze Bundesligakarriere – sieben Einsätze insgesamt für Schalke und Dortmund – an diesem Samstag jäh endete. Persönliche Fehlleistungen waren ihm allenfalls bei ein, zwei Gegentoren vorzuwerfen. Den Patzern seiner lethargischen Vorderleute hilflos ausgeliefert, sprang Endrulat hin und her und war vor allem damit beschäftigt, den Ball aus dem Netz zu holen – ein deprimierender Nachmittag, keine Frage, der auch im Rückblick nicht schöner wird: »Ich weiß gar nicht mehr, wer welches Tor erzielt hat. Ich sah nur Bälle aus acht Metern Entfernung auf mich zufliegen, und die gingen immer flach in die Ecke, sodass ich gar nicht mehr reagieren konnte. Wenn ich mal einen abwehren konnte, hat ihn der nächste Gegenspieler reingemacht.«

Mehr Tore in einem Spiel hat kein Bundesliga-Keeper vor und nach Endrulat kassiert. Den Unglückszerberus wollten die Dortmunder nicht behalten, sodass er zu Tennis Borussia wechselte, für die er immerhin noch 60 Zweitligaspiele absolvierte.

9. Juli 1979

Kevin Keegan debütiert als Sänger:
Head over Heels in Love

Die »mighty mouse« Keegan hat sich durchaus in die Herzen der deutschen Fußballfans eingeschrieben, vor allem in die des Hamburger SV, für den der lockige Engländer von 1977 bis 1980 mit beachtlichem Erfolg spielte. Auch mit seinem Ausflug ins Plattenstudio konnte er zufrieden sein: Das eingängige *Head over Heels in Love*, das – wie unschwer zu erhören ist – Smokie-Leadsänger Chris Norman produzierte, brachte es in mehreren Ländern auf respektable Chartsplatzierungen.

Pophistorisch gesehen steht Keegans einfaches Liebeslied am Ende einer rätselhaften Epoche voll singender Fußballspieler, stellt also eine Art Abgesang dar. Warum und weshalb es eine Zeit lang Mode war, Bundesligastars nicht nur als Werbeträger für Tütensuppen oder After-Shaves auftreten zu lassen, sondern sie auch hitparadenkompatibel zu machen, ist nicht einfach zu erklären. Nach Kevin Keegan kam nicht mehr viel, abgesehen von Nachzüglern wie den Kölnern Stephan Engels und Paul Steiner, wie Fredi Bobic (mit Gerhard Poschner und Marco Haber als »Tragisches Dreieck«) oder dem Paradiesvogel Jimmy Hartwig, und heute empfindet niemand das Bedürfnis, Julian Draxler, Timo Werner oder Thomas Müller singen zu hören.

Was dereinst in den sechziger und siebziger Jahren gesungen wurde, wollen wir hier nicht in Gänze erklingen lassen. Meine persönliche Hitliste der schönsten und schlimmsten Fußballschlager mag aber dazu dienen, die Erinnerung aufzufrischen.

Die schönsten Fußball-Schlager

1. Radi Radenković: *Bin i Radi, bin i König*
   ... weil der überhaupt ein überragender Torwart war und sich zu Recht als Monarch fühlen durfte: »... und das Spielfeld ist mein Königreich«.
2. Toni Polster und die Fabulösen Thekenschlampen: *Toni, lass es polstern*
   ... weil das eine Traumkombination war und die Erotik nicht zu kurz kam: »Komm, spiel mit mir / denn du fummelst gut. / Der Strafraum ist mein Jagdrevier, / komm, Toni, jag mit mir«.
3. Jean-Marie Pfaff & Fenna: *Wir zwei*
   ... weil die Friedensbewegung anno 1984 auch vor dem Bayern-München-Torhüter nicht haltmachte, dieser mit dem belgischen Kinderstar Fenna herzallerliebst sang und nur mit der Grammatik auf Kriegsfuß stand: »Nur eines macht mir Sorgen: der Gewalt und die Raketen«.
4. Frank Schöbel: *Ja, der Fußball ist rund wie die Welt*
   ... weil in der DDR nicht alles schlecht war, dieses Lied die Sparwasser-Truppe gut zur WM '74 begleitete und sich darin saubere Reime finden: »Ja, und wenn einer zum anderen hält, trifft der Ball, klarer Fall«.
5. Radi Radenković: *Radi und Radieschen*
   ... weil auch Fußballer Familie haben und der Unterschied zwischen Vater und Tochter nie so klar besungen wurde: »Radi groß, Radieschen klein«.
6. Toni Polster: *Irgendwann sagt jeder einmal Servus*
   ... weil es für Österreichs Goalgetter auch ohne die Thekenschlampen ging und er mit diesem ergreifenden Lied seine Karriere würdig abschloss.
7. Gerd Müller: *Dann macht es bumm*
   ... weil das ein ehrlicher Schlager ist, der den Brotberuf des Interpreten unmissverständlich beschreibt

und schnörkellose Aussagen nicht meidet: »Alle passen schrecklich auf, Tore sind das Ziel«.
8. Johann K.: *Rostige Flügel*
... weil Córdoba-Schreck Hans Krankl das originell und schön mit der Kottan-Kapelle zu Gehör brachte.
9. Radi Radenković: *Bisschen Glück in Liebe*
... weil diese Liste einen Helden braucht.
10. Hans Schäfer / Karl-Heinz Thielen / Heinz Hornig: *Auf die Beine kommt es an*
... weil das an beste Kölner Zeiten erinnert und »... ob eine Mannschaft gegen uns gewinnen kann« die Titelzeile so reimsicher fortführt.

Die schlimmsten Fußball-Schlager

1. Norbert Nigbur: *Darum weißt du nichts von mir*
... weil der Schalker Torwart frei von jeder Gesangsbegabung ist, sich selbst für einen Macho-Spannersong nicht zu schade war und die Verse »Die Nacht war eine Pleite, / keine Kohle, keine Bräute« das Ganze nicht retten. Ebenso wenig wie diese: »In der Wohnung geht ein Licht an, / und ich dachte, ein Gedicht, Mann!«
2. Charly Dörfel: *Erst ein Kuss*
... weil Hamburgs Außenstürmer zwar ein Original war, deswegen aber das Mikrophon auch nur krächzend traktierte und seine Kussanleitungen nicht überzeugten: »Ich las viele Romane / und hab viel nachgedacht, / ich glaub, dass ich jetzt ahne, / wie man's richtig macht«.
3. Die Deutsche Fußball-Nationalmannschaft: *Fußball ist unser Leben*
... weil das 1974 so ein dumpfbackiges Stampflied aus der Jack-White-Schlagerhexenküche war.
4. Franz Beckenbauer: *Gute Freunde kann niemand trennen*
... weil der Kaiser damals alles sagen und singen durfte,

ohne dass man sich über seine Befähigung im Einzelnen Gedanken machte.
5. Udo Jürgens & die Deutsche Fußball-Nationalmannschaft: *Buenos días, Argentina*
… weil dieser in sich stimmige Schmachtsong (»… doch nun schwenk' ich den Sombrero«) 1978 eine Militärdiktatur allzu freundlich grüßte und DFB-Präsident Neuberger das gut fand.
6. Die Kremers: *Das Mädchen meiner Träume*
… weil die perfekt in die siebziger Jahre passende Föhnfrisur der Zwillinge dieses Bernd-Clüver-Verschnittlied auch nicht besser machte.
7. Franz Beckenbauer: *Eins zu null für deine Liebe*
… siehe 4.
8. Franz Beckenbauer: *Du allein*
… weil auch diese Liste einen Helden braucht.
9. Peter Alexander & die Deutsche Fußball-Nationalmannschaft: *Mexico mi amor*
… weil diese Siegel-Meinunger-Schmonzette einen frösteln lässt und es gar nicht einzusehen ist, warum so oft Österreicher unsere Kicker zur WM begleiten mussten.
10. Berti Vogts & Ilja Richter: *Trainer lügen nicht*
… weil das einer der *Disco*-Scherze war, denen man heute fassungslos gegenübersteht, und Spaßbremse Vogts zudem sehr schlecht sang.

15. Oktober 1986

Ein Genie bestreitet sein erstes Länderspiel

Überraschenderweise gelangte Deutschland bei der WM 1986 ins Endspiel, das man 2:3 gegen Argentinien verlor. Danach heißt die Parole »Neuaufbau«, was Wolfram Wuttke gegen Spanien zu seinem ersten Länderspiel verhalf. Diesem sollten nur drei weitere folgen, sodass der aus Castrop-Rauxel stammende, zur Stämmigkeit neigende Mittelfeldantreiber fraglos zu den verkanntesten und viel zu wenig berücksichtigten Nationalspielern zählt. In der Bundesliga brachte er es immerhin auf 299 Spiele; seine Glanzzeiten erlebte er beim Hamburger SV und beim 1. FC Kaiserslautern. Nach dem Karriereende versuchte er sich ohne Erfolg als Trainer, zuletzt 2008 im hohenlohischen Crailsheim, wo ich als junger Mensch mehrmals als Linienrichter amtierte, was hier gar nicht hingehört. 2015 starb Wuttke, dreiundfünfzigjährig, an multiplem Organversagen, nachdem er jeden Kontakt zu früheren Mitspielern abgebrochen hatte und mit der Szene nichts mehr zu tun haben wollte.

Wuttkes Begabung, nein, sein Genie war unbestritten. »Was der Dicke mit dem Ball gemacht hat, wie er geschossen hat – das war anatomisch unmöglich«, beschrieb sein Kollege Dieter Schatzschneider die Artistik, mit der Wuttke Pässe schlug und Freistöße im Winkel versenkte. Frisur- und barttechnisch repräsentierte er die im Nachhinein erstaunlich deprimierende Ästhetik der achtziger Jahre, doch ansonsten pflegte er eigene Wege zu gehen und gehörte zu jenen Profis, denen der Benimmknigge des DFB wenig bedeutete. So ließ Wuttke es an Disziplin fehlen, sprach dem Alkohol zu, eckte mit nahezu allen seinen Trainern an und verleitete selbst Ernst Happel, der wusste, zu welchen Wundertaten Wuttke fähig war, zu der Feststellung, dass sie Wuttke ins »Hirn geschissen« hätten. Seinen Sohn Benjamin soll der »Maradona aus der Pfalz« zur Mannschaftssitzung mitgenommen haben, um ihm zu demonstrieren, mit welch »dummen Menschen« – gemeint war in erster Linie Trainer Josef Stabel – er sich Tag für Tag herumzuschlagen habe. Besonders nachhaltig der Spitzname »Osram«, mit dem er den einst dauererregten, rot anlaufenden Jupp Heynckes bedachte. Gottähnlichen Status erreichte dieser ja erst viele Jahre später. Andere Glühbirnenhersteller beklagten die Osramisierung Heynckes' als Wettbewerbsverzerrung.

Franz Beckenbauer, unter dessen Teamchefregie Wuttke zu seinen Länderspielen kam, äußerte sich in seiner bahnbrechenden Autobiographie *Ich. Wie es wirklich war* zum merkwürdigen Dilemma Wuttkes: »Sein großes Handicap: Er konnte zu viel. Er hatte ein Ballgefühl, das ihm die kompliziertesten Pässe erlaubte. Und genau die wollte er dann immer spielen. Ich habe ihm gesagt: ›Mach' es dir einfacher, dann machst du es deinen Mitspielern nicht so schwer. Du willst immer den Ball spielen, mit dem der Gegner nicht rechnet. Leider der, für den er gedacht ist, auch nicht. So wie du spielst, kann man das nur machen, wenn welche dabei sind, die dich blind verstehen. Wenn du die nicht hast, ist alles sinnlos.‹«

Beckenbauer wäre nicht Beckenbauer, wenn er seine Wuttke-Betrachtung nicht dazu genutzt hätte, in größere Dimensionen vorzustoßen: »Aber es ist im Sport so wie in anderen Berufen: Wer das Handwerk beherrscht, die Grundregeln, hat noch lange nicht das Zeug zum Künstler. Es ist etwa so wie mit der Sprache. Wir lernen sie alle, für die meisten reicht es gerade dazu, Briefe zu schreiben. Andere beherrschen sie besser, können ihre Beobachtungen und Gedanken so plastisch ausdrücken, dass man es in Zeitungen und Zeitschriften drucken kann. Dann sind da noch die, die Deutsch studiert haben, denen kein grammatikalischer Fehler unterläuft, die alles gelernt haben, was man über Stil und Dramaturgie wissen kann – und wohin führt es sie? Wie viele Deutschlehrer gibt es – und wie viele Heinrich Bölls?« Möglicherweise beruhen Wuttkes geringe Einsatzzeiten in der Nationalelf auf Kommunikationsproblemen: »Ob ich spiele, wissen allein Beckenbauer und der liebe Gott – mit beiden habe ich heute noch nicht gesprochen.«

So war das damals. Die Deutschlehrer Pflügler (Max Merkel: »Lieber zehn Minuten Maradona als zehn Jahre Pflügler«), Briegel & Co. kamen zuhauf zu Länderspielen, während das chaotische, nicht zu zähmende Genie Böll-Wuttke als nicht kompatibel galt. Apropos Böll, sehr schön diese von Beckenbauer überlieferte philosophische Betrachtung: »Sokrates, Aristoteles, Platon und diese Leute haben sich vor 2000 Jahren Gedanken gemacht, da sind wir noch auf den Bäumen gesessen und haben uns vor den Wildschweinen gefürchtet. Seitdem haben sich nur ganz wenige weiterentwickelt. Ich gehöre leider auch zum großen anderen Teil. Wenn ich zum Beispiel Schopenhauer lese – ich verstehe ihn nicht.«

Die Vorstellung, Franz Beckenbauer im Herrgottswinkel seines Kitzbüheler Anwesens vor sich zu sehen, wie er sich mit Schopenhauers *Die Welt als Wille und Vorstellung* abquält – die gefällt mir.

Wenn wir schon bei nicht ausreichend gewürdigten Genies sind, lohnt es sich, ein paar grundsätzliche Worte über die ewigen Talente zu verlieren. Der Sport kennt sie wie das richtige Leben. Erinnern wir uns nicht an kluge, verständige Mitschüler, deren wacher Gesichtsausdruck verriet: »Aus mir wird etwas. Ich werde meinen Weg gehen!« Dreißig, vierzig Jahre später trifft man sie wieder bei Klassentreffen und sieht schmerbäuchige Gestalten vor sich, die sich mit einem Wettbüro in Anklam oder »freiberuflich« als Versicherungsvertreter in Hiltrup über Wasser halten, ein paar ungezogene Kinder und eine Gattin zum Gotterbarmen vorzeigen. Das ist aus jenen geworden, die einst in linearer Optimierung oder Besinnungsaufsätzen zum Thema »Wer Bücher verbrennt, verbrennt auch Menschen« glänzten.

So ergeht es auch Fußballprofis, wenn sie in jungen Jahren den Verführungen des Lebens und den Einflüsterungen blonder Mädchen erliegen. Als 19- und 20-Jährige werden sie hoch gehandelt, man prophezeit ihnen eine baldige Länderspielkarriere, einen Vertrag bei Paris Saint-Germain oder Real Madrid und Lebensgefährtinnen wie Cathy Fischer. Und dann kommt nichts mehr oder wenig. Und dann sind sie, weil das Leben kurz ist, dreißig, werden nachlässig beim Training und sehnen sich danach, die Karriere in China oder St. Pölten ausklingen zu lassen, um wenigstens ein letztes Mal abzusahnen. Wenn sie es so weit gebracht haben und womöglich unter Verletzungen zu leiden hatten, zählen die Historiker sie zu den ewigen Talenten, zu Keimen, die nie zur Frucht wurden. Dann enden sie wie Michael Aničić, Michael Sternkopf, Lewis Holtby, Michael Kostner, Gerhard Poschner, Marko Marin, Alexander Merkel, Lars Unnerstall, Benjamin Lauth, Christian Hausmann, Gunnar Sauer oder Maurizio Gaudino? Böse Menschen rechnen sogar Mehmet Scholl, Calle Del'Haye und Hansi Müller zu dieser Kategorie, was eine Spur übertrieben wäre.

Wolfram Wuttke war ein anderer, spezieller Fall, ein nie optimal zur Geltung gekommenes Genie.

28. Juli 1987

Supercup und Superfaustschlag!

Wir kennen das von Familien- und Betriebsfeiern. Je länger ein Ereignis zurückliegt, desto unklarer wird, was sich wirklich zugetragen hat. Die Zeit wirkt – ein beliebtes Thema der Literatur – auf unsere Erinnerung ein; wir malen uns nach und nach ein Bild zurecht und glauben schließlich selbst an das, was wir da so erzählen. Daraus lässt sich auf das Unwahrhaftigte, nie Wahre und stets Fiktionale aller Erinnerungen schließen, und deshalb sind Memoiren und Autobiographien mit quellenkritischer Vorsicht zu genießen, egal, ob sie von Rousseau, Goethe oder Stefan Effenberg sind.

Dieses erkenntnistheoretische Phänomen ist mühelos am ersten offiziellen Supercup-Finale nachzuvollziehen, das Bayern München (unter seinem neuen Trainer Jupp Heynckes) und der Hamburger SV (unter seinem neuen Trainer Josip Skoblar) im Frankfurter Waldstadion austrugen. Kurz vor Schluss stand es in einem umkämpften Spiel 1:1, ehe der Münchner Jürgen Wegmann zum Siegtor abstaubte. In seinem Torjubel kugelte er über den geschlagenen, wie immer gutfrisierten HSV-Torwart Uli Stein, der urplötzlich Wegmann mit einem Faustschlag ins Gesicht niederstreckte. Sapperlot, dachten sich alle, und die Strafe folgte auf dem Fuß: Rot durch Schiedsrichter Dieter Pauly.

Ein paar Jahre später ließen es sich Stein und Pauly nicht nehmen, ihre Autobiographien vorzulegen. Wie die beiden sich an die Frankfurter Schrecksekunde erinnerten, weist interessante Unterschiede auf. Hören wir zuerst Uli Stein (ja, der, der Beckenbauer mal als »Suppenkasper« geschmäht hatte) aus *Halbzeit. Eine Bilanz ohne Deckung* (1993): »Der Zeitraffer rast. Hundertstelsekunden liegen zwischen Reiz und Reaktion. Wir sitzen uns gegenüber wie Kinder im Sandkasten. Unsere Blicke treffen sich. Ich fühle den Blackout kommen. Der Kopf bäumt sich vergebens gegen den Körper auf. Mcinc Hand ballt sich zur Faust. Ich ergebe mich dem Reflex. Meine Faust schnellt hoch an sein Kinn. Sofort stehe ich auf, hole den Ball aus dem Netz und trockne ihn an meinem Pulli. Ich weiß nicht, warum. Während ich krampfhaft um Besinnung ringe, zum ersten Mal in einer solchen Situation keinerlei Erklärung finde, stürmt Schiedsrichter Dieter Pauly auf mich zu, als wolle er Wegmann rächen. ›Los, Stein, komm' raus aus dem Tor. Ich schmeiße dich jetzt hochkant raus!‹ Der Mann ist gleichfalls von Sinnen.«

Der Unparteiische Pauly (ja, der, der in einem preisgekrönten Pressefoto Nase an Nase mit Steins Kollege Schumacher zu sehen war) erinnert sich wesentlich nüchterner, in *Abpfiff. Rückblick eines Schiedsrichters* (1990): »Kaum jemand hatte diesen Fausthieb Steins gegen Wegmann gesehen. Beide Spieler waren nach dem erzielten Tor am Boden. Ich hatte den Faustschlag jedoch deutlich erkannt. Ich hatte mir angewöhnt, nach einem gefallenen Tor, rückwärtslaufend, aber immer noch mit Blick auf die letzte Szene, den Ort des Geschehens zu verlassen. Zeitlupenwiederholungen dieser Szene ließen diese Tätlichkeit dann hinterher im Fernsehen deutlich werden. Sogar der eher skeptische Fernsehreporter Heribert Faßbender stellte diese Tätlichkeit dann in den Wiederholungen nach dem Spiel heraus. Ohne zu zögern zog ich die rote Karte und hielt sie Stein entgegen. Uli Stein folgte diesem Platzverweis kommentarlos.«

Die erhaltenen TV-Bilder decken sich nicht mit Steins Wiedergabe: Von einem heranstürmenden Schiedsrichter ist da nichts zu sehen, und auch Paulys verbale Attacke scheint eher der verschwommenen Stein'schen Erinnerungsrechtfertigungsphantasie entsprungen zu sein.

Jürgen Wegmann, das Opfer, scheint leider keinerlei Autobiographie verfasst zu haben. Auf seine Version der Geschichte müssen wir so verzichten. Sein gern genommenes Bonmot »Zuerst hatten wir kein Glück, und dann kam auch noch Pech dazu« hilft nicht weiter. Uli Stein wurde von seinem Verein nach dem Feldverweis freigestellt. Als sein Nachfolger verpflichtete man den Jugoslawen Mladen Pralija, der als schlechtester HSV-Keeper in die Geschichte einging.

18. November 1990

Ein Mann greift durch, in Obernbreit

Fußball wird vor allem in der Provinz gespielt, Woche für Woche, in Landes-, Bezirks- und Kreisligen, vor vielleicht nur fünfzig Zuschauern, die indes emotional bisweilen so heftig reagieren, als seien sie zu Tausenden. Beschwerden werden hier unverblümt zum Besten gegeben, und wenn es für den eigenen Verein nicht laufen will, braucht es Schuldige und Sündenböcke – wofür sich erfahrungsgemäß der Schiedsrichter vorzüglich eignet. Kein Wunder, dass einer von denen mal rot sieht, wie Michael Douglas im Film *Falling Down*.

Hermann Knoblauch aus Randersacker konnte dieses 1993 in die Kinos gekommene Drama um den plötzlich ausrastenden William Foster nicht kennen, als er im tiefsten Franken das Spiel Obernbreit gegen Gernsheim zu leiten hatte. Ein normales Ende fand die Partie jedoch nicht; es kam zum folgerichtigen Abbruch, weil Schiedsrichter Knoblauch herrliche Konsequenz an den Tag legte und tat, was ein nicht angemessen behandelter Mann tun muss.

Dankenswerterweise hat sich Knoblauchs Spielbericht erhalten, der die Schrecken der zweiten Halbzeit minutiös festhält. (Zum besseren Verständnis muss erklärt werden, dass es zu jener Zeit im Amateurfußball möglich war, Spieler auch mit einer Zeitstrafe zu bedenken.): »In der 66. Minute stellte ich den Spieler Nr. 3 Heimann von Gelchsheim wegen heftigen Reklamierens für 10 Minuten vom Platz. Im gleichen Augenblick kam die Nr. 6 Pellet von Gelchsheim auf mich zu und schrie mich an, ›das ist doch eine Frechheit‹. Ihn schickte ich auch gleich für 10 Min. mit vom Platz. Der Spieler Nr. 4 Weißkopf von Gelchsheim kam auch zu mir und sagte ›Du kannst mich auch gleich vom Platz stellen‹, was ich auch ausführte. Zirka in der 70. Minute, während des laufenden Spieles, bekam plötzlich ein Zuschauer einen Tobsuchtsanfall und rief laut und unmissverständlich: ›Du Drecksau gehörst erschlagen, du schwarze Sau gehörst geschlachtet. Du Drecksack kriegst drei Fuhr, du Idiot, wo hast du deine Prüfung gemacht, wir müssen uns immer mit solchen Deppen abgeben.‹ Das sind nur einige Ausdrücke, die ich notierte.

Bei der nächsten Spielunterbrechung rief ich den Spielführer Nr. 5 Ortwein von Gelchsheim und bat ihn, er möge mir den Namen dieses Zuschauers geben, denn dieser Zuschauer war vorm Spiel in der Kabine von Gelchsheim und hatte auch in einer Plastiktüte die Wertsachen der Mannschaft. Auch in der Halbzeit war diese Person bei der Mannschaft, somit muss sie den Spielern bekannt sein. Spielführer Nr. 5 gab mir zur Antwort, er kenne den Zuschauer nicht, worauf ich ihn nach Bedenkzeit und Drohen mit roter Karte vom Platz stellen würde. Nach der Bedenkzeit von ca. 2 Minuten stellte ich ihn vom Platz. Dieses Spiel wiederholte sich mit:

Nr. 1 Müller Klaus, Nr. 2 Berger Andreas, Nr. 9 Hochfeld Frank, Nr. 13 Schiek Jan, Nr. 8 Fach Stefan, Nr. 10 Hammer Armin und Nr. 7 Hahn Jürgen (Pass fehlt).

Diese Aktion dauerte ungefähr 8 Minuten, da alle Spieler sich einig waren und zueinander sagten, ›Wir sagen den Namen nicht‹. Der Zuschauer verließ in der Zwischenzeit das Sportgelände.

Da kein Spieler mehr von Gelchsheim auf dem Spielfeld war, war das Spiel zu Ende.«

Lohnt es sich, denkt man nach dieser auch sprachlich eindringlichen Lektüre, häufiger Dorfplätze aufzusuchen, wo der Prozess der Zivilisation noch nicht alle Ecken und Kanten der Menschen abgeschliffen hat?

26. Juni 1992

Nichts hilft gegen Danish Dynamite

Wie würde Fritz von Thurn und Taxis sagen: Solche Geschichten schreibt nur der Fußball. Da gibt es eine Europameisterschaft in Schweden, und der amtierende Weltmeister Deutschland ist einer der großen Favoriten. Hatte der scheidende Teamchef Franz Beckenbauer nicht kurz zuvor wenn nicht von blühenden Landschaften, aber doch von der durch die Wiedervereinigung sichergestellten Unschlagbarkeit der deutschen Elf gesprochen?

Nur acht Mannschaften spielen das Turnier aus, darunter die Niederlande, die sich zu Höchstem berufen fühlen. Auch die GUS nimmt teil, als Gemeinschaft der Staaten der ehemaligen Sowjetunion, und Jugoslawien hätte teilnehmen sollen, wozu es wegen des Balkankriegs nicht kam. Stattdessen rücken kurzfristig die Dänen nach, und die Legende erzählt, dass die sich bereits im Urlaub befanden, lässig Caipirinha trinkend und Beachvolleyball spielend. Doch wenn eine EM ruft, lässt man das süße Leben schweren Herzens sausen. Und so liefen die Dänen auf, meisterten die Vorrunde und trafen im Halbfinale auf die siegessicheren Niederländer, die im Elfmeterschießen prompt den Kürzeren zogen und das bis heute nicht verkraftet haben.

Im Göteborger Endspiel wartet Deutschland auf die furiosen Dänen. Berti Vogts' Elf hat sich dorthin gequält, sieht man vom überzeugenden Halbfinalsieg gegen die Gastgeber ab. Doch dann geschieht, was nicht geschehen dürfte: Die Deutschen ackern und rackern, holen sich einen Schwung gelbe Karten ab, während die Dänen sich in einen Rausch spielen, mit Peter Schmeichel einen Meister seines Faches im Tor haben und schließlich verdient mit 2:0 gewinnen. Gewiss, beim zweiten Treffer legte sich, von Schiedsrichter Galler übersehen, Kim Vilfort den Ball eindeutig mit der Hand vor, doch wer will bei einer so schönen David-gegen-Goliath-Geschichte kleinlich argumentieren? Und um das Märchen abzurunden: Vilfort hatte zuvor zweimal das dänische EM-Camp verlassen und sogar ein Spiel verpasst, da er seine siebenjährige Tochter besuchen wollte, die an Leukämie litt ...

Ehrlich gesagt: Ein bisschen schmerzhaft war es für die deutschen Fans, die deutsche Mannschaft verlieren zu sehen, doch im Innersten ihrer Herzen gönnten sie es den sympathischen, lebenslustigen Dänen und empfanden für Sammer, Reuter und Riedle nicht allzu viel Mitleid. We are red, we are white, we are Danish Dynamite, sang sich auch viel schöner als alle deutschen Schlachtgesänge.

10. März 1998

Was erlauben Strunz?

Es gibt Augenblicke im Fußballgeschehen, sei es auf dem Platz oder außerhalb des Platzes, die so oft zitiert werden, dass man sie irgendwann nicht mehr hören mag. Dieses Schicksal erfuhr die fundamentale Rede, die Giovanni Trapattoni nach einer Niederlage seines FC Bayern gegen Schalke 04 auf einer Pressekonferenz hielt. Noch ehe der Begriff des Wutbürgers in Deutschland aufkam, entlud sich der Zorn des eleganten »Maestro« auf seine unfähigen Spieler. In grammatikalisch kühnen Konstruktionen entlud sich Trapattonis Unzufriedenheit in Wendungen, die bald zum Inventar des populären Wortschatzes gehörten. Falsche Ansprüche stellende Spieler hatte der italienische Meistermacher gesehen, Spieler, »die waren schwach wie eine Flasche leer«.

Der Spieler Thomas Strunz muss »Trap« auf immer und

ewig dankbar sein. Nach und nach hätte Strunz das Schicksal vieler seiner durchaus begabten Kickerkollegen geteilt und wäre in den Strudel des Vergessens geraten, zumal sich zum Glück auch niemand mehr für seine Exgattin Claudia, spätere Effenberg, interessiert, die einst in Iserlohn als Model entdeckt wurde und lange in Doku-Soaps nervte. (Für Menschen, die gar nichts mit sich anzufangen wissen: www.claudia-effenberg.de.)

Ihr Exgatte Thomas hingegen bleibt unvergessen, weil Trapattoni auf der Pressekonferenz die Frage in den Raum schrie: »Was erlauben Strunz?« Mehr wollen wir aus dieser dreiminütigen Furorrede nicht zitieren, allenfalls den formidablen Schluss: »Ich habe fertig«, der damals wie wenig später Hape Kerkelings »Ich bin dann mal weg« dem Lebensgefühl vieler Deutscher perfekt entsprach und in zahllosen Situationen einsetzbar ist. Ein wenig bitter ist es, dass von Trapattonis herausragenden Erfolgen als Spieler und Trainer immer seltener, von seiner Münchner Ansprache aber immer wieder die Rede ist. Im fortgeschrittenen Alter wirkte Trapattoni als Nationaltrainer Irlands und als Betreuer der Fußballauswahl von Vatikanstadt, was interessant klingt.

Schön freilich ist es, dass Traps Wutrede in ihrer Wirkung groß genug war, um Schullehrstoff zu werden. An einem bayerischen Gymnasium wurde Trapattoni, wie die sehr gute Zeitschrift *Der tödliche Pass* nachwies, gar zum Gegenstand einer Latein-Klassenarbeit:

Giovanni Trapattoni und der FC Bayern

1. Quis est, quin sciat manum, quae »FC Bayern« nominatur, postremis ludis[1] saepe victam esse?
2. Quare praefectus[2], qui quantopere antea iram oppresserit scimus, non-nullos lusores[3] reprehendit, cum haec dixit:
3. »Iam unus annus est, cum tam diligentes adulescentes vidi, qui omnia officia praestarent.«

4. At cum postremo non animadverterim lusores[3] velut Basler, Scholl, Strunz pilam[4] lusisse atque cucurisse, mihi vehementer in eos animadvertendum est, nisi forte ii magis contendent »rubros diabolos«[5] de principatu depellendi causa.
5. Paene dixi: Oderint, dum metuant! Nunc habeo finitam.[6]
6. Etiam is vir, quem imperatorem appellari audivimus, hac oratione audita praefecto[2] assensus est, cum primum e Tirolo Monacum[7] revertit.

1 Anmerkung: Stimmt momentan nicht mehr, aber eigentlich sollte die Schulaufgabe ja vor Ostern geschrieben werden.
2 praefectus, -i – der Trainer
3 lusor, -oris – der Spieler
4 pila, -ae – der Ball
5 Bezeichnung für den 1. FC Kaiserslautern
6 Wer Trapattoni nicht wörtlich zitieren will, ergänzt: hanc orationem.
7 Monacum, -i – München

Die Münchner Tradition setzte Rhetor Trapattoni als Coach von RB Salzburg fort, wo er gegen unfähige Schreiberlinge mit Worten wetterte, die mir allerdings weniger gut gefallen: »Wörter sind sehr einfach. Wer kann machen, machen. Wer kann nicht machen, sprechen. Wer kann nicht sprechen, der schreiben.«

Versuche, an Trapattonis Wutausbruch heranzureichen, verpufften, allein weil ihnen der erregte Charme des Italieners fehlte. Rudi Völler etwa meinte, sich 2003 nach einem 0:0 gegen Island aufplustern zu müssen, und mutmaßte, sein Gegenüber Waldemar Hartmann habe drei der süffigen Reykjavíker Weizenbiere zu sich genommen, während Völlers Truppe sich gegen die Isländer abmühte. Auch das eher ein Ablenkungsversuch.

30. Juni 2002

Auch ein Titan verhindert Brasiliens fünften WM-Triumph nicht

Eine Weltmeisterschaft, ein Finale, das Stoff zum Nachdenken gab und das beinahe mit einer dicken Überraschung geendet hätte. Um ein Haar wäre Rudi Völlers Behelfstruppe Weltmeister geworden – was dem gesamten Lauf der gesamten Weltmeisterschaft hohngesprochen hätte. Ein 8:0-Vorrundensieg gegen das erbärmlich schwache Saudi-Arabien genügte, um einen kaum zu bremsenden Siegeswillen zu entfachen und Miroslav Klose als Weltklassetorjäger erscheinen zu lassen.

Und man glaubte es nicht: Vom Paarungsglück begünstigt, hangelte sich die deutsche Mannschaft bis ins Finale und zeigte dort sogar eine respektable Leistung, die fast gereicht hätte, um Brasilien in die Knie zu zwingen. Doch bevor wir dazu kommen: Tragisch leidender Held aus deutscher Sicht wurde bei diesem Turnier Michael Ballack (»Keiner verliert ungern«), der zu den Unvollendeten seines Metiers zählt, trotz aller ihm eigenen Grandezza stets als der ein klein wenig Beleidigte auftrat und seine Laufbahn in der Nationalelf nach Disputen mit Joachim Löw auch so beendete. Auf 98 Länderspiele brachte er es und zählte zu den torgefährlichsten, wuchtvollsten Mittelfeldspielern der Historie. Zu gern wäre er einmal Europa- oder Weltmeister geworden, doch ausgerechnet 2002 wurde ihm auf bittere Weise die Endspielteilnahme verwehrt. Zwar schoss er im Halbfinale gegen Südkorea den entscheidenden 1:0-Siegtreffer, doch vier Minuten zuvor war entschieden worden, dass er im Finale gesperrt sein würde. Kurz vor dem Strafraum bremste Ballack einen südkoreanischen Angreifer und sah vom Schweizer Unparteiischen Urs Meier – völlig zu Recht – die gelbe Karte, seine zweite im Turnier. »This is absolute agony for Ballack«, vermeldete der englische TV-Kommentator – auch das völlig zu Recht. Umso famoser, dass Ballack dennoch nicht resignierte und sein Team mit kraftvollem Nachschuss ins Finale brachte.

Ob das die Deutschen mit ihm gewonnen hätten, ist fraglich. Immerhin hielt man sich sehr gut und dank Oliver Kahns herausragender Paraden lange ein torloses Remis. Bis in der 67. Minute ausgerechnet dem Titan Kahn ein Missgeschick passierte, als er Rivaldos Schuss nach vorne abprallen ließ, wo Ronaldo nur darauf wartete abzustauben. Ein wahres Heldenschicksal von mythischer Kraft und eines, an dem Ronaldos zweiter Treffer nichts änderte. Ballack und Kahn – die Geschlagenen dieser WM. Und ergreifend anzusehen, wie Schiedsrichter Pierluigi Collina, der einzige Vertreter seiner Zunft, dem Frauen je Sexappeal bescheinigten, nach Spielschluss den einsamen leidenden Kahn tröstete.

An Kahns Torsteherqualitäten wollen wir sowieso nicht rütteln. Da gab es wenig Bessere. Ebenso freilich bleiben seine regelmäßig wiederkehrenden Ausraster in Erinnerung. Sein Nasenangriff auf Miroslav Klose, sein Beißangriff auf Heiko Herrlich, sein Fußangriff auf Olaf Bodden … hässliche Momente, die an der Zurechnungsfähigkeit des Täters zweifeln ließen. Interviewappelle an seine eigene Mannschaft – »Eier, wir brauchen Eier« – hatten da schon etwas mehr Überzeugungskraft.

An Sympathiewerten legte Kahn auch bei Nicht-Bayern-München-Getreuen während der WM 2006 zu, nachdem ihn Teamchef Klinsmann ausgebootet und Jens Lehmann den Vorzug gegeben hatte. Wie Kahn diese Reservistenrolle trug und wie er Lehmann im Elfmeterschießen des Viertelfinales gegen Argentinien Mut zusprach, das hatte Größe. Ein ominöser Zettel, der Lehmann mit Hinweisen zu den argentinischen Elfmeterschussvorlieben versorgte, tat ein Übriges, um dieser Szene Glamour zu geben. Was Torwarttrainer Köpke auf diesem weißen Schriftstück vermerkte und was es Lehmann wirklich nützte, ist von der Forschung bislang nicht eindeutig geklärt, zumal unsicher ist, ob die schweißgetränkten Namen der argentinischen Schützen überhaupt lesbar waren. Eine Million Euro brachte das Papier später bei einer Versteigerung ein, für einen guten Zweck.

Nach Beendigung seiner aktiven Laufbahn gab sich Kahn einen seriösen Anstrich, wurde zum Werbeträger für dies und das und Spezialist für mentale Dinge (Siegeswille u. a.); ja 2018 durfte er sogar in meiner Heimatstadt Heilbronn beim Bürgerneujahrsempfang als Festredner auftreten. Als TV-Experte, wenn er gravitätisch (oder bräsig, ganz wie Sie wollen) neben Katrin Müller-Hohenstein den Abend verbringt, ist er rundum verzichtbar. Da denken wir lieber an seine Autobiographie *Nummer eins*, wo er das Ende seiner Ehe mit vielfältig deutbaren Worten beschreibt: »Die Trennung von meiner Frau hatte nichts mit ihrer Person zu tun.«

7. Mai 2009

Die Papierkugel Gottes greift ein

Äußere Mächte beeinflussen auch den Fußball. Inwieweit dabei Überirdisches, Telepathie oder Handauflegen im Spiel sind, lässt sich im Nachhinein schwer entscheiden. Manchmal ist der Versuch der Einwirkung wesentlich konkreter, wenn Flitzer über den Rasen jagen oder irregeleitete Fans es nicht mehr mit ansehen können und den Ball selbst versenken wollen. Im UEFA-Cup-Halbfinale 2008/09 freilich sorgte ein unscheinbares Objekt dafür, dass der Hamburger SV in der 83. Spielminute alle Hoffnung fahren lassen musste. Blicken wir zurück.

Das Hinspiel hatten die Hamburger in Bremen mit 1:0

gewonnen, und als im Rückspiel Olić den HSV in Führung schoss, schien die Sache gelaufen. Doch wie es sich für ein Derby gehört, steckten die Bremer nicht auf, kamen noch mal zurück und drehten das Spiel dank Diego und Pizarro. Es liefen die letzten zehn Minuten. Ein einziges Tor hätte den Hamburgern genügt, um das Finale zu erreichen. Bis Abwehrspieler Michael Gravgaard den Ball zu Schlussmann Rost zurückspielen wollte, tölpelhaft, so schien es aus der Ferne, ins Leere schlug und einen Eckball verursachte ... aus dem das vorentscheidende 3:1 durch Frank Baumann resultierte.

Aus der Nähe indes sah die Sache anders aus: Schuld an Gravgaards Slapstickeinlage war eine kohlrabigroße Papierkugel, die den Lauf des Balles veränderte ... und so das Verhängnis einleitete. Woher das Objekt stammte, ob ein Bremer Fan Einfluss aufs Geschehen nehmen wollte, ließ sich trotz akribischer Recherche nicht eindeutig ermitteln. Filmaufnahmen zeigten immerhin, dass das Papiergeschoss schon Minuten zuvor in Eckfahnennähe gelegen hatte und vom Unglücksraben selbst in die unglückselige Lage getreten worden war.

Das zusammengeknüllte DIN-A4-Blatt ist, seiner Bedeutung gemäß, der Nachwelt erhalten geblieben und im WUSEUM, dem Werder-Bremen-Museum, zu besichtigen. Eine Bietergemeinschaft ersteigerte es für 4.150 Euro. Ob es sich wirklich um das Original oder eine dreiste Fälschung handelt, konnte bis heute nicht mit Sicherheit geklärt werden. Stollenabdrücke Gravgaards sind nicht nachzuweisen.

Die Saison 2008/09 ist Bremern ohnehin äußerst angenehm in Erinnerung. Eliminierte man doch den Erzrivalen HSV nicht nur im UEFA-Cup, sondern schaltete ihn, wenige Wochen zuvor, auch im Halbfinale des DFB-Pokals nach Elfmeterschießen aus. Um die Sache abzurunden: Wenige Tage nach dem internationalen Aus setzte es für den HSV in Bremen auch in der Liga eine 0:2 Niederlage. Dann war die Saison zum Glück zu Ende.

18. August 2017

Beim Bundesligaauftakt Bayern München gegen Bayer Leverkusen kommt der »Videobeweis« erstmals zur Anwendung

Mit Händen und Füßen haben sich viele Fußballfans viele Jahre lang gegen die Korrektur von Schiedsrichterentscheidungen durch technische Hilfsmittel, durch den sogenannten Videobeweis, gewehrt. Der Verhaltensforscher Desmond Morris stellt in seinem Buch *Das Spiel* anschaulich dar, dass auch Irrtum und Ungerechtigkeit das Wesen des Fußballs ausmachen, dass ein ganz besonderer Reiz darin besteht, noch Jahre nach einer fragwürdigen Entscheidung diese lebhaft zu diskutieren, im Wissen, dass vermutlich niemals entschieden sein wird, wer das Recht auf seiner Seite hat. Selbst haarsträubende Fehlentscheidungen waren stets unverzichtbarer Bestandteil des Spiels und ließen sich mit dem hilflosen Satz, dass sich im Laufe einer Saison alles doch irgendwie ausgleiche, halbwegs ertragen. Doch je mehr sich der Geldeinsatz erhöhte, desto lauter der Ruf nach neuen Hilfsmitteln, die größere Gerechtigkeit versprachen. Schleichend war dieser Prozess ohnehin verlaufen: Bereits Thomas Helmers Phantomtor (siehe Seite 64 ff.) hatte dazu verleitet, das betroffene Spiel zu wiederholen, obwohl das in den Statuten gar nicht vorgesehen war. Allmählich gewöhnte man sich daran, dass Tätlichkeiten, die vom Schiedsrichtergespann nicht gesehen worden waren, nachträglich per TV-Aufnahme belegt und sanktioniert werden konnten, und die Torlinientechnik sorgte recht reibungslos dafür, dass sich die Frage »vor« oder »hinter« der Linie eindeutig beantworten ließ. Hätte es die nur anno 1966 im Wembley-Stadion schon gegeben ...

Tobias Stieler durfte, beim Bundesligaauftakt Bayern München gegen Leverkusen, nun aber der Erste in der Bundesliga sein, der in streng reglementierten Fällen auf die Helfer vor Kölner Monitoren bauen und Übersehenes oder Falsches revidieren konnte. Und Stieler hatte doppeltes Glück, denn in der 52. Minute übersah er Aránguiz' Griff an Lewandowskis Schulter, was sein Videokollege Jochen Drees monierte. Stielers Hände zeichneten – auch das ein neues Bild – die Konturen eines Bildschirms nach und wiesen zum Elfmeterpunkt, wodurch das Spiel endgültig für die Münchner entschieden wurde. Ja, gewiss, eine richtige Korrektur, doch irgendwie muss man sich daran erst gewöhnen.

Was ordentlich begann, war allerdings bereits wenige Spieltage später hoch umstritten und wurde von allen Beteiligten vielfach kommentiert. Ob ein Segen auf dem Videobeweis liegt, ist bei Erscheinen dieses Buches noch nicht definitiv entschieden.

4
Schöne Erinnerungen

1. Juli 1912

Der Torrekord schlechthin:
Gottfried Fuchs trifft zehn Mal

Olympische Spiele in Stockholm, Deutschland schlägt Russland sage und schreibe mit 16:0, und der für den Karlsruher FV spielende Gottfried Fuchs erzielt zehn Treffer – ein Länderspielrekord, den Fritz Walter, Rahn, Seeler, Müller, Klose oder Sven Schipplock nie ernsthaft gefährden konnten. Und ein Rekord, der lange Zeit sogar weltweit unangetastet blieb, bis ärgerlicherweise 2001 der Australier Archie Thompson im Spiel gegen Amerikanisch-Samoa beim leicht herausgespielten 31:0 dreizehnmal einnetzte.

Der aus einer jüdischen Familie stammende Fuchs musste Deutschland während der NS-Zeit verlassen, lebte bis zu seinem Tod 1972 in Kanada. Aus vielen offiziellen Statistiken war er von den NS-Sportfunktionären eliminiert worden. Sepp Herberger, der Fuchs als den Beckenbauer seiner Jugend bezeichnete, stand mit ihm im Briefwechsel und schlug dem DFB vor, als kleine Wiedergutmachung Fuchs zu den Olympischen Spielen 1972 nach München einzuladen. Was der DFB, in dessen Gremien es nicht an alten Nazis mangelte, aus Kosten- und anderen fadenscheinigen Gründen ablehnte.

Und wenn wir schon im Jahr 1912 sind: In diesem Jahr wird der beinharte Trainer Fritz Langner (»Ihr fünf spielt jetzt vier gegen drei«) geboren und im fernen Österreich darüber geklagt, dass es beim nicht minder beinharten Simmeringer SC, den der Schriftsteller und Kabarettist Helmut Qualtinger mit dem

Satz »Simmering gegen Kapfenberg, das ist Brutalität« der Literaturgeschichte zuführte, recht unzivilisiert zuging, wie eine Nicht-Simmeringer Zeitung beklagte: »Bedauerlicherweise ist es noch nicht eingeführt, dass auch die Zuschauer Schienbeinschützer tragen. Schon lange ist der Platz in Simmering wegen der Rohheit seiner Besucher verrufen.« All das in einem Jahr. Der Philosoph Ernst Bloch nannte das die »Ungleichzeitigkeit des Gleichzeitigen«.

24. Juni 1934

Der Schalker Kreisel nimmt Fahrt auf

Es gibt magische Fußballbegriffe, die, kaum dass sie fallen, Glorreiches evozieren und beeindruckende Bildräume öffnen. Catenaccio, Tiki-Taka, WM-Formation, Libero … da beginnen nicht nur Ballhistoriker mit der Zunge zu schnalzen, da wissen wir, dass mit diesen wohlklingenden Wörtern Eckpunkte der Geschichte benannt sind. Der »Schalker Kreisel« gehört in diese Schublade. Er bezeichnet eine Spielart, mit der Schalke 04 zwischen 1934 und 1942 gleich sechsmal deutscher Meister wurde. Im Gegensatz zum traditionellen, britisch geprägten Kick-and-Rush zeichnete sich der Schalker Kreisel durch elegante Ballstafetten und rasche Positionswechsel aus, was zur Verwirrung des Gegners erheblich beitrug. Theoretiker sehen eine Entwicklung, die vom kreiselnden Schalker System bis zum Tiki-Taka reicht, wie es zuletzt vor allem von der spanischen Nationalelf und dem FC Barcelona zelebriert wurde.

Zur Perfektion entwickelt wurde der Schalker Kreisel, der sein Heil eher in einer Zermürbung des Gegners als im schnellen Abschluss sah, durch die Heroen Ernst Kuzorra und Fritz

Szepan. Beide hatten wesentlichen Anteil an der ersten Schalker Meisterschaft, die 1934 im Berliner Poststadion gegen den 1. FC Nürnberg errungen wurde. Allerdings nicht nur mit den eleganten Mitteln des Kreiselns. Denn bis zur 88. Minute führten die Franken, ehe Szepan den Ausgleich, sein Schwager Kuzorra fast mit dem Abpfiff das Siegtor schoss und so die ungeliebte Verlängerung vermied. Der von Schmerzen gezeichnete Kuzorra behalf sich mit Grundtugenden: »Ich wusste nicht, wohin mit dem Ball, da hab ich ihn einfach reingewichst.«

Das Ding einfach reinwichsen – das ist eine grundsolide, bis jetzt nicht ausgestorbene Praxis, die Ästheten nicht gefallen mag, doch gegebenenfalls zu durchschlagendem Erfolg, etwa zur Meisterschaft, führen kann. Die Begeisterung auf Schalker Seite kannte danach keine Grenzen; der Arbeiterverein hatte sich durchgesetzt und sollte in den nächsten Jahren das Maß der Dinge bleiben. Obwohl Szepan und Kuzorra beide in die Gelsenkirchener Heldengalerie Aufnahme fanden, ist der Grad ihrer Anerkennung unterschiedlich – was vor allem mit ihrem Verhalten gegenüber den Nationalsozialisten zu tun hat. Während Kuzorra, den Helmut Schön für den »größten Fußballer seiner Zeit« hielt, versuchte, sich ganz auf den Sport zu konzentrieren, übernahm das SA-Mitglied Szepan ein »arisiertes« jüdisches Textilwarengeschäft und profitierte davon kräftig. Nach dem »Nutznießer« Szepan ist heute in Gelsenkirchen nicht einmal eine Sackgasse benannt, während es einen Ernst-Kuzorra-Weg und einen Ernst-Kuzorra-Platz gibt. Mit der viel später aufgekommenen feministischen Diskussion, Frauen im öffentlichen Bewusstsein sichtbarer zu machen und Stadien nach ihnen zu benennen, hat das nichts zu tun. Bundespräsident Johannes Rau soll diese Gender-Frage abschlägig beschieden haben: »Und wie sollen wir das denn nennen? Dem Ernst-Kuzorra-seine-Frau-ihr-Stadion?« Birgit Prinz und Silvia Neid finden das bestimmt weniger lustig.

7. August 1936

Der Führer geht

Adolf Hitler besuchte, so die Sage, am 7. August zum ersten und letzten Mal ein Fußballländerspiel, das Olympia-Vorrundenspiel Deutschland gegen Norwegen. Die Anwesenheit des Führers lähmte die Akteure: Man verlor 0:2; Hitler verließ vorzeitig das Stadion.

Bis heute bedeutet es ein gewisses Risiko, wenn hochrangige Politiker sich an den beliebten Fußballsport heranwanzen und bei wichtigen Spielen auf der Tribüne zeigen. Geht es gut, darf man sich im Glorienschein der Erfolgreichen sonnen und sogar zu halbnackten Männern in die Kabine eilen. Geht es schief, entlädt sich der Volkszorn leicht über die anwesenden Politiker, die ohnehin alles falsch machen.

13. September 1936

Sepp Herberger wird Trainer der deutschen Fußballnationalelf

Der Chef: man sieht, wie er in Bern verschmitzt / hoch auf den Schultern seiner Männer sitzt« – so endet Ror Wolfs Gedicht *Neunzehnhundertvierundfünfzig*, eine der literarischen Verarbeitungen dessen, was am 4. Juli 1954 im Berner Wankdorf-Stadion geschah. Der Chef, das ist natürlich Bundestrainer Herberger, der im September 1936 zum Betreuer der Nationalelf bestimmt worden war, was seinem Vorgänger, Reichstrainer Otto Nerz, missfallen hatte, weshalb die zwei Herren wohl oder übel zwei Jahre Seit' an Seit' gemeinsam zu coachen hatten – bis Herberger 1938 allein das Zepter übernahm.

»Fuchs« Herberger wurde 1897 im Mannheimer Arbeiterstadtteil Waldhof geboren. Er wuchs in bescheidensten Verhältnissen auf, die es ihm unmöglich machten, seinen Berufswunsch Lehrer zu realisieren. Der kleingewachsene, mit Segelohren geschlagene Josef – in seiner Heimat nur »Seppl« genannt – fand sein Glück beim Fußball. Bereits als 17-Jähriger absolvierte er sein erstes Pflichtspiel für den SV Waldhof (der Jahrzehnte später unter Trainerunikum Klaus Schlappner Furore in der Bundesliga machte), sechs Jahre später sein erstes von drei Länderspielen. Eine Zeit lang galt er als Deutschlands bester Mittelstürmer, als »Fuddler«, als »ääner«, der – wie es sein Biograph Karl-Heinz Schwarz-Pich umschrieb – »de Ball net hergibbt«. Beim »Proletenverein« SV Waldhof lernte Herberger das Toreschießen, ehe er skandalöserweise zur bürgerlichen Konkurrenz, zum VfR Mannheim, wechselte. Damals floss verbotenes Handgeld, und der »Berufsspieler« Herberger wurde mit einer Sperre belegt.

1926 wechselte er nach Berlin zu Tennis Borussia, nicht zuletzt, um in der Hauptstadt sein Diplom als Turn- und Sportlehrer zu erlangen. Das gelang ihm 1930 mit der wegweisenden Diplomarbeit *Der Weg zur Höchstleistung im Fußballsport*. Herberger erwarb sich früh einen Ruf als Taktikfuchs, der seinen Weg beharrlich ging. Über seinen frühen Eintritt im Mai 1933 in die NSDAP schwieg er später. Nach dem Krieg als Mitläufer eingestuft, galt er den Deutschen als einer der ihren, was seiner Idolisierung nach dem WM-Triumph 1954 Vorschub leistete.

Sepp Herberger – das war der Mann im Trenchcoat, der Mann im Trainingsanzug, der Mannschaftsgeist kreierte, hohes Risiko einging (als er in der Vorrunde eine B-Mannschaft gegen Ungarn aufs Feld schickte und eine peinliche 3:8-Niederlage kassierte), gegen allen Rat auf Vertraute wie Fritz Walter setzte, die Hochzeitsnacht 1921 mit seiner Frau Ev und Waldhöfer Mannschaftskameraden im Zug Richtung Schweiz verbrachte und in Ermangelung von Videospielanalysen und Excel-Tabellen auf sein seit 1937 geführtes Notizbuch hörte. Wem es gelang, in dieses magisches Nachschlagewerk einzuziehen, der durfte auf eine Karriere im Nationaltrikot hoffen. Und wer wie Herbergers Nachnachfolger Jupp Derwall in dieser Kladde mit dem Vermerk »Derwall = kein Nationalspieler! Fehlt jede Schnelligkeit im Handeln und im Laufen« charakterisiert wurde, wusste, dass er auf nicht allzu viele Länderspiele kommen würde. Dass dieser Derwall später gar Bundestrainer wurde, musste Herberger zum Glück nicht mehr erleben.

Vor allem aber ist Sepp Herberger als der Denker unter den Bundestrainern in die Annalen eingegangen. Was immer Derwall, Vogts, Beckenbauer, Klinsmann und selbst Joachim Löw in ihren Amtszeiten in die Mikrophone sprachen, keiner von ihnen erreichte auch nur im Entferntesten jenen philosophischen Höhenkamm, auf dem sich der Autodidakt Herberger, der »Erik Ode auf der Trainerbank« (Walter Jens), ganz selbstverständlich bewegte. Herberger ist uns Heutigen vor allem Philosoph, wohl der einzig originäre Denker, den die deutsche Nachkriegsmetaphysik hervorgebracht hat. Seine gottgegebene Fähigkeit, zuweilen an – wie es der Soziologe Hartmut Esser beschrieb – »Kants synthetischen Apriorismus erinnernde« Einsichten stringent zu formulieren, erlaubte es, komplizierte Sachverhalte verständlich zu machen, und ließ ihn zum Vorreiter von vielerlei werden. »Im Grunde war Herberger schon, was heute postmodern heißt«, schrieb Jürgen Leinemann 1997 in einem großen Buch über den Meister von der Bergstraße.

Die Unwägbarkeit, die dem Fußball eignet, war Herbergers Leib-und-Magen-Thema, resümiert in der Einsicht: »Die Leut' gehen zum Fußball, weil sie nicht wissen, wie 's ausgeht.« Seine Sentenzen gehören längst zum Hausschatz des Volksmunds, weil sie vom Fußball sprechen und das Leben, das Dasein, meinen. Nehmen wir »Der Ball ist rund« und »Ein

Spiel dauert neunzig Minuten«: Beide Sätze, syntaktisch übersichtlich gebaut, warnen vor dem Tückischen. Im Sinne des Existenzialismus wird das Dasein als Wagnis begriffen (in seiner nicht zu fassenden Rundheit), das von seiner Geschichtlichkeit (den manchmal nicht enden wollenden neunzig Minuten plus Nachspielzeit) nicht getrennt werden kann. Der Einzelne – selbst Max Morlock, Hans Schäfer oder Uwe Seeler – hat sich der sittlichen Aufgabe zu stellen, die Verantwortung seiner Existenz in Freiheit zu übernehmen, das heißt bis zum Schlusspfiff zu kämpfen und zu rackern. Sartre nannte das »Engagement«.

In eine andere Richtung zielen Herbergers Beobachtungen wie »Nach dem Spiel ist vor dem Spiel« und »Der nächste Gegner ist immer der schwerste«. Hier ist unschwer der Einfluss des nur acht Jahre älteren Martin Heidegger festzustellen. Beide eint die Anschauung vom Dasein des Menschen, das Geworfensein in die Welt bedeutet, von Furcht und Angst geprägt. In diesem »Sein zum Tode« klingt die drohende Niederlage – etwa das unschöne 1:3 im WM-Halbfinale 1958 gegen Schweden – an, die schon die nächste Auseinandersetzung bringen kann. Eine einzige Unachtsamkeit, und alle Hoffnung fährt dahin. Die Verknüpfung von existenz- und geschichtsphilosophischer Thematik ist in Heideggers, pardon: Herbergers Denken evident. Der ewige Kreislauf des Lebens – immer ist man »vor dem Spiel« – spiegelt sich im Turnus der Meisterschaftsrunden. Das Dasein vollzieht sich in zyklischen Bahnen, und wer dieses von Oswald Spengler inspirierte Gedankengut annimmt, ist fähig, Gelingen und Scheitern zu beeinflussen und, wenn alles sehr gut läuft, Fußballweltmeister zu werden.

So erscheint Herberger als der wesentliche Fußballphilosoph der deutschen Geistesgeschichte. Zwar gab es immer wieder Denker, die ihre Affinität zu diesem Spiel einräumten und in Worte zu fassen suchten – etwa den in Frankfurt lehrenden Martin Seel oder den Berliner Lebenskunstkenner Wilhelm Schmid, der sich zu eigenwilligen Vorlieben bekannte: »Tennis Borussia ist mein Lieblingsklub, weil er der familienfreundlichste Verein ist. Da gibt es nicht so viele Menschen, und vor den Spielen tritt ein Clown auf.« Doch unterm Strich bleibt enttäuschend, was die Philosophie nach Herberger zu sagen hatten. Selbst der Wildparkphilosoph Peter Sloterdijk weiß nicht zu überzeugen mit raunenden Ausflügen in die Urgeschichte und einer anthropologischen Herleitung des Spiels: »Im Fußball kommt ein archaisches Jagdgruppen-Phänomen zum Vorschein. Die männliche Savannen-Jagdgruppe agierte mit dem Auftrag, Wild zur Strecke zu bringen. Man jagte gemeinsam und lernte Kooperation. Der Fußball scheint eine Art Reenactment dieses maskulinen Urverhaltens möglich zu machen. Das Muster trägt seine Plausibilität in sich. Sobald die Jagd in Gang gekommen ist, stellt sich die Sinnfrage nicht mehr. Der Jäger fragt nicht nach Sinn, denn der Sinn der Jagd ist die Beute.«

»Nach dem Spiel ist vor dem Spiel« – das gilt so lange, bis der Tod den finalen Pfiff ertönen lässt. Der Waldhöfer Bub Seppl Herberger starb am 28. April 1977 im Städtischen Krankenhaus Mannheim. Am Tag zuvor hatte er sich im Fernsehen das Länderspiel Deutschland gegen Nordirland angesehen, das Helmut Schöns Mannschaft mit 5:0 gewann. Schiedsrichter – ein Zufall? – war ein Ungar, Károly Palotai.

So ist Herbergers Nachruhm ungetrübt, wohingegen wir froh sind, dass die Namen anderer Bundestrainer – Derwall, Ribbeck – zum Glück keine Rolle mehr spielen. Nicht zu verhindern ist dabei, dass Herberger auf ungute Weise inspirierend wirkte, auch im Feld der Literatur. Der Theologe Thomas Schleiff zum Beispiel schrieb Herberger-Verse, die so gehen: »Der Sepp, der war ein Pfiffikus, / ein Fachmann für den Fußballschuss, / rein äußerlich von kleinem Wuchs, / doch innerlich ein großer Fuchs.«

4. Juli 1954

»Das Wunder von Bern«, Sie wissen schon

Nein, nicht schon wieder die immergleichen Geschichten aus dem Berner Wankdorf-Stadion, nicht schon wieder Geschichten um Trainerfuchs Sepp Herberger, der in der Vorrunde gegen Ungarn eine B-Elf auflaufen ließ, die »Puszta-Söhne« (Herbert Zimmermann) in Sicherheit wiegte (oder wog, denn damals waren starke Verben noch verbreiteter), dann im Finale bei regenschwerem Fritz-Walter-Wetter den Spieß umdrehte und die deutschen Mannen zum 3:2-Sieg führte. Kein Wort über die bereits erwähnte Reporterlegende Herbert Zimmermann, der überschäumend in der 84. Spielminute telepathisch eingriff und ein »Nun müsste Rahn schießen« ins Mikrophon rief – was dieser wie auf Befehl tat, erfolgreich, wie wir alle wissen. Und wenn wir schon zu Zimmermann schweigen, dann auch zu Rainer Werner Fassbinder, der 1978 seinen Film *Die Ehe der Maria Braun* dramatisch mit Endspielreportageschnipseln aufhübschte.

Stattdessen lieber zwei, drei Worte über die literarischen Folgen dieses Sieges, der dazu beitrug, Deutschland wieder völkergemeinschaftsfähig zu machen, zum Beispiel über den Saarländer Ludwig Harig. Dieser schrieb, Jahre später, das wohlgeformte, Fritz Walter gewidmete Sonett *Die Eckbälle von Wankdorf*, das so einsetzt: »Was einst in Bern geschah, es klingt wie eine Fabel. / Geheimer Doppelsinn, die Kunst im reinen Zweckball, / entschied den Spielverlauf; der einstudierte Eckball / verwirrte Ungarns Elf mit kryptischer Parabel«. In der letzten Strophe heißt es bei Harig über die braven Magyaren: »Am Ende war ihr Spiel, war jeder Schritt vertan. / Denn kaum versahn sie sich, stand zwischen ihnen Rahn / und setzte seinen Ball noch zweimal in die Maschen«.

Nicht minder gelungen Friedrich Christian Delius' 1994 erschienene autobiographische Erzählung *Der Sonntag, an dem ich Weltmeister wurde*, die vom in dem streng religiösen Elternhaus aufgewachsenen 11-jährigen Delius berichtet. Dieser hört mit Staunen, wie Herbert Zimmermann den deutschen Torsteher Toni Turek einen »Fußballgott« nennt und erstarrt ob dieser Ungeheuerlichkeit. Als die »Aus, aus, aus, aus«-Rufe durch die Stube dröhnen, hält es den Jungen nicht mehr in der elterlichen Wohnung: »Unter den Linden, auf dem Kirchplatz, auf dem Mäuerchen, drei Stufen über den Straßen, die hier zusammenliefen, stand ich und schaute, während die Takte der Hymne in mir weiterschlugen, in alle Richtungen, Wege und Höfe und hoffte, dass meine Freunde nach dem Ende der Übertragung aus den Haustüren stürmten und andere Leute suchten, um sich und uns als Weltmeister zu feiern. Ich war der erste, hatte den kürzesten Weg, stand im Zentrum, hier mussten die Fußballfreunde zusammentreffen, hinter mir Kirche und Pfarrhaus, wo kein Platz war für meine Erregung, vor mir und um mich herum das Dorf, die offene Welt. Wie nackt stand ich da in meinem Siegesgefühl, allein unter den niedrigen Ästen der Linden, und wartete ungeduldig, entdeckt zu werden mit meiner blanken, springenden Freude. Ich schämte mich nicht, im Gegenteil, ich genoss den berauschenden Moment: die Reporterstimme klang im ganzen Körper nach, und der Sieg stieß mich in einen Zustand des Glücks, in dem ich Stottern, Schuppen und Nasenbluten vergaß und das Gewissen und alle Gotteszangen von mir abließen. So leicht fühlte ich mich nie ...«

Verfolgt man heute die alten Fernsehaufnahmen, muss man nicht nur als selbstkritischer Deutscher anerkennen, dass Turek & Co. in der zweiten Halbzeit das Glück mehrmals kräftig zur Seite stand. Vor allem in der 86. Spielminute, an die sich merkwürdigerweise in Deutschland keiner, in Ungarn jedoch fast jeder erinnert. Denn nur zwei Minuten nach Rahns entschlossenem 3:2 hatte Ferenc Puskás den von seinen Landsleuten vielbejubelten Ausgleich zum 3:3 erzielt. Die ungarische Freude währte indes nur kurz; der englische Unparteiische Ling folgte dem Zeichen seines Linienrichters und erkannte den Treffer wegen einer Abseitsstellung des Schützen nicht an. Eine Tat, die Herbert Zimmermann mit größter Erleichterung aufnahm: »Aber nein, kein Tor, kein Tor, kein Tor, Puskás abseits ... eindeutige Abseitsstellung von Major Puskás (...). Dann schoss Puskás flach, aber er stand eindeutig abseits. Griffiths aus Wales, der Linienrichter auf unserer Seite, hatte die Fahne hoch, und Ling hat prompt reagiert.«

Ganz so »eindeutig«, wie Zimmermann glauben machen will, scheint der Fall nicht gewesen zu sein. Sein vom Schicksal geschlagener ungarischer Kollege György Szepesi hielt diesen Moment so fest: »Bozsik flankt nach vorne. Kocsis köpft den Ball weiter zu Puskás. Puskás, du hast den Ball! Schuss! Tooor! ... Abseits! Abseits ... Griffiths hat Abseits angezeigt, meine Hörer, Griffiths hat auf Abseits entschieden ... Abseits, Abseits, Abseits, Abseits ... oh, wie schade ... wie schade.«

Ob Mervyn Griffiths, der »Linienrichter auf unserer Seite«, damals richtig entschied, lässt sich nicht eindeutig sagen. Die wackligen TV-Aufnahmen geben keine klare Antwort. 2004 meinte der deutsche Ersatzspieler Alfred Pfaff sich aufspielen zu müssen und erklärte kurzerhand, dass Puskás nicht im Abseits gestanden habe. Ganz sicher sei er sich da. Wie er das erkannt haben will, weiß ganz allein der Wind.

6. Oktober 1956

Fritz Walter macht es mit der Hacke – das »Tor des Jahrhunderts«

Seit langem sind wir es gewohnt, uns mit Bildern, mit Fotos an Vergangenes zu erinnern – wie in den Toast-Hawaii-Zeiten bei sturzöden Dia-Abenden oder wie heute mit Smartphones, die es ermöglichen, permanent Aufnahmen zu machen, ohne dem Aufgenommenen selbst mehr als einen flüchtigen Blick schenken zu müssen. Manchmal freilich wirken Dinge stärker auf uns, von denen es keine Fotografien, Videoclips oder TV-Aufnahmen gibt, weil wir allein auf die Erzählungen derer angewiesen sind, die dabei waren.

So widerfuhr es einem der wohl spektakulärsten Tore der Fußballgeschichte, das sich auf YouTube oder anderswo beim besten Willen nicht abspielen lässt. Ein schummriges Foto allein existiert, das andeutet, was in Leipzig am 6. Oktober 1956 beim deutsch-deutschen Vergleich zwischen Wismut Karl-Marx-Stadt und dem 1. FC Kaiserslautern geschah. Über 100.000 Zuschauer waren gekommen, um im frisch eröffneten Leipziger Zentralstadion das Geschehen zu verfolgen. Sie sahen einen 5:3-Sieg der westdeutschen Mannschaft, und sie sahen, wie DDR-Sportreporter Wolfgang Hempel anerkannte, das »Tor des Jahrhunderts«. Wie dieses zustande kam, soll der Künstler Fritz Walter am besten selbst schildern, mit den Worten seines Buches *So habe ich's gemacht*: »Der von rechts kommende Flankenball senkte sich hinter meinem Rücken. Da ließ ich mich nach vorne fallen, fast in den Handstand und schlug mit der Hacke zu. Aus zwölf, fünfzehn Metern Entfernung flog der Ball haarscharf ins obere Toreck. Dass es ein Tor wurde, war (...) Glück. Dass ich in dieser Situation aber überhaupt an den Ball kam und ihn traf, das war kein Glück.«

Ein spektakuläres Tor, eine »geniale Leistung« (Jörg Berger), die unsere Phantasie anspornt, uns einlädt, den genauen Flug des Balles nachzuzeichnen, immer neue Versionen zu imaginieren. So reproduziert die Erinnerung kein statisches Bild, keines, das sich in bewegten Clips Hunderte Male abspulen lässt. Nein, wir sehen mit geschlossenen Augen, wie sich Fritz Walter nach vorne fallen lässt, weil er erkannt hat, dass er nur so eine Chance hat, den Ball Richtung Tor zu bugsieren.

Hackentore entstehen oft aus der Not, versuchen aus einer verkorksten Situation das Beste zu machen. Das Zuspiel kommt nicht präzise, die Flanke in den Rücken des Angreifers ... und prompt muss der gedankenschnelle Stürmer zu unkonventionellen, vom Publikum geliebten Mitteln greifen und das Unmögliche riskieren. Und zudem mit der Gefahr leben, sich gründlich zu blamieren, denn wenn die Hacke den Ball verfehlt, ein Luftloch schlägt, ist grenzenlose Schadenfreude angesagt. Alle berühmten Hackentore – und es gab nach Fritz Walter prächtige Beispiele von Rafael van der Vaart, Denis Law oder Rüdiger Wenzel – bieten ein ästhetisches Spektakel, das aus dem gänzlich Unerwarteten erwächst.

Auch Bayern München hatte schmerzlich unter einem derartigen Geniestreich zu leiden, bitter sogar. Beim Europacupendspiel 1987 gegen den FC Porto schoss Rabah Madjer in der 78. Minute mit der Hacke den 1:1-Ausgleich, dem knapp zehn Minuten später sogar ein weiterer, der entscheidende Treffer für die Portugiesen folgen sollte. Auch Madjer musste das kaum Lösbare versuchen, da das Zuspiel von der Seitenauslinie alles andere als optimal in seine Nähe gelangte. Per Hacke beseitigte Madjer das Problem, zur Verblüffung von Torwart Pfaff und Gegenspieler Flick: »Es war verrückt. Sehr verrückt. Ein völlig unüberlegter, spontaner Akt.«

Bei den Bayern spielte damals Helmut Winklhofer, der zwei Jahre zuvor mit einem sehr sehenswerten Eigentor aus 35 Metern zum Torschützen des Monats gekürt worden war. Aber das ist eine andere Geschichte.

18. Mai 1960

Eintracht Frankfurt verliert das Endspiel im Europapokal der Landesmeister 3:7 gegen Real Madrid

Nein, nein, hohe Niederlagen stiften selten freudvolle Erinnerungen, und natürlich war und ist für jeden historisch beschlagenen Eintracht-Frankfurt-Anhänger schmerzhaft, dass damals im Glasgower Hampden Park das Finale so eindeutig verloren ging. Dennoch überwiegt selige Stimmung, wenn sich die Eintrachtler an diesen Wettbewerb erinnern, warf man doch im Halbfinale in zwei eindrücklichen Spielen die Glasgow Rangers mit 6:1 und 6:3 hochkant hinaus. Im Endspiel freilich gegen die königlichen Madrilenen war kein Kraut gewachsen, obwohl man früh durch Kress in Führung gegangen war. Am Ende machten Alfredo di Stéfano und Ferenc Puskás kurzen Prozess mit der Eintracht-Abwehr. Viermal hintereinander traf allein der Ungar, der die Bälle gnaden- und humorlos ins Netz drosch. Dass die Frankfurter das Endergebnis durch Stein ein wenig freundlicher gestalteten, brachte ihnen weitere Sympathien ein.

Der Schriftsteller Eckhard Henscheid hat dieses Scheitern von 1969 herrlich beschrieben. Vielleicht hatte das schon mit den Spielernamen zu tun. Da spielte auf Frankfurter Seite ein Stinka (ein Name, der mich als Kind sehr beschäftigte), wohingegen Madrid einen Santamaría im Aufgebot hatte, was nach göttlichem Beistand roch ... Im Eintracht-Tor stand ein Mann wie Egon Loy, der die Nachwelt immer wieder aufs neue zu Elogen anspornte. In *Lob des Sports*, geschrieben vom Stanford-Professor Hans Ulrich Gumbrecht, findet sich eine Passage, die Loy dauerhaft vor dem Vergessen rettet: »Loy war groß, nicht sehr geschmeidig in seinen Bewegungen und trug, selbst wenn er nicht gegen die tiefe Nachmittagssonne spielte, immer eine Kappe mit einem breiten Schirm, die wie eine Strickmütze aussah, sowie einen grauen Wollpullover (bei Sonne wie Regen) und Knieschoner, die so groß waren wie orthopädische Schalen.« Henscheids spanischer Kollege Javier Marías sah das Endspiel als Achtjähriger bei Nachbarn und konnte mit der Frankfurter Niederlage gut leben.

Ansonsten, seien wir ehrlich, wissen Nicht-Eintracht-Fans mit diesem Verein herzlich wenig anzufangen. Auch sie muss es ja geben in den Ligen, die Mitläuferclubs, die grauen Mäuse, die Mannschaften, die man gar nicht vermisst, wenn sie abgestiegen sind. Nicht überall kann Glanz und Gloria herrschen. Zu den trübsinnigen Mannschaften, denen ich gleichgültig gegenüberstehe (und mit dieser Haltung stehe ich nicht allein da), Mannschaften, für deren Existenzberechtigung ich auch bei längerem Nachdenken nicht wahnsinnig viele Argumente finde, gehört fraglos Eintracht Frankfurt. Ein Traditionsverein, ich weiß, doch irgendwie seit vielen Jahren eine Ansammlung von aschfahlen Randerscheinungen. Irgendwie ist Eintracht Frankfurt wie Frankfurt selbst, wie diese Stadt, von der viele sagen, dass es gar nicht so schlimm sei, dort zu leben – ein Kompliment, das mir zu dürftig erscheint.

Ja, es gab Bernd Nickel, der den Ball ins Tor hämmerte und deshalb »Doktor Hammer« genannt wurde. Oder Bernd Hölzenbein, der Deutschlands WM-Sieg 1974 vorbereitete, als er den englischen Schiedsrichter Taylor zum Elfmeterpfiff nötigte. Trickreich und schlitzohrig, das war Frankfurts Hölzenbein, und dass er sich später unglückselig als Präsidiumsmitglied versuchte, will ich ihm nicht ankreiden. Querelen hier, Querelen dort prägten ohnehin lange das Erscheinungsbild der Eintracht; da kann man Bernd Hölzenbein, den fintenreichen Stürmer, nicht zum Hauptverantwortlichen machen.

Einmal noch in den neunziger Jahren schlug mein Herz für die Eintracht. Als sie zu Beginn der Saison 1993/94 Wunderfußball spielte. Im Jahr zuvor waren die Frankfurter sehr unglücklich – das sei zugegeben – an der Meisterschaft vorbeigeschliddert. Ein im Hessischen unvergessener Schiedsrichter namens Alfons Berg aus Konz übersah am letzten Spieltag ein »sonnenklares« Rostocker Strafraumfoul am Eintracht-Spieler Weber, und der sicher geglaubte Titel zerrann wie Mainsand zwischen den Fingern. Wenige Monate später freilich begeisterte die Mannschaft – mit Klaus Toppmöller als neuem Trainer – und zeigte plötzlich Sahnefußball. Geschart um den Virtuosen Uwe Bein, trumpften die Steins, Yeboahs, Furtoks, Gaudinos und Falkenmayers wie Außerirdische auf und machten mich für wenige Wochen zum Eintracht-Sympathisanten. 20:2 Punkte sammelte man in den ersten Spielen; fünf Punkte Vorsprung erarbeitete man sich mit glanzvollem Offensivfußball ... bis aus 24:6 Punkten mit einem Mal 26:20 Zähler wurden und sich die Mannschaft am Ende glücklich schätzen durfte, auf dem fünften Tabellenplatz zu landen. Das war der Niedergang schlechthin. Irgendwie typisch für diesen Verein.

Halt, einen Spieler der Frankfurter darf ich auf keinen Fall vergessen, einen ihrer zuverlässigen Recken, der sogar im Kreise meiner Familie Ansehen genoss. Dr. Peter Kunter, der fliegende Zahnarzt, gefiel mir, nicht nur weil ich selbst meine größten fußballerischen Jugendtaten zwischen den Pfosten vollbrachte. Kunter, der den alten Loy ablöste, war nicht sehr groß gewachsen, und dieses für einen Torhüter nicht unerhebliche Manko gab ihm einen Bonus. Gardemaß zu haben wie Volkmar Groß oder Manfred Manglitz und die Bälle aus dem Torwinkel zu fischen, das war nichts allzu Aufregendes, doch wenn ein eher Kleingewachsener sein Tor beherrschte, verdiente das zusätzliche Anerkennung.

Meine Mutter, da bin ich sicher, interessierte sich wenig für Peter Kunters Robinsonaden. Sie stutzte erst, als ich ihr stolz berichtete, dass dieser tollkühne Mann ein ordentliches Studium absolviert habe und nun als Zahnarzt Dr. Kunter seinen Kasten sauber halte. Fußballer galten damals als proletarisch-unintelligente Balltreter, denen man gedanklich wenig zutraute. Ausnahmen wie Kunter sorgten für Aufsehen, und wenn es darum ging, Muttern von der Berechtigung der Fußballleidenschaft zu überzeugen, war ein Akademiker, selbst wenn er bei Eintracht Frankfurt spielte, ein gutes Argument. Wie der Kölner Karl-Heinz Thielen, der es, wenn ich mich recht entsinne, zum Diplom-Ingenieur brachte. Auch das sagte meinen Eltern zu. Später brachte die Eintracht den wackeren Mittelfeldmann Stefan Lottermann hervor, der seinen Doktorhut mit einer sportwissenschaftlichen Arbeit erwarb. Damals wohnte ich nicht mehr zu Hause und musste Mutter nicht mehr mit solchen Dingen beeindrucken.

Ach, je länger ich über die Frankfurter nachdenke, desto mehr kommt mir in den Sinn … Beinahe hätte ich ihn vergessen, den mirakulösen 34. Spieltag der Bundesligasaison 1998/99, der an Spannung nicht zu überbieten war. Mehrere Mannschaften mussten noch fürchten, zusammen mit Bochum und Mönchengladbach in die Untiefen der zweiten Liga gerissen zu werden, und die Eintracht besaß keine guten Karten, den Kopf aus der Schlinge zu ziehen. Am 29. Mai empfing man Kaiserslautern, während der mit dem besseren Torverhältnis ausgestattete Mitabstiegskonkurrent Nürnberg zu Hause gegen den SC Freiburg anzutreten hatte. Bis zur 80. Minute führte die Eintracht mit 2:1, was trotz des Nürnberger Rückstands von 0:2 zu wenig war. Als dann in zwei Minuten Marco Gebhardt und Bernd Schneider auf 4:1 erhöhten, schien das Wunder vom Riederwald greifbar nahe, doch Nürnberg erzielte den Anschlusstreffer, sodass noch ein Frankfurter Treffer hermusste … und den erzielte in der 89. Minute der Norweger Jan Åge Fjørtoft mit einem supercoolen Übersteigertor. Nürnberg traf danach nur noch den Pfosten, und so blieben die Frankfurter bei gleicher Tordifferenz und den mehr erzielten Treffern in der Liga.

Fjørtoft war fortan für alle Ewigkeiten ein Held, wohingegen in Nürnberg Enttäuschung und Wut hochkochten. In der wohl grandiosesten Radioschlusskonferenz verzweifelte Nürnbergs Haus-und-Hof-Reporter Günther Koch auf bemitleidenswerte Weise. »Ich halt das nicht mehr aus«, rief er aus und übernahm in der Konferenz mit den Worten »Wir melden uns vom Abgrund«. Neben Fjørtoft wurde vor allem Trainer Jörg Berger gefeiert, der damals seinem Ruf als »Feuerwehrmann« alle Ehre machte, eine Berufsgruppe übrigens, die – im Fußball – auszusterben droht. Fjørtoft pries ihn mit den unsterblich gewordenen Worten, dass Berger »auch die Titanic gerettet« hätte. Gerüchten zufolge soll der Norweger mit nackter Brust zum Klassenerhalt auf der Tribüne mit Frankfurts Oberbürgermeisterin Petra Roth das Walzertanzbein geschwungen haben.

Mehr aber fällt mir zu Eintracht Frankfurt nun wirklich nicht mehr ein. Allenfalls noch ein freundliches Wort zu Vorstopperurgestein Karl-Heinz »Charly« Körbel, der als Profi, fast zwanzig Jahre lang, für die Eintracht den Kopf hinhielt, wichtige Tore erzielte, und an dessen Rekord von 602 Bundesligaeinsätzen so schnell keiner heranreichen wird. Doch sonst? Es muss ja Gründe geben, warum ein altgedienter Anhänger wie Eckhard Henscheid sich irgendwann mit Grausen abwandte und warum sich außerhalb Hessens niemand recht freute, als die Eintracht 2005 wieder in die Bundesliga aufstieg. Ganz abgesehen davon, dass sie dadurch den Wiederaufstieg des TSV 1860 München vereitelte. Ehrlich gesagt, bereichert Eintracht Frankfurt meine Samstagnachmittage in keiner Weise. Egal ob die Trainer Funkel oder Kovač heißen – obwohl Letzterer die Mannschaft seit der Saison 2016/17 ein wenig auf Trab brachte und sie im DFB-Pokalfinale gegen Borussia Dortmund eine halbe Stunde vom Sieg träumen ließ. Von mir aus darf die Eintracht in der ersten Liga bleiben; schließlich braucht man 18 Clubs. Und mit dem Schriftsteller und

Dauerkartenbesitzer Andreas Maier hat Eckhard Henscheid einen würdigen Schriftstellernachfolger als Eintracht-Fan gefunden.

Ganz ehrlich: Das ganze Bundesland Hessen ist ja in gewisser Hinsicht ein Fußballnotstandsgebiet. Denken Sie an Hessen Kassel, die alle Jahre Insolvenz anmelden. Etwas mehr Sympathie hege ich übrigens für Kickers Offenbach. Auf dem Bieberer Berg ging es oft sehr lebhaft zu; ein Offenbacher Obsthändler löste den Bundesligaskandal aus, Stürmer Manfred Ritschel flog im Derby gegen die Eintracht 1975 nach drei Minuten vom Platz, und hinten drin hatten sie einst einen Hermann Nuber stehen, einen – wie der Sportreporter Dieter Pudenz dichtete – »Metzger, der zeigt, warum der Stopper Stopper heißt«. Vielleicht steigen die Kickers ja mal wieder auf.

26. September 1965

Debüt der Lichtgestalt

Gerade mal eine Handvoll Bundesligaspiele hatte er absolviert, da traute ihm Bundestrainer Helmut Schön Großes zu – in einem äußerst wichtigen Spiel. Deutschland tat sich schwer, sich für die WM 1966 in England zu qualifizieren; in Stockholm durfte gegen Gastgeber Schweden nicht verloren werden. Letzteren kümmerte das wenig: Deutschland lag bald zurück, und erst nach einem Kraftakt und den Toren von Werner »Eia« Krämer und Uwe Seeler, der nach schwerer Verletzung sein Comeback feierte, sicherte man sich die WM-Teilnahme. Aufsehen erregte daneben der junge Debütant Franz Beckenbauer, der über Jahre hinweg prägend wurde und als bester deutscher Fußballer des 20. Jahrhunderts gelten darf. Es dauerte einige Zeit, bis Beckenbauer aus dem Mittelfeld nach hinten beordert wurde und die Position des die Geschicke lenkenden Liberos neu interpretierte, ja quasi schuf.

Beckenbauer ist verbunden mit Sternstunden des Fußballs, mit dem EM-Titel von 1972, dem WM-Sieg von 1974 und – als Teamchef – dem WM-Sieg von 1990. Seine Eleganz und Perfektion machten ihn zur Ausnahmegestalt; der Philosoph Martin Heidegger, bekennender Fußballfan, attestierte ihm gar »Unantastbarkeit«. Und in der Tat: Alles, was Beckenbauer anpackte, schien zu glücken, alles in seinen Händen schien sich in pures Gold zu verwandeln. Was immer er tat und sagte, fand Zustimmung. Wie willkürlich seine Spielanalysen als TV-Experte auch ausfielen, wie wenig sie von Regelkenntnis zeugten – nichts, was den Glanz der »Lichtgestalt«, des »Kaisers« hätte trüben können. Er wirkte authentisch und unverstellt; auch zum Bundespräsidenten hätte man ihn bedenkenlos gewählt.

Er warb für Tütensuppen (»Kraft in den Teller, Knorr auf den Tisch«) in einprägsamen Spots, die man in seiner Wohnung vor dunkler Schrankwand drehte. Er sang, ohne es zu können, und zeugte Kinder nach Betriebsweihnachtsfeiern; er nannte Willy Brandt ein »nationales Unglück«, ließ ungezählte Autobiographien schreiben, aus denen das von keinem (Selbst-)Erkenntniszweifel angekränkelte Werk *Ich. Wie es wirklich war* herausragt, und beendete seine aktive Karriere in den USA. Mit einzelnen Gesten schrieb er sich ins Bildergedächtnis Deutschlands ein: wie ihn 1970 beim WM-Halbfinale gegen Italien eine schwere Schulterverletzung nicht davon abhielt, mit Armschlinge als »verwundeter, aber stolzer preußischer Offizier« (The Standard) weiterzuspielen ... oder wie er nach dem mühsamen WM-Endspielsieg 1990 gegen Argentinien nicht ausgelassen feierte, sondern in souveräner Eleganz gedankenverloren den römischen Rasen abschritt und über sein Lebensglück nachzudenken schien. Das alles gehörte und gehört zum Ruhme Beckenbauers dazu, und daran gibt es nichts zu rütteln.

Und dennoch: Der aus einfachen Verhältnissen stammende Giesinger Bub schien irgendwann selbst zu glauben, von keiner irdischen Instanz behelligt werden zu können. 1996 schrieb der österreichische Journalist Johann Skocek Bedenkenswertes: »Beckenbauer ist der ins Gigantische aufgeblasene Bildungsbürger des Fußballs, alles, was ihn auszeichnet, treibt Beckenbauer, und mehr: die Pflichterfüllung, die Heimattreue, die Ordnungsliebe, das Gottvertrauen, die Aufsteigersehnsucht, die Geldgier.« All das, so Skocek, werde Beckenbauer auf Dauer nichts nützen, denn da sei »keine Idee, kein System, nicht einmal eine Schule, an die das Herz sich zu hängen lohne«.

Und so kam es, tragischerweise, zum schweren Bedeutungsverlust, als sich herausstellte, welche Rolle Beckenbauer bei der Vergabe der »Sommermärchen«-WM 2006 gespielt und welchen finanziellen Vorteil er daraus gezogen hat. Über Nacht war es vorbei mit allem kaiserlichen Gewese; Beckenbauer geriet in die mediale Strafklasse, er wurde – so schnell geht das hierzulande – vom »Helden zum Aussätzigen« (Marcel Reif), und auf einmal schien sein »Lebenswerk« gefährdet. So verlor er jenseits der siebzig seine Unantastbarkeit. Ein Glück, dass Martin Heidegger das nicht mehr erleben musste.

5. Mai 1966

Ein Schalker schießt Dortmund zum Europacupglück

Tore kann man auf unterschiedliche Weise erzielen. Zum täglichen Brot gehört es, den Ball aus wenigen Metern oder aus Versehen über die Linie zu drücken, und auch mit klassischen Abstaubern geht man selten in die Ästhetikgeschichte ein. Feingeister lieben es, wenn auf dem Platz Verblüffendes passiert, wenn Treffer aus Situationen erzielt werden, die gar nicht torgefährlich wirken oder akrobatischen Einlagen zu verdanken sind. Fallrückzieher, wie sie Klaus Fischer liebend gern hinlegte, gehören in diese Kategorie oder Fernschüsse, gern als Bogenlampe, die vom wachen Auge des Schützen zeugen und den geschlagenen Torhüter aufs unschönste alt aussehen lassen. Den Bundesligarekord darin hält der Paderborner Moritz Stoppelkamp, der aus 82 Metern traf, aber auch Mike Hanke, Klaus Augenthaler, Klaus Allofs, Fabian Ernst und Bernd Schuster machten mit Weitschusstaten von sich reden.

Mit diesen Distanzen von 50, 60 und 70 Metern kann es Schalkes Fußballheros Reinhard »Stan« Libuda nicht aufnehmen, doch sein Treffer im Glasgower Hampden Park am 5. Mai 1966 bleibt ein Musterbeispiel für schnelle Auffassungsgabe und Schusstechnik. Libuda spielte damals im Trikot von Borussia Dortmund, allein das schon ein Sakrileg, das man ihm auf Schalke dennoch nicht allzu übel nahm. Liverpool gegen Dortmund hieß das Finale im Europapokal der Pokalsieger. Mit 1:1 ging es in die Verlängerung, als in der 106. Minute ein Schuss Helds am Strafraumrand von Torwart Lawrence abgeblockt wurde. Der Ball rollte, knapp dreißig Meter vom Liverpooler Gehäuse entfernt, an die Seitenlinie, wo ihn Libuda kurzerhand in einer feinen Bogenlampe Richtung Tor schoss. Der Ball prallte vom Pfosten ab, dem unglückseligen Abwehrspieler an den Oberschenkel und plumpste von da zum 2:1-Endspielsieg über die Linie. Ein Tor aus heiterem Himmel, das auch den noch mit Helds Aktion beschäftigten TV-Kommentator Ernst Huberty völlig überraschte.

Der dribbelstarke Libuda wurde dafür zu Recht gefeiert. Dass er als Ikone gilt, hat mit seiner Herkunft als Straßenfußballer zu tun, dem nach Karriereende kaum Glück beschieden war. Wie Brasiliens Garrincha lieben ihn die Menschen deswegen bis heute besonders. Was seinen Bogenschuss von Glasgow angeht, ist nur verwunderlich, dass die Reporter seinerzeit und die Statistiken bis heute Libuda als Torschützen nennen. Noch Jahre später betrieb der »Spiegel« Geschichtsklitterung: »Der zappelnde Yeats flog gleich mit ins Tor.« Ohne an Libudas Nimbus kratzen zu wollen, muss klar gesagt werden: Dortmunds Siegtreffer war ein klares Eigentor des Abwehrkolosses Ron Yeats. Hätte der nicht da gestanden, wo er stand, wäre der Ball vom Pfosten in den Strafraum zurückgeprallt. Da beißt die Maus keinen Faden ab. Alle Ehre für Libuda, aber die Dortmunder sollten Ron Yeats' entscheidenden Beitrag nicht schmälern.

Ach ja, das vielleicht noch zu Libuda, die schöne Geschichte, die der Politikwissenschaftler Klaus Hansen zu erzählen weiß: »Als Riegel-Rudi Gutendorf das Kommando am Schalker Markt führte und es im europäischen Wettbewerb gegen Shamrock Rovers aus Irland ging, zog er seine Knappen in der Volkshochschule Gelsenkirchen zusammen, um sie, wie er sagte, auf internationale Aufgaben vorzubereiten. Hierzu sei eine gewisse Kenntnis der englischen Sprache unverzichtbar. Dem Mann auf dem rechten Flügel, Reinhard ›Stan‹ Libuda, bleute er ein, auf die Frage ›Who are you?‹ stets zu antworten: ›I am the right wing.‹ – Libuda schrieb diese Antwort zehnmal an die Tafel der Gelsenkirchener Volkshochschule. Damit schien er für Irland gewappnet. Kaum war die Mannschaft auf der Insel gelandet, trat auch schon der Ernstfall ein. Auf das Geräusch eines Reporters, das wie ›Who are you?‹ klang, antwortete Stan mit der Sicherheit des Mannes von Welt: ›I am the white ring!‹«

Für den Siegtreffer gegen Liverpool waren die Englischkenntnisse offenkundig nicht vonnöten gewesen.

23. Juli 1966 (I)

Ein deutscher Schneidermeister hat Kommunikationsprobleme und sorgt damit für eine revolutionäre Veränderung

Bis zum Erreichen der Altersgrenze 1969 leitete der Stuttgarter Schneidermeister Rudolf Kreitlein 66 Erstligaspiele. Bereits in den fünfziger Jahren zählte er zu den Spitzenreferees und wurde immer wieder mit heiklen Aufgaben, etwa der Leitung des Derbys Nürnberg gegen Fürth, beauftragt. 1966 leitete Kreitlein das Finale im Europacup der Landesmeister zwischen Real Madrid und Partizan Belgrad.

Seine größte Stunde schlug jedoch bei der Fußballweltmeisterschaft 1966 in England. Am 23. Juli hatte er das Viertelfinalspiel zwischen dem Gastgeber und Argentinien zu leiten. Von Anfang an entwickelte sich ein ruppiges Spiel, das Kreitlein kaum zu kontrollieren vermochte. Vor allem der argentinische Kapitän Antonio Rattín machte dem Stuttgarter zu schaffen. Immer wieder baute sich der Hüne von 1,91 m vor dem 1,68 m großen Kreitlein auf und versuchte ihm die Welt aus südamerikanischer Perspektive zu erklären. Redlich mühte sich Kreitlein, im babylonischen Sprachengewirr zurechtzukommen und die Stimmung mit Zurufen wie »Please, fair play« und »Once more and you go off!« zu beruhigen. Trotzdem kam er nicht umhin, Raubein Rattín zu verwarnen – in der Hoffnung, dass dieser verstand, was Kreitlein auf seiner Spielnotizkarte vermerkte.

In der 37. Minute freilich lief das Fass über, eskalierten die schwäbisch-argentinischen Kommunikationsprobleme. Nachdem Kreitlein Freistoß für England gepfiffen hatte und den Mauerabstand abschritt, imitierte Rattín den Schiedsrichter und ließ erneut abfällige Handbewegungen folgen, begleitet von Zurufen, die Kreitlein gern verstanden hätte. Rattíns permanentes Reklamieren brachte den Schiedsrichter schließlich dazu, mit den Worten »End now, go off!« den Platzverweis auszusprechen. Rattín gab sich als unverständiges Unschuldslamm und wollte partout nicht begreifen, was dieser kleine, schwarz gekleidete Mann im Schilde führte. Dass er lediglich nach einem Dolmetscher verlangt habe, gab Rattín später zu Protokoll.

Sieben lange Minuten dauerte es, bis sich Rattín bereit erklärte, frühzeitig die Dusche aufzusuchen. Die Argentinier lamentierten und protestierten; die Polizei und der Vorsitzende der FIFA-Schiedsrichterkommission Ken Aston marschierten an der Seitenlinie auf – ein ausschlaggebendes Argument. Gegen die dezimierten Argentinier gewann England mit 1:0. Unvergessen Kreitleins melancholisch verlorener Blick mit halbgeöffnetem Blouson, als ihn englische Polizisten am Ende in die Kabine geleiteten. Bis zu seinem Tod 2012 wurde Kreitlein immer wieder nach den Ereignissen dieses WM-Spiels befragt, das ihm den Ruf eines »tapferen Schneiderleins« einbrachte, und gern gab er Auskunft.

Immerhin hatte die misslungene Dialogführung zwischen Rattín und Kreitlein weitreichende Folgen für den Fußballsport. Als Letzterer an jenem Juli-Abend 1966 zusammen mit Ken Aston zurück ins Hotel fuhr und man sich über das Geschehene austauschte, kam den beiden Pfeifenmännern an einer Londoner Ampel die Erleuchtung: Das Wechselspiel der Farben Grün, Gelb und Rot brauchte keine verbalen Signale, um verstanden zu werden. Das, so Kreitlein und Aston der schönen Legende nach, war die Lösung! Mit eindeutigen Farbelementen Sanktionen wie Verwarnung und Feldverweis zu verdeutlichen, das versprach Klarheit und würde selbst dem unverständigsten Argentinier ein- und heimleuchten.

Das Ampelerlebnis zeitigte bald Folgen. Die FIFA entschloss sich, die gelbe und die rote Karte einzuführen, und vier Jahre später, bei der WM in Mexiko 1970, feierte das farbenfrohe Spiel Premiere. Im Eröffnungsspiel UdSSR gegen Mexiko zückte passenderweise wieder ein Deutscher, Kurt Tschenscher aus Mannheim, die erste offizielle gelbe Karte. Opfer war der grätschende Russe Jewgeni Lowtschew, der zumindest damit in die Fußballgeschichte einging. Wie Tschenscher und wie Rudolf Kreitlein, der sich übrigens seine Schiedsrichterkluft selbst schneiderte.

23. Juli 1966 (II)
Uwe Seeler kennt seine Bibel, auch wenn es gegen die Urus geht

»Ich aber sage euch, dass ihr nicht widerstreben sollt dem Übel; sondern, so dir jemand einen Streich gibt auf deinen rechten Backen, dem biete den andern auch dar« – so heißt es im Matthäus-Evangelium, und der Hamburger Uwe Seeler muss eine religiöse Erziehung genossen haben, die ihn diese edlen Gedanken verinnerlichen ließen. Just, da Rudolf Kreitlein Ärger mit argentinischen Rüpeln hatte, musste sich die deutsche Mannschaft im Viertelfinale zu Sheffield mit den nicht minder hitzköpfigen Uruguayern herumschlagen. Kurz nach der Pause eskalierte das Ganze, und Schiedsrichter Finney schickte den Uru Horacio Troche in die Kabine, nachdem er rustikal gegen Emmerich zu Werke gegangen war. Ehe Troche Finneys Aufforderung Folge leistete, schlenderte er an Uwe Seeler vorbei und verpasste ihm eine kräftige Ohrfeige. Der tadellose, bibelfeste Sportsmann aus Hamburg ließ sich jedoch auf kein Handgemenge ein und revanchierte sich nicht. Später erhielt auch der Uruguayer Héctor Silva einen Platzverweis und wurde von der Polizei in die Katakomben eskortiert. Gegen neun Südamerikaner gewann Deutschland sicher mit 4:0.

Seelers Aktion, der tapfere Verzicht auf Vergeltung, reihte sich in das Bild des untadeligen Vorbilds ein. Bis heute, da ihm sein Verein, der Hamburger SV, Saison für Saison größtes Leid zufügt, steht er moralisch über allen Schlachtlinien. Ihn in Korruptionsaffären verstrickt zu sehen ist unvorstellbar; jeder würde ihm bedenkenlos einen Gebrauchtwagen abkaufen. Zu Seelers Ruhm gehört auch, dass er den Verlockungen anderer Vereine standhielt und sich auch von Lire-Millionen nicht erweichen ließ. Horst Buhtz, Albert Brülls, Karl-Heinz Schnellinger, Horst Szymaniak, Helmut Haller ... sie alle waren des Geldes wegen nach Italien gewechselt. Uwe Seeler nicht, wohl auch weil er theologischen Beistand erhielt, von Universitätsprofessor Helmut Thielicke, der Seeler 1961 einen mahnenden Brief schrieb: »Doch wenn Sie dieser Versuchung widerstehen, dann wäre das ein leuchtendes Fanal, durch das Sie eine abschüssige Bahn beleuchten, die Menschen zur Besinnung rufen und sie davor zurückschrecken lassen. (...) Ich glaube, Sie stehen jetzt vor der Frage, ob Sie eine noch größere Chance nutzen wollen: Der Jugend unseres Volkes ein Leitbild für die Lauterkeit der Gesinnung und für den Ernst des sportlichen Spiels zu werden.« Das waren noch Zeiten.

Und Provokateur Horacio Troche? Der sollte danach kein Länderspiel mehr bestreiten, wechselte aber kühnerweise ein Jahr später zum Bundesligisten Alemannia Aachen. In dessen schwarz-gelbem Trikot traf er bald auf den HSV und auf Uwe Seeler. Troche entschuldigte sich artig.

1. April 1967

Kennen Sie Arno Butterweck?

Wann sie zum ersten Mal offiziell zum Einsatz kam, ist merkwürdigerweise nicht zweifelsfrei überliefert: die unverwüstliche Torwand des *Aktuellen Sportstudios*, einer ZDF-Sendung, die im Lauf der Jahrzehnte an Bedeutung verloren hat und heute, wenn man nachmittags zu sinnlosen Familienfeiern eingeladen war, vor allem dazu dient, sich am Samstagabend kurz vor Mitternacht die Tore des Bundesligaspieltags zu verinnerlichen.

Moderator Werner Schneider soll die Torwand 1964 in die Sendung eingeführt haben, und die Popularität der Holzwand mit den sechs Löchern (»Drei oben, drei unten«) wuchs so rasch, dass sie sich alsbald auf Kinderspielplätzen oder Sportfesten wiederfand. Sie ist 2,70 m breit und 1,83 m hoch, die Löcher haben einen Durchmesser von 55 cm. Bis heute gieren die prominenten oder nicht-prominenten Gäste des Sportstudios danach, alle Sechse zu schaffen, vergeblich – fünf Treffer immerhin markierten unter anderen Günter Netzer, Rudi Völler, Trainer Reinhard Saftig und Torhüter Frank Rost. Manche wie Kaiser Beckenbauer trafen sogar vom Weißbierglas aus oder wie Fatmire Bajramaj auf Pumps mit 7-cm-Absätzen.

Am 1. April 1967 freilich schien sich das Mainzer Wunder der sechs Torwandtreffer zu ereignen: Ein Mann namens Arno Butterweck, der als junger Mann in der Oberliga für den FSV Mainz 05 im Mittelfeld gespielt hatte und später als ZDF-Chauffeur seine Brötchen verdiente, trat an, und was dem einst als hochtalentiert geltenden Butterweck auf dem Rasen verwehrt war, gelang ihm im Sportstudio: Nach erledigtem Interview ließ er sich an der Torwand nicht lumpen und erlaubte sich vor begeistertem Publikum keinen einzigen Fehlschuss. Ja, selbst die Aufforderung, sich ein siebtes Mal ans Werk zu machen, beeindruckte Butterweck nicht: Er traf erneut.

Die Sportwelt war verblüfft – ich auch. Trotz meiner jungen Jahre durfte ich das *Aktuelle Sportstudio*, da am nächsten Tag keine Schule anstand, schauen und klatschte vor Begeisterung in die Hände: Butterweck besser als Beckenbauer – wer hätte das gedacht? Doch die Sensation währte nicht lange: Wie das ZDF und eine Boulevardzeitung alsbald verkündigten, hatte man üble »fake news« in die Welt gesetzt, damals eher unter der Bezeichnung »Aprilscherz« bekannt. Eifrige Cutter des ZDF hatten Schwerstarbeit geleistet und aus insgesamt 28 Butterweck'schen Versuchen sieben Treffer herausgeschnitten und sorgsam zusammengefügt.

Ich habe dem ZDF verziehen, schließlich verdanke ich ihm und dem Sportstudio viele, viele wunderbare Stunden.

2. Dezember 1967

Franz Brungs erledigt den FC Bayern fast im Alleingang

Wie unterschiedlich Kosenamen doch klingen können. Hier der Berliner »Funkturm« Uwe Kliemann, der wusste, wie man den Ball aus der Gefahrenzone beförderte. Dort das an Eindeutigkeit nicht zu überbietende »Kopfballungeheuer«, das die furchterregenden Qualitäten eines Horst Hrubesch trefflich charakterisierte und an seinen wuchtigen Kopfstoß zum EM-Finalsieg 1980 gegen Belgien gemahnt; und da das zart verspielte »Goldköpfchen«, mit dem der blonde Franz Brungs bedacht wurde. Jener aus Honnef stammende Mittelstürmer, der – gleichgültig, für wen er den Kopf hinhielt – seine Tore machte. Allein für den FC Nürnberg waren es 50 in 97 Bundesligaspielen, fünf davon am 2. Dezember 1967 im Spitzenspiel gegen Bayern München. Sepp Maier, Franz Beckenbauer, alle begeisterten Nürnberger Zuschauer und vor allem Brungs' Gegenspieler Schwarzenbeck erinnern sich noch heute mühelos an diesen Tag. Zwischen der 37. und 62. Minute traf Brungs viermal hintereinander, keineswegs nur mit seinem berühmten Köpfchen.

Trainiert wurden die Clubberer damals von Max Merkel. Wenige Wochen später waren sie erneut im Einsatz, beim Pokalspiel in Leverkusen. Čebinac und Ferschl aus der glorreichen Dezemberelf fehlten, mit der furchtbaren Folge, dass beide prompt in einem der berühmtesten Fußballgedichte der deutschsprachigen Literatur fehlen, in Peter Handkes *Die Aufstellung des 1. FC Nürnberg vom 27. 1. 1968*. Das liest sich so:

WABRA

LEUPOLD POPP

LUDWIG MÜLLER WENAUER BLANKENBURG

STAREK STREHL BRUNGS HEINZ MÜLLER VOLKERT

Spielbeginn:
15 Uhr

Nebenbei sei angemerkt, dass Handke beim Spiel selbst wohl nicht dabei war, denn statt des Abwehrspielers Leupold lief Kollege Hilpert auf, wie der Literaturwissenschaftler Volker Bohn in vorbildlicher Recherchearbeit herausfand. Die eigentliche Aufgabe einer germanistischen Gedichtinterpretation liegt nun darin auszudeuten, warum Handke Hilpert durch Leupold ersetzte und was das für den Wohlklang der Verse bedeutet.

12. Dezember 1970

Im DFB-Pokal besiegt der VfR Heilbronn Bundesligist Kickers Offenbach mit 2:0

Ich war dabei, das steht fest. Einer unter 18.000 entfesselten Zuschauern im VfR-Stadion an der Badstraße. Doch wie gerne besäße ich schärfere Erinnerungsbilder an diesen Samstagnachmittag, als mein Heimatverein, der Verein für Rasenspiele Heilbronn, einen Pokalcoup landete und die Offenbacher Kickers mit ihrem Trainer Riegel-Rudi Gutendorf abfertigte. In den Reihen des favorisierten Bundesligisten spielten seinerzeit Akteure wie Erwin Kremers, Niko Semlitsch, Horst Gecks, Egon Schmitt und Winfried Schäfer.

Was hatte ich damals an? Und wo standen wir, in welcher Stadionkurve? Wie spielte Heilbronns größter Spieler, das schlampige Talent Martin »Batze« Kübler an diesem Tag? Gab es eine Bratwurst in der Halbzeit? Und wie jubelten wir beim Schlusspfiff, nachdem Harry Griesbeck und Hans Mayer die entscheidenden Tore zum 2:0-Sieg erzielt hatten? War ich mit meinem Vater im Stadion? Vermutlich. Und vermutlich verzichtete er an diesem Tag auf seine Unsitte, zehn Minuten vor Ende aufzubrechen, weil er Staus im Stadionumfeld vermeiden wollte. So konnte man sich nie darauf verlassen, welches Endergebnis er mit nach Hause brachte. Seine Aussagen glichen einer vagen Hochrechnung. Ja, es schien eine Garantie dafür zu geben, dass Tore fielen, sobald Vater das Stadion durch das Drehkreuz verlassen hatte. Gegen die Offenbacher Kickers blieb er sicher bis zum Ende. Das will mir zumindest meine eingetrübte Erinnerung einflüstern, so soll es gewesen sein.

Was für ein Glück ich hatte, in einer Zeit aufzuwachsen, die die beste Zeit des VfR Heilbronn war. Heilbronn war nicht der Nabel der Welt, daran hatte ich mich gewöhnt. Immerhin kannten viele die Autobahnabfahrt und das Weinsberger Kreuz. Fußballerisch konnte sich Heilbronn sehen lassen, denn der VfR mischte in der Regionalliga mit und spielte eine Saison, 1974/75, sogar in der neu gegründeten zweiten Bundesliga, Staffel Süd. Meistens ging ich allein ins Stadion, stellte mich oben auf den Stehwall zu einer Gruppe mir unbekannter Männer. Zwischen den groben Steinstufen wuchsen Gras und Moos. Man sah hinüber auf die Tribüne, wo die Großkopfeten saßen, die besonders laut schrien, wenn ihnen etwas nicht passte. Ich wollte bei Erwachsenen stehen, mit denen meine Kommentare zu Schwalben und gelben Karten ernsthaft erörtern. Der beste Platz war auf der Höhe zwischen Mittellinie und Eckfahne, sodass man strittige Abseitsentscheidungen gut beurteilen konnte und von beiden Spielhälften etwas mitbekam. Die Heilbronner schlugen sich gut, einmal verloren sogar die Augsburger bei uns, obwohl die Nationalspieler Haller in ihren Reihen hatten. Der war bereits etwas fülliger und vermochte gegen die VfRler nichts auszurichten. Was für Momente, wenn ein Tor zu erahnen war, wenn die Arme von Tausenden in die Höhe schnellten, bis zum befreienden Schrei, der den Treffer feierte.

Was der VfR Heilbronn für tolle Spieler hervorbrachte, den Torwart Werner Pfeifer etwa, der sogar für den VfB Stuttgart Bundesligaspiele bestritt, ein eleganter Keeper, der keine Sperenzchen machte. Oder Hansi Hägele im Sturmzentrum, der gewitzte Torjäger, eine Mischung aus Gerd Müller und Hölzenbein, wuselig im Strafraum und Sekundenbruchteile schneller als die gegnerische Abwehr. Und Gallo Hagner, einer aus der Region, ein bulliger Mittelfeldspieler, der die Granaten in die Maschen hämmerte und in regelmäßigen Abständen vom Platz flog. Karl-Heinz Frey, der langhaarige schlaksige Außenstürmer, der alle schwindlig spielte und von Schalke 04, ja, den Schalkern in der ersten Liga, abgeworben wurde. Wie er mit dem Ball umging und leichtfüßig über grätschende

Beine sprang. Völlig integrierte Ausländer spielten auch mit, ein langsamer Österreicher, der Hohenwarter hieß, die Jugoslawen Ilić und Micic. Und Alber, Seyffer, Kubasik, Grimm, Herz, Haaga, Weil, Racky, Hrynda … Klangvolle, schöne Silben. Gelegentlich lasse ich sie auf der Zunge zergehen, und wenn ich sie zehnmal hintereinander herunterrassele, erhalten die Töne einen seltsam unwirklichen Klang, als hätten sie sich von ihren Trägern gelöst. Fußballbegeisterte brauchen diesen Zaubersound der Namen. Umso schöner, wenn die Spieler ungewöhnlich heißen, wenn sie Siemensmeyer, Ulsaß, Schatzschneider, Pieckenhagen, Bohnsack, Nafziger, Bakalorz, Kapitulski, Orzessek, Pröpper, Kohlhäufl, Brozulat, Granitza, Walitza, Krauthausen, Roggensack, Kobluhn, Thomforde oder Allgöwer heißen …

Der Ordnung halber sei erwähnt, dass mit meiner Jugend der Höhenflug des VfR Heilbronn endete. Der Verein überbot sich an elenden Darbietungen, setzte zum Sinkflug an, fusionierte gar mit dem Erzrivalen Union Böckingen und brachte es in der Saison 2016/2017 sogar fertig, aus der Bezirksliga abzusteigen. Pfui.

28. Juni 1972

Die Saison endet, und ein Torschützenrekord wird aufgestellt, der noch lange Bestand haben wird

Ausverkauft das Münchner Olympiastadion. Bayern München schlägt im entscheidenden Spiel den nur einen Punkt zurückliegenden Verfolger Schalke 04 deutlich mit 5:1 und sichert sich so die Meisterschaft, mit einem Torverhältnis von 101:38. Wesentlichen Anteil hat, wieder einmal, der Bomber der Nation Gerd Müller, der in dieser Saison 40-mal traf – ein

Rekord, an dem sich alle Lewandowskis, Huntelaars, Gomez', Klinsmanns und Kirstens die Zähne ausbissen. Siebenmal in seiner Karriere sollte er die Torjägerkanone gewinnen; fast 400 Tore schoss er insgesamt für die Bayern, und in der Nationalelf brachte er es in 62 Spielen auf 68 Tore.

Keiner drehte und streckte sein Gesäß so wendig und effektiv wie er. Woran es lag, dass »kleines dickes Müller« (Zlatko »Tschik« Čajkovski) unerreicht blieb, ist schwer zu sagen. Oberflächliche Betrachter neigen bis heute dazu, Müllers Leistung und sein Spielverständnis zu unterschätzen. Der sich gern mit vielen Dingen beschäftigende Philosoph Peter Sloterdijk beispielsweise nannte ihn den »faulen Torschützen der Nation, der sich in die gegnerische Hälfte stellte und wartete, bis zufällig der Ball vorbeikam« – eine Einschätzung, die mehr über den Karlsruher Wissenschaftler als über den Münchner Goalgetter aussagt.

Vielleicht kam Müllers Durchsetzungskraft daher, dass er zumindest in jungen Jahren aß, was ihm schmeckte. In seiner Autobiographie *Tore entscheiden* (1967) gab er Einblicke in sein Eheleben mit Gattin Ursula: »Wir verstehen uns prima, und sie sorgt wunderbar für mich. Sogar im Essen stimmen wir überein. Vor allem essen wir beide furchtbar gerne Kartoffeln, was viele Bayern bestimmt nicht verstehen können. Hier zieht man ja Knödel oder Semmelknödel vor. Marmorkuchen, den ich sehr gern esse, bäckt meine Frau, so oft ich Appetit darauf habe. Beim erstenmal ging es allerdings schief, und als ich heimkam, hatte sie einen normalen Rührkuchen gebacken. ›Du wolltest doch Marmorkuchen backen‹, beschwere ich mich. ›Ohne Kakao?‹, fragte sie. ›Wie sollte ich das machen?‹ Sie hatte am Abend vorher die Butter auf den Kühlschrank gestellt, damit sie zum Rühren weich wurde. Die Butter war aber dann so weich geworden, dass sie davongeflossen war, und meine Oma, die gerade zu Besuch gekommen war, hatte nicht nur aufgeräumt, sondern auch das butterdurchtränkte Kakaopaket, das auf dem Kühlschrank gestanden hatte, weggenommen. Es war am Samstagnachmittag, und ab mittags hatten die Geschäfte geschlossen. Nix Kakao – nix Marmorkuchen.«

Später wurde alles anders, kamen Ernährungswissenschaftler, die den Spielern erklärten, welche Nahrung leistungssteigernd sei. Marmorkuchen zählte nicht dazu. Genützt hat es keinem der Nachgeboren; Müllers Marken blieben unerreicht. Bernd Schuster übrigens, der blonde große Unvollendete, hatte ganz andere Vorlieben: »Ich aber esse Gurkensalat für mein Leben gern. Auch noch zwei Stunden vor dem Spiel. Und oft nehme ich mir sogar mehrere Portionen.« Das nur am Rande.

23. Juni 1973

Ein Mann, Günter Netzer, hat genug gesehen und wechselt sich selbst ein

Vor mir liegt die neueste Auflage eines unverzichtbaren Standardwerkes, der *Duden – Die deutsche Rechtschreibung*. Wie immer versucht das nützliche Buch die Entwicklung der deutschen Gegenwartssprache widerzuspiegeln und scheut sich nicht, neue Vokabeln, die Einzug in unsere Alltagsrede gehalten haben, aufzunehmen. Ganze 5.000 neue Wörter sind es diesmal, darunter so faszinierende wie »Späti«, »Phablet«. »Undercut« oder »Selfiestick«. Doch das, worauf ich seit Jahren, nein, Jahrzehnten warte, ist wieder nicht geschehen. Da mag ich blättern, wie ich will, da mag ich auf Seite 1010 schauen, bis es Abend wird: jenes Wort, das die *Duden*-Redaktion spätestens Mitte der siebziger Jahre hätte aufnehmen müssen, fehlt immer noch, ablesbar an der peinigenden Lücke, die sich zwischen »Selbsteintritt« und »Selbstentfaltung« auftut.

Günter Netzer, der Gladbacher Regisseur mit den langen Haaren, den großen Füßen, prägte am 23. Juni 1973 ein Wort, das über Nacht Teil der deutschen Gegenwartssprache wurde, auch wenn es der *Duden* partout nicht akzeptieren will. Schauplatz dieser Sprachinnovation war das Düsseldorfer Rheinstadion, wo das hochbrisante Pokalendspiel zwischen Borussia Mönchengladbach und dem 1. FC Köln stattfand. Klangvolle Namen zierten beide Mannschaften ... Kleff, Wimmer, Sieloff, Vogts und Heynckes auf der einen, Overath, Flohe, Cullmann, Kapellmann und Löhr auf der anderen Seite. Einer saß bloß auf der Ersatzbank, Gladbachs Mittelfeldstratege Günter Netzer, dessen Wechsel zu Real Madrid beschlossene Sache war und den Trainer Weisweiler kurzerhand aus der Startelf geworfen hatte. Auch ohne Netzer entwickelte sich ein hochklassiges Spiel, das beim Stand von 1:1 in die Verlängerung ging ... und plötzlich hielt es Netzer nicht mehr auf der Bank. Ohne dass man von einer Absprache mit seinem Ziehvater Weisweiler etwas hätte wahrnehmen können, zog Netzer seine blaue Trainingsjacke aus und wechselte sich selbst ein. Ja, das ist das Zauberwort, das große *Duden*-Versäumnis: »Selbsteinwechslung«.

Vielleicht hätte man das Wort alsbald wieder vergessen, wenn Netzers Selbsteinwechslung nicht so folgenreich gewesen wäre. Wir erinnern uns mühelos: Drei Minuten lang trabt Netzer über den Platz, verfolgt von seinem Kölner Widersacher Konopka, und fällt nicht weiter auf ... bis er im Mittelfeld antritt, einen Doppelpass mit Bonhof spielt, was den beiden ansonsten selten gelang, in den Strafraum eindringt und, ohne den zurückerlangten Ball zu stoppen, direkt abzieht. Das Glück wollte es, dass Netzer den Ball eigentlich nicht gut trifft; er rutscht ihm ein wenig über den Schuh, doch gerade dieses kleine Missgeschick führt dazu, dass der Ball im Torwinkel einschlägt und Kölns Torwart Welz zu keiner Reaktion fähig ist. Netzers Tor entscheidet das Endspiel; Mönchengladbach gewinnt 2:1.

Ein Doppelpass – dieses einfache, heutzutage oft geringgeschätzte Mittel, eine Abwehr zu überspielen – ermöglichte den Siegtreffer. Vermutlich hatte der Soziologe Hartmut Esser unter anderem diese Szene vor Augen, als er – endlich – das Phänomen des Doppelpasses in einen größeren, wissenschaftlichen Zusammenhang stellte. Hören wir genau hin: »Der entscheidende Durchbruch zum Verständnis des Doppelpasses ist erst mit dem Konzept der Selbstorganisation, genauer: mit dem der Autopoiesis möglich gewesen. Die Grundidee ist bekannt und kaum widerlegbar: Doppelpässe laufen – ebenso wie soziale und psychische Systeme allgemein – solange in der temporalisierten Reproduktion ihrer elementarhaften Ereignisse weiter, wie sie weiterlaufen. Zwei Gesichtspunkte dieses Schrittes von unüberbietbarer Radikalität müssen hier besonders hervorgehoben werden: Die Vorstellung der Subjekte als Umwelt des Doppelpasses und die konsequente und unumkehrbare Temporalisierung des Pass-Begriffs.

In der – heute überholten – alteuropäischen Sicht war man doch noch davon ausgegangen, dass konkrete Menschen einen Doppelpass ›spielen‹: Netzer kommt aus der Tiefe des Raumes, spielt einen langen Ball auf Overath, der in der ihm eigenen barocken Art (die sog. Overath-Schleife) zu dem aufgerückten Beckenbauer gibt, der seinerseits den – wie üblich – nur äußerlich statischen, tatsächlich aber in einem dynamischen Fließgleichgewicht befindlichen Gerd Müller kurz mit dem Außenrist bedient, der sofort auf Beckenbauer zurückpasst, unvermittelt am Gegner vorbeiläuft, den Ball wieder erhält und mit einem (hinreichend häufig erfolgreichen) Schlenzer aufs (ins) Tor die Sequenz abschließt (und damit die oben erwähnten Anschlüsse an andere soziale Systeme – Jubelstürme, Gegenstöße, Halbzeit – ermöglicht). Dies alles ist nicht falsch beobachtet, greift aber theoretisch entschieden zu kurz: Der Doppelpass ist ein genuin emergentes Phänomen mit eigenen Imperativen, eigenen Grenzen, eigenem Sinn – Eigen-Sinn –

und eigener Irreversibilität. Er konstituiert seine Elemente (die ›Spieler‹, die ›Pässe‹ und seine operative Geschlossenheit) immer selbst und immer systemrelativ: es gibt keine ›Spieler‹ eines Doppelpasses ohne deren Doppelpass. Der Doppelpass lässt als eigenständiges System in allen Beziehungen eine Selbstbeobachtung mitlaufen und reproduziert sich erst auf diese Weise selbstreferentiell. Dies lässt sich mit herkömmlichen Denkmitteln nicht mehr begreifen.«

Ob Netzer das alles in diesem Moment bedacht hat, sei dahingestellt. Sich selbst einzuwechseln, sich nicht um Autoritäten zu kümmern, das passt allerdings zu Netzer, der – ohne es zu beabsichtigen – für den politischen Aufbruch jener Jahre stand. Woodstock-Besuche, Hermann-Hesse-Lektüre – nichts, was man dem Ferrari-Fahrer und Diskotheken-Besitzer nicht zugetraut hätte, und so steht seine Selbsteinwechslung für das Abschütteln des Muffs von tausend Jahren, verkörpert durch seinen gestrengen Coach Weisweiler.

Zu den Verlierern des Düsseldorfer Pokalabends zählte Wolfgang Overath, Netzers Konkurrent im deutschen Mittelfeld. Rolling Stones oder Beatles, das war die eine Grundsatzfrage jener Jahre, Netzer oder Overath die andere. Wer sich einen intellektuellen Anstrich geben wollte, votierte für den unangepassteren Netzer, während, auf die Nationalmannschaft bezogen, Overath die besseren Karten hatte und es folglich auf 81 Länderspiele brachte, Netzer hingegen nur auf 37. Bundestrainer Helmut Schön erkannte genau, warum er meistens Overath verzog, den moderneren der beiden Gestalter: »Sein Arbeitsgebiet ist das ganze Feld, und er erfüllt die Anforderungen, die man an große Spieler zu stellen pflegt. Er kann verteidigen, wenn es gilt, den ballbesitzenden Gegner bereits im Mittelfeld zu bekämpfen. Er versteht, den Ball zu halten, um Angriffszüge vorzubereiten, und er stürmt mit, wenn zum Angriff geblasen wird.«

Und so wie man als Fußballfreund das Bild Netzers vor Augen hat, wie er mit wehender Mähne und großen Schrittes das Mittelfeld durchpflügt, so sehe ich Wolfgang Overath vor mir, wie er kurz stehen bleibt und, die Sohle auf dem Ball, nach links und rechts blickt, das Geschehen sondiert. Ein Feldmarschall, ein Zeremonienmeister.

Das Phänomen der Selbsteinwechslung ist, zumindest im Fußball, selten geblieben; bei Trainern ist es nicht wohlgelitten. Die Reaktionen von Mourinho & Co. würden weit weniger gelassen als bei Hennes Weisweiler ausfallen. Die Selbstauswechslung kommt häufiger vor und wird durch typische Handbewegungen angezeigt. Dem *Duden* ist selbst diese Vokabel fremd.

8. Mai 1974

Magdeburg holt den Europacup

Die sträfliche Vernachlässigung des DDR-Fußballs habe ich im Vorwort eingeräumt. Wiedergutzumachen ist das auch nicht durch die Erwähnung jenes triumphalen Rotterdamer Abends im Mai 1974, als der 1. FC Magdeburg dem Favoriten AC Mailand (mit Rivera und Schnellinger in seinen Reihen) überraschend ein Bein stellte und den Titel mit 2:0 gewann. Trainiert von Heinz Krügel, ließen sich die alle aus dem Bezirk Magdeburg stammenden Spieler von der trübsinnigen Atmosphäre des mit knapp 5.000 Zuschauer spärlich gefüllten Stadions nicht ablenken und hatten mit den von Giovanni Trapattoni betreuten Mailändern wenig Probleme. Ein Eigentor ebnete den Weg, ehe Wolfgang Seguin den entscheidenden Treffer erzielte. Kein anderes DDR-Team erreichte auf europäischer Ebene Vergleichbares; das goldene Jahrzehnt des ostdeutschen Fußballs kam in Magdeburg besonders gut zur

Geltung. Neben Seguin gehörten Pommerenke, Zapf, Tyll und natürlich Jürgen Sparwasser zum Team.

Freilich, goldene Zeiten vergehen, und so versank Magdeburg lange Jahre in der wiedervereinigten Versenkung. Irgendwie aber wäre es schön, wenn sich ihr aktueller Formanstieg bald in einem Aufstieg in die zweite Bundesliga niederschlüge. Europacupsieger haben ein Comeback verdient.

Wenn wir Erfolgstrainer Krügel erwähnen, darf eine der wenigen Koryphäen der DDR nicht fehlen, die es auch im Nach-Wende-Deutschland zu etwas gebracht haben: Hans Meyer. Nach einer kurzen Spielerlaufbahn wurde er früh Trainer und hätte 1981 mit Carl Zeiss Jena um ein Haar den Magdeburger Triumph wiederholt, als man im Europapokal der Pokalsieger im Endspiel gegen Tiflis verlor. Nach der Wende blühte Meyer erst richtig auf, bei Twente Enschede in den Niederlanden sowie bei Borussia Mönchengladbach, Hertha BSC Berlin und beim 1. FC Nürnberg, mit dem er 2007 den DFB-Pokal gewann. Überall, wo der schnörkellose, nie um einen Spruch verlegene Meyer arbeitete, flocht man ihm Kränze. Zu Recht. Auch für die deutsche Literatur hat Meyer Großes geleistet. 2005 übernahm er für kurze Zeit ehrenamtlich den Trainerjob der von Thomas Brussig ins Leben gerufenen Autorennationalmannschaft (Autonama). Die Mannschaft, der unter anderen Moritz Rinke, Albert Ostermaier, Jochen Schmidt, Wolfgang Herrndorf und Benedict Wells angehör(t)en, ist zu einem wichtigen Bestandteil des kulturellen Lebens geworden und hilft Schriftstellern über Schreibblockaden und Unbill anderer Art hinweg. Eine gutangesetzte Blutgrätsche kann befreiend wirken und neue Impulse für Oden oder innere Monologe geben.

Hans Meyer selbst hat bislang keine Gedichte oder reflektierende Prosa vorgelegt, doch aus den vielen Sammlungen, die die besten Fußballersprüche präsentieren, ist er nicht wegzudenken. So gab er, nach der Vertragsverlängerung in Mönchengladbach, zu Protokoll: »Wir mussten das Training eine halbe Stunde unterbrechen, weil die Spieler sich so gefreut haben. Einige haben sogar geweint«, und auch im psychologischen Bereich wusste er zu glänzen: »Wir gehen nachts mit Fackeln in den Wald, damit die Jungs die Angst verlieren.«

7. Juli 1974

Endlich wieder Weltmeister, gegen die Niederlande in München

Wo war ich an jenem Julitag? Zusammen mit der ganzen Sippe im Hause einer befreundeten Familie in Obersulm-Sülzbach, wo das Fußballfest in erwartungsvoller Runde, bereichert durch alkoholhaltige Kaltgetränke, begangen werden sollte. Es war ein erregender Sülzbacher Nachmittag, einer, der ohne taktisches Geplänkel begann und auf das bei wichtigen Spielen übliche »Abtasten« des Gegners verzichtete. Im Mittelpunkt des Geschehens stand von Anfang an der erfahrene Schiedsrichter Jack Taylor, ein robuster Metzgermeister aus Wolverhampton, der auf holländischen Beliebtheitsskalen bis heute auf unteren Plätzen rangiert. Drei Elfmeter – zwei gegebene, die unentwegt erörtert werden, und ein verweigerter, der fast vergessen ist – bilden die Angelpunkte des zweiten deutschen Weltmeisterschaftstriumphes, und das Drama setzte bereits in der allerersten Minute ein, als die Tassen und Gläser in Sülzbach kaum angerührt und alle noch damit befasst waren, sich den Sitzplatz komfortabel einzurichten.

Die Bilder sind präsent wie eh und je: Die Niederländer lassen den Ball laufen, bis ihr Zauberkünstler Johan Cruyff mit einem Mal antritt. Der kalt erwischte Berti Vogts hat das Nachsehen; Cruyff erreicht den Strafraum; der fiebergeschwächte

Uli Hoeneß tritt in dessen Beine, und Jack Taylor pfeift sofort Elfmeter. Entsetzen macht sich breit; der deutsche Festtag scheint verdorben. Kapitän Beckenbauer versucht halbherzig zu protestieren und raunt Mr. Taylor die rätselhaften, nicht zu widerlegenden Worte »You are an Englishman« zu, was diesen nicht weiter beeindruckt. Reporter Oskar Klose windet sich am Mikrophon, schreibt in seiner Erregung Berti Vogts das Foulspiel zu und kommt nicht umhin, die Richtigkeit dieser denkwürdigen Entscheidung zu akzeptieren. »Ein 110-prozentiges Foul«, wie es Schiedsrichter Taylor in seinen Erinnerungen *World Soccer Referee* (1976) festhielt, und Johan Neeskens' Hauruckstrafstoß bringt die Niederlande in Führung.

Strittiges gibt dieser Elfmeter kaum her, es sei denn, man mag nicht hinnehmen, dass es bereits zu einem extrem frühen Zeitpunkt erlaubt sei, eine so folgenreiche Entscheidung zu fällen. Mein Deutschlehrer zum Beispiel wollte noch in der Woche darauf nicht einsehen, dass diese drakonische Entscheidung recht und billig gewesen sei. Mein Hinweis, ein Spiel dauere bekanntermaßen neunzig Minuten und eine Minute sei vor dem Auge des Richters wie die andere, wollte nicht fruchten; beharrlich hielt Lehrer Roland Herrmann an seiner Auffassung fest, dass Schiedsrichter Jack Taylor nicht angemessen gehandelt und kein »Fingerspitzengefühl« bewiesen habe.

Die Debatten um Neeskens' Strafstoß nehmen sich lächerlich aus im Vergleich zu jenen, die sich an der 25. Spielminute entzündeten. Neutral ist kaum zu be- und umschreiben, was da geschah – versuchen wir es dennoch: Der Frankfurter Bernd Hölzenbein, ein eher fragil gebauter Stürmer, dringt auf der linken Seite in den Strafraum ein, umkurvt einen gegnerischen Spieler, bis sich ihm das Bein des Holländers Wim Jansen entgegenstellt. Hölzenbein stürzt über dieses Hindernis, und Jack Taylor erkennt, ohne zu zögern, erneut auf Strafstoß – eine Entscheidung, an der er im Rückblick festhielt: »Ich hatte keinerlei Zweifel, welche Strafe ich aussprechen musste.«

Aus holländischer oder hollandfreundlicher Perspektive stellt sich diese Szene, die man als Konzessionsentscheidung des Unparteiischen, als Ergebenheitsadresse an die deutschen Gastgeber zu deuten suchte, ganz anders dar. In David Winners Buch *Brilliant orange. The neurotic genius of Dutch football* (2000) liest sich das so: »In der 25. Spielminute dringt Hölzenbein in den Strafraum ein. Haan gelingt es nicht, ihn zu stoppen, und der letzte Abwehrspieler, Wim Jansen, unternimmt einen verzweifelten Abwehrversuch. Jansen streckt ein Bein aus, verfehlt sowohl den Ball als auch den Deutschen, und Hölzenbein bringt sich selbst zu Fall.« Was natürlich eine mutwillige Missinterpretation des Geschehens ist.

Selbst deutsche Betrachter waren gewillt, Zweifel anzumelden, sofern sie sich nicht genötigt fühlten, das Spiel mit schwarzrotgoldener Brille zu sehen. Wie Kommentator Klose, vom frühen 0:1-Rückstand peinlich berührt, der Jack Taylors Tat begeistert begrüßte: eine »richtige Entscheidung«. Kloses Sicht zeigt, wie es möglich ist, dieselben Bilder, zumindest im Fußball, fundamental unterschiedlich zu interpretieren. Hier David Winners Vorwurf »... und Hölzenbein bringt sich selbst zu Fall«, da Oskar Kloses Ausruf »... und man zieht ihm die Beine weg« – so weit reicht das Deutungsspektrum.

Schwalbe, ja oder nein? Das ist die Kernfrage, die der Strafraumsturz von München aufwirft und die, wie der Theologe Herbert Schlögel betonte, die moralische »Wahrhaftigkeit« berührt. Bernd Hölzenbein hatte sich schon vor dem Endspiel den Ruf eines nicht durch allzu große Standfestigkeit auffallenden Spielers erarbeitet, und wer einmal als »Elfmeterschinder« gilt, tut sich schwer, diesen Makel abzustreifen: einmal Schwalbe, immer Schwalbe. René Martens nennt ein Kapitel seines Buches *Elfmeter!* »Hölzenbeins Söhne. Dilettantisch bis kriminell – die Schwalbe« und lässt sich zu dem irrigen Urteil verleiten, Deutschland sei nur »dank eines unberechtigten Elfmeters« zum Ausgleich gekommen.

Überhaupt brachte der Finalsieg nicht nur Freude in deutsche Wohnzimmer und Denkerstuben. Insbesondere Betrachtern mit hohem (fußball)ästhetischen Bewusstsein fiel es nicht leicht, dieser hartarbeitenden Weltmeisterelf zu huldigen – und nicht dem glanzvollen Europameisterschaftsteam, das zwei Jahre zuvor mit ungewohnt glanzvollem Ballverständnis aufgewartet hatte. Damals regierte Günter Netzer im deutschen Mittelfeld, jener blondmähnige Gestalter, der während des Endspiels nicht zum Einsatz kam. Der Literatur- und Fußballkritiker Helmut Böttiger beschreibt in seinem Buch *Kein Mann, kein Schuss, kein Tor* (1993) diesen mählichen Niedergang der frühen siebziger Jahre (»Kaum war Helmut Schmidt Bundeskanzler, verflachte das Spiel, und Deutschland wurde Weltmeister«) und legt sich auch die vorentscheidende Hölzenbein-Jansen-Szene gut zurecht: »Niemand, der etwas von der Ästhetik des Fußballs begriffen hat, bezweifelte, dass im Endspiel 1974 Holland klar die bessere Mannschaft war. Dass die Deutschen gewannen, war ein Nachklapp. Aber es war ein Pyrhussieg [sic!]. Denn das richtungsweisende Spiel war gar nicht das Endspiel, das durch einen herausgeschundenen Elfmeter und durch einen Abstauber Gerd Müllers nur noch die Ideenlosigkeit anprangerte.«

Die aparte Wirklichkeitsumdeutung, Gerd Müllers Siegtor zum 2:1 als »Abstauber« abzutun, sei hier beiseitegelassen – es geht um Jack Taylors Pfiff. War der Elfmeter »unberechtigt«, »herausgeschunden« oder »korrekt«? Wer sich die Szene mehrmals ansieht, wird unschwer erkennen, dass es Hölzenbeins Ziel war, einen Strafstoß zugesprochen zu bekommen. Mit all seiner Ballfertigkeit suchte der leichtgewichtige Stürmer den Zweikampf und die Gelegenheit, von einer unerlaubten Aktion gestoppt zu werden. Keine Frage: Hölzenbein hätte nicht über Jansens Bein stolpern müssen; er hätte es vielleicht überspringen und seinen Lauf fortsetzen können. Doch warum hätte er das tun sollen? Wim Jansens Aktion war fahrlässig;

sein hektisches Grätschen schloss das Risiko ein, Hölzenbein ein willkommenes Hindernis zu bieten. Dieser kommentierte das Geschehen so: »Ein Foul bleibt ein Foul. Aber sagen wir so: Ich habe mich dann nicht mehr gegen die Erdanziehungskraft gewehrt.« Schiri Taylor so: »Gewiss überdramatisierte er in diesem Moment. Wenn ein Spieler versucht, ein Tackling schlimmer aussehen zu lassen, als es ist, brauche ich ihn dafür nicht zu mögen, aber ich muss dennoch so entscheiden, wie ich es für richtig halte.«

Nicht vergessen sei eine andere Spielszene: Vier Minuten vor Ende wurde der deutschen Mannschaft eine prächtige Gelegenheit verwehrt, ihren Vorsprung auszuweiten, denn diesmal tat Schiedsrichter Taylor das Falsche. Wieder drang Hölzenbein in den Strafraum ein, und wieder war es der arme Wim Jansen, der sich ihm in den Weg stellte und Hölzenbein über die Oberschenkelklinge springen ließ. Wer die Fernsehaufnahmen heute sieht, muss einsehen, dass es in der 86. Minute den dritten Elfmeter des Endspiels hätte geben müssen, ohne Wenn und Aber. Merkwürdigerweise ist diese Spielszene fast gänzlich aus dem Fußballgedächtnis, vor allem dem niederländischen, verschwunden, und wohlweislich vermied es auch Jack Taylor, in seiner Autobiographie an diesen unterlassenen Pfiff zu erinnern. Zwei Elfmeter für Hölzenbein, das hätte für ihn und seine Anverwandten zum lebenslänglichen Einreiseverbot in die Niederlande geführt.

So wurde das WM-Finale von 1974 zu einem Elfmeterfinale. Der Pfiff, der einen Strafstoß signalisiert, unterbricht, hält an, wechselt die Gangart des Spiels, erhöht den Adrenalinspiegel und führt innerhalb weniger Sekunden zur gelungenen Triebabfuhr, so oder so. Und nicht zuletzt zeigten Johan Neeskens und Paul Breitner, wie man mit der Angst des Schützen beim Elfmeter umgehen kann, welche unterschiedlichen Torschussvarianten möglich sind.

Was sich beide in diesen Momenten gedacht haben? Viel

oder wenig? Zahlreiche Gedankenspiele sind vorstellbar, wie Manfred Hofmanns psychologisch scharfsinnige Analyse demonstriert: »Es gibt gute und schlechte Elfmeterschützen, und ein guter hat den folgenden Trick drauf: Angenommen, er will ins linke Eck schießen, dann täuscht er natürlich an, sodass der Torwart denkt, er schießt ins rechte. Nun denkt er sich aber, dass der Torwart denkt, er würde antäuschen – also täuscht er an und schießt trotzdem ins rechte Eck. Ein wirklich guter Elfmeterschütze denkt nun aber weiter: Wenn der Torwart denkt, dass der Schütze denkt, dass der Torwart denkt, er täuscht an und schießt ins rechte Eck, dann wird er natürlich ins linke schießen. Gut, aber was, wenn der Schütze sich denkt, dass der Torwart denkt, dass der Schütze denke, dass der Torwart denkt, dass er antäuscht – dann wird er selbstverständlich ins rechte Eck schießen! Also wird der gute Elfmeterschütze weiterdenken. Wenn der Torwart vielleicht denkt, dass der Schütze denkt, dass der Torwart denkt, dass der Schütze denkt, dass der Torwart denkt, dass er antäuscht: Dann gehört der Ball ins linke Eck. Es kann natürlich auch sein, dass der Schütze denkt, dass der Torwart denkt, der Schütze habe mit dem Denken aufgehört, als er gedacht hatte, dass der Torwart denkt, dass der Schütze denkt, dass der Torwart denkt, dass der Schütze antäusche. Dann heißt das nämlich, dass das rechte Eck dran ist. Oft klappt es allerdings auch, wenn man den Ball einfach reinhaut.«

Nutzen wir das, um über den Elfmeter im Allgemeinen zu sprechen, der zum Existenziellen des Fußballs gehört. Ein langgezogener Pfiff des Schiedsrichters, ängstliche Blicke der Abwehrspieler, hoffnungsvolle der Angreifer, eine Handbewegung, die auf den Punkt, den »ominösen«, deutet: Elfmeter! Selbst auf dem mickrigsten Dorfanger breitet sich in Sekundenschnelle ein emotionaler Schrecken aus, der den gerade noch dahinplätschernden Spielfluss jäh unterbricht. Elfmeter setzen eine grausame Zäsur. Lange Sekunden, ja mitunter

Minuten vergehen, bis der Elfmeter (korrekt: Strafstoß) ausgeführt wird, bis alle Proteste verstummt, alle Abstandsvorschriften eingehalten und die psychologischen Spielchen, mit denen Torwart und Schütze einander verunsichern wollen, ausgereizt sind. Der Spannungsbogen droht zu zerreißen – bis zum Erfolg oder Versagen, zur Erlösung oder Verzweiflung.

Die Ausführung eines Strafstoßes beschwört alte Riten herauf, erinnert an archaische, klar strukturierte Konfrontationen, bei denen die »neue Unübersichtlichkeit« (Jürgen Habermas) nichts verloren hat. Mann gegen Mann, Auge um Auge, Zahn um Zahn – so stehen sich zwei einsame Figuren gegenüber, wie einst Gary Cooper in *Zwölf Uhr mittags*, im Duell mit den bösen Miller-Brüdern. Niemand kann ihnen helfen; die Bürde des Augenblicks ruht allein auf ihren Schultern, und zugleich ist ihnen bewusst, dass die Verantwortung ungleich verteilt ist. Wer als Schütze versagt, wer den Elfmeter, diese vielleicht einmalige Chance zum vielleicht entscheidenden Torerfolg, zu schwach, zu unplatziert tritt, weiß, was ein Fehlschuss bedeuten mag, weiß, welche Häme und Schadenfreude sich möglicherweise über ihn ergießen wird. Der Torwart hingegen kann nur gewinnen: »Wenn er nicht hält, ist das normal«, so Frankreichs Nationaltorhüter Fabien Barthez, der die Strafstoßabwehr als »90 % Glückssache« ansieht.

Torhüter können binnen Sekunden zum Helden aufsteigen, sich als »Elfmetertöter« – wie Hamburgs Rudi Kargus oder Nürnbergs Andreas Köpke – einen festen Platz im Ehrenschrein ihres Clubs sichern. Wissenschaftliche Analysen der Feinmotorik eines Elfmeterschützen zeigen, dass sich die Schussrichtung in gewisser Weise vorhersagen lässt. Wäre nur Zeit genug, so könnte ein beobachtungsgeschulter Torwart Standbein, Hüfte und Knie seines Gegenübers verfolgen, und aus den Stellungsverschiebungen dieser Körperteile wäre es ihm ein Leichtes, ins richtige Toreck zu fliegen ... ja, wenn Zeit genug wäre.

Der Torwart, der einen Elfmeter passieren lässt, ist frei von Schuld. Der Schütze, der versagt, kann seine Reputation durch einen einzigen Fehlschuss dauerhaft zerstören. Ich sage nur: Uli Hoeneß! Belgrad 1976! Die nationale wie internationale Fußballgeschichte ist reich bestückt mit »Elfmeterversagern«, die ihr Unglück nicht fassen und schamvoll im Rasen versinken wollten. Roberto Baggio, Uli Stielike, Gareth Southgate, Michael Kutzop, David Beckham – ihre unterschiedlich ruhmreichen Heldenviten sind vom Pilz berühmt gewordener Fehlschüsse infiziert. Die Sportgeschichte freilich ist angewiesen auf solche Tragödien des Scheiterns.

So klar es jedem Fußballkenner ist, wie ungleich die psychologische Anspannung in der »Grenzsituation« (Karl Jaspers) eines Elfmeters verteilt ist, so fatal falsch gewichtete die deutschsprachige Literatur diese Konfrontation. Als der junge Peter Handke 1970 seinen Roman *Die Angst des Tormanns beim Elfmeter* veröffentlichte, löste er unter Fachleuten nur Kopfschütteln aus. Natürlich wusste Handke, der bereits zuvor diverse Ballbetrachtungen angestellt hatte, um die symbolische Verkehrung, mit der sein Titel provozierte – gebündelt im letzten Romanabsatz, der eine Elfmeterausführung von großem Seltenheitswert beschreibt: »Der Schütze lief plötzlich an. Der Tormann, der einen grellgelben Pullover anhatte, blieb völlig unbeweglich stehen, und der Elfmeterschütze schoss ihm den Ball in die Hände.« Sehr bedeutungsschwanger dies und so gestrickt, dass man endlich aufhören sollte, Handkes erfolgreichen Roman, der durch Wim Wenders' Verfilmung zusätzliche Verbreitung fand, der Kategorie »Sportliteratur« zuzuschreiben.

Einen Elfmeter zu verhängen ist ein schwerwiegender Akt. Der Elfmeter, schlimmer noch: das Elfmeterschießen, hat mit der Ästhetik, mit der Schönheit des Spiels wenig zu tun. Er ist – wie alle Sportreporter mittlerweile sagen – eine »Standardsituation« von elementarer Bedeutung und allein schon deshalb gesonderter Betrachtung wert. Der englische Journalist Andrew Anthony veröffentlichte – gespeist aus dem schrecklichen Dauerversagen seiner Landsleute im Elfmeterschießen – 2000 seine Monographie *On penalties*, und sein deutscher Kollege René Martens legte wenig später mit *Elfmeter!* nach, einer exakt auf 111 Druckseiten und einen Ladenpreis von 11,11 Euro kalkulierten Studie, die wenig Fragen zu diesem Thema offenlässt.

Weshalb und warum ein Elfmeter zu verhängen ist, steht schwarz auf weiß im Regelwerk des Deutschen Fußball-Bundes, genauer: in Regel 14 »Der Strafstoß«. Zehn Regelübertretungen im Strafraum sind darin festgehalten, zehn Verstöße – Treten, Beinstellen, Anspringen, Rempeln, Schlagen, Stoßen, Tackling mit Feindberührung, Halten, Anspucken, Handspiel –, die in der grauen Theorie ganz eindeutig und in der verschwitzten Praxis oft so schwer zu erkennen sind. Elfmeterentscheidungen sind Sekundenentscheidungen, ohne Kameraunterstützung, ohne Zeitlupe, getroffen von einem Schiedsrichter, der den Zweikampf nur aus einer Perspektive sieht und nur manchmal Hilfestellung durch seine Assistenten erfährt. Es sind spontane Entscheidungen, die äußerst selten – wie beim Bundesligaspiel Werder Bremen gegen Arminia Bielefeld Ende April 2005 – zurückgenommen werden und die, je nach Strittigkeit, jahrzehntelang Stoff für leidenschaftliche Diskussionen hergeben.

Jedes Spiel ist gleich, und jeder Elfmeter ist ein Elfmeter, egal, ob er für die Heim- oder für die Auswärtsmannschaft verhängt wird, egal, ob in einem WM-Finale oder in einem Kreisliga-Kellerderby. »Harte« oder »weiche« Strafstöße sehen die Regeln nicht vor ... und dennoch bieten Elfmeterentscheidungen hermeneutischen Spielraum, vor allem wenn sie in Spielen gefällt werden, die weltweite Beachtung finden.

Vergeblich wird man wohl, zumindest in einem WM-Finale, darauf warten, dass ein Spieler die riskante, aber regelkonforme Ausführungsmethode anwendet, den Ball nicht direkt aufs Tor zu schießen, sondern zu einem aus dem Hintergrund nach vorne sprintenden Mittelspieler zu passen, so wie es unlängst Lionel Messi mit seinem Kollegen Luis Suárez der staunenden Öffentlichkeit vorführte. Jeder Elfmeter öffnet ungeahnte Möglichkeiten.

Jener Sülzbacher Sonntagnachmittag im Juli 1974 endete übrigens recht fröhlich.

12. Mai 1976

Der Mann, den sie »Bulle« nennen, entscheidet das Spiel ...

Da gibt es gar nicht viel zu erzählen, das war eine runde Sache, und einer der sympathischsten Spieler, der je im FC-Bayern-Trikot auflief, sorgte für die Entscheidung. Und nicht für irgendeine: zweimal hintereinander hatten die Münchner bereits den Europapokal der Landesmeister gewonnen, und so ein Triple macht sich nicht von allein. Frankreichs Vertreter AS Saint-Étienne war nun in Glasgow der Gegner, und der Mann, der es mit einem satten Freistoß schaffte, hieß Franz Roth. Aus Memmingen kam er, und über 300-mal lief er in der Bundesliga für die Bayern auf. Sein harter Bums brachte ihm den Furcht einflößenden Spitznamen »Bulle« ein, und gegen Saint-Étienne macht er dem alle Ehre. Bei 137 km/h lag der Spitzenwert seiner Schusskraft; Stadionuhren und Tornetze sollen dieser zum Opfer gefallen sein.

»Schuss und Zweikampf, das waren meine Stärken, immer schon. Das kann man nicht antrainieren, das muss man von Geburt haben. Technik kann man lernen, Robustheit und Schussstärke aber allenfalls ein bisschen steigern«, so erklärte der Allgäuer später seine Markenzeichen. Überhaupt gefällt uns der Spitzname »Bulle« gut, nicht zu vergleichen mit den Basti- und Litti-Verniedlichungen der jüngeren Vergangenheit. Bei torgefährlichen Spielern scheint ohnehin eine Vorliebe für martialische Kosenamen zu herrschen: »Bomber« Gerd Müller, »Boss« Helmut Rahn, »El Buitre«/»Der Geier« Emilio Butragueño, »Doktor Hammer« Bernd Nickel ... »Bimbo«, wie man den famosen österreichischen Torjäger Franz Binder einst nannte, wäre heute unzulässig.

17. August 1977

Bundesligarekord! Dieter Müller trifft sechs Mal ins Schwarze

Wissen Sie noch, wer Claudia Kohde-Kilsch war? Wenn nicht, helfe ich gern auf die Sprünge. Es ist einfach, sich zu den Erfolgreichen und sicherheitshalber zum FC Bayern München zu bekennen. Dann gehört man wenigstens einmal im Jahr zu den Gewinnern; das beruhigt. Ich selbst habe mir eine Schwäche für die Schwachen, für die ein bisschen Schwachen, für die knapp Scheiternden bewahrt, für die, die es nicht ganz aufs Siegerpodest schaffen und oft unter tragischen Umständen scheitern, für die unglückseligen Zweiten oder Dritten, die es erdulden müssen, dass andere zu Publikumslieblingen werden.

So bin ich Mitglied des TSV 1860 München, habe mit diesem elendigen Club schreckliche Qualen durchlitten und werde, selbst wenn ich meine Lebenswartung sehr optimistisch hochrechne, meinen großen Traum – einmal in der Tabelle wieder vor den Bayern stehen – wohl nie erfüllt bekommen. Als jugendlicher Leichtathletikfan schwärmte ich für den ein wenig traurig dreinblickenden australischen Langstreckler Ron Clarke, der Rekord um Rekord lief und bei Weltmeisterschaften und Olympischen Spielen fast immer leer ausging. Oder für den Radrennfahrer Raymond Poulidor, den größten Nicht-Sieger aller Zeiten, der sich achtmal bei der Tour de France mit zweiten oder dritten Plätzen begnügen musste und keinen einzigen Tag lang in seinem Sportlerleben das Gelbe Trikot trug.

Die Münchner Löwen, Clarke, Poulidor ... und im Tennis schlug mein Herz für Claudia Kohde-Kilsch, die hochaufgeschossene Saarbrückerin, die immerhin sechs WTA-Titel, mit Helena Suková das Doppel in Wimbledon gewann und bis auf Platz 4 der Weltrangliste kletterte. Trotz all dieser Erfolge stand sie nie im hellsten Rampenlicht, denn sie hatte das Pech, nicht Steffi Graf zu sein. Leidend sah sie meist aus, diese Claudia Kohde-Kilsch, wenn sie bei drohenden Niederlagen mit gebeugten Schultern und verdunkelten Gesichtszügen über den Platz schlich. Ab und zu google ich nach ihr, will wissen, was aus ihr geworden ist. Irgendwann geriet sie in finanzielle Nöte, schloss sich, wohl nicht deswegen, Oskar Lafontaines Die Linke im Saarland an, kandidierte 2013 als Direktkandidatin für den Bundestag (10,9 %!) und sitzt seit ein paar Jahren im Saarbrücker Stadtrat. Das ist aus meiner Claudia geworden. Gab man sich damals, in den achtziger Jahren, als Claudia-Kohde-Kilsch-Fan zu erkennen, erntete man ein leises, dezent mitleidiges Lächeln. So wie Jahre zuvor, wenn man nicht zu Gerd Müller, sondern zu dessen Namensvetter Dieter Müller hielt. Auch der ist einer der Großen des deutschen Fußballs, ohne dass die meisten ihn als ganz Großen bezeichnen würden. Zu Unrecht, denn bis heute rangiert er mit 177 Toren unter den TOP 10 der Bundesligatorschützen, wurde mit dem 1. FC Köln Meister (was ihm auch zweimal mit Girondins Bordeaux in Frankreich gelang) und Pokalsieger. In Helmut Schöns Nationalmannschaft, für die er schlappe

12 Spiele machte, tat er sich schwer, obwohl er bei der EM 1976 im Halbfinale gegen Gastgeber Jugoslawien als Einwechselspieler mit drei Treffern zum Matchwinner wurde. Zur WM zwei Jahre später musste Helmut Schön ihn als Torschützenkönig der Bundesliga wohl oder übel mitnehmen, was am kläglichen Ausscheiden der Mannschaft nichts änderte.

Dieter Müller fehlte es an Ausstrahlung. Er wirkte mitunter staksig und besaß keine Bayern-München-Lobby. Doch an einem seiner Rekorde versuchten die Rummenigges, Luca Tonis, Lewandowskis & Co. sich bis heute vergeblich, dem Torrekord vom August 1977. Am dritten Spieltag spielten die Kölner gegen Werder Bremen. Zwischen der 12. und der 73. Minute erzielte Müller fünf Treffer, womit er sich keineswegs zufriedengab und in der 85. Minute noch einen draufsattelte. Bremens Torhüter Burdenski blieb blass an diesem Mittwochabend, »Eisenfuß« Höttges in der Verteidigung noch blasser. Dessen Auftreten vergaß Müller noch Jahre später nicht: »Der Höttges, mit dem hatte ich auf dem Platz immer so meine Probleme. Im Weserstadion hat der nach allem getreten, was sich bewegt hat, da musstest du froh sein, als Stürmer nicht auf der Bahre aufzuwachen. Auswärts war er dann lammfromm, hat sogar vor dem Spiel versucht mit mir netten Smalltalk über das Wetter zu machen. Das hat mich noch wütender gemacht. Typen wie Höttges, oder auch Detlef Pirsig, dürften ja heutzutage gar nicht mehr Fußball spielen.« Als besten Spieler, an dessen Seite er jemals spielte, bezeichnete Müller übrigens die Kölner »Flocke« im Mittelfeld, Heinz Flohe – der somit in diesem Buch nicht fehlt.

Vielleicht sollten Dieter Müller und Claudia Kohde-Kilsch mal irgendetwas zusammen machen, eine Koalition bilden, im Doppel antreten oder so. Ich wäre anfeuernd dabei.

21. August 1982

Wieder etwas Neues: ein Einwurftor!

Die Regel 15 des offiziellen Fußballregelwerks ist an Eindeutigkeit nicht zu übertreffen: »Der Einwurf ist eine Spielfortsetzung. Überschreitet der Ball in der Luft oder am Boden vollständig die Seitenlinie, wird ein Einwurf gegen das Team des Spielers ausgesprochen, der den Ball zuletzt berührt hat. Aus einem Einwurf kann direkt kein Tor erzielt werden.«

Mit dem Einwurf kann man, so scheint es, nicht viel Staat machen, eine Randerscheinung des Spiels, die selten Berauschendes einleitet. Der Schriftsteller Manfred Hausmann, mit Bremen übrigens eng verbunden, versuchte den schnöden Einwurf intellektuell aufzuwerten. Hören wir dem Manne zu: »Es macht Freude zu sehen, wie sich ein Spieler, dessen Haar ihm wirr und nass über die Augen hängt, dessen Lunge heftig arbeitet, dessen Nerven bis zum äußersten beansprucht sind, in selbstverständlicher Zucht unter das Gesetz des Einwurfs stellt, schnellen Blicks die Lage überschaut und den Ball sofort in einwandfreier Haltung und Bewegung dem am günstigsten stehenden Kameraden zuwirft. Der ganze Sinn, die große ethische Absicht, die hinter jeder Regel, auch hinter der unscheinbaren Einwurfsregel steht, ist in die wenigen Sekunden dieser klaren Haltung und Handlung zusammengedrängt.«

Nicht alle Spielbetrachter werden diese tiefgreifenden Gedanken Hausmanns immer präsent haben, nicht einmal, dass das Abseits beim Einwurf aufgehoben ist. Jedes Kind weiß allerdings, dass es nicht statthaft ist, beim Einwurf das Leder direkt ins Tor zu werfen – zumal dazu gewisse Handballerqualitäten nötig sind. Und doch ereignete sich am ersten Spieltag der Bundesligasaison 1982/83 im Bremer Weserstadion etwas, das als »Einwurftor« in die Annalen einging, obwohl es streng genommen ein solches gar nicht gibt.

Werder Bremen empfing Bayern München, die – der Name soll in diesem Buch wenigstens einmal fallen – von dem vor allem durch seine Halstücher auffallenden Ungarn Pál Csernai trainiert wurden. Kurz vor der Halbzeit schnappte sich Bremens frischgebackener, mit guter Armmuskulatur ausgestatteter Nationalstürmer Uwe Reinders den Ball zum Einwurf, dachte kurz an Manfred Hausmann und schleuderte ihn, den Ball, in bester »ethischer Absicht«, in Richtung Münchner Torraum. Selbigen bewachte damals, in seinem ersten Bundesligaspiel der belgische Nationaltorwart Jean-Marie Pfaff. Und der machte dabei eine denkbar schlechte Figur, ließ sich irritieren und den Ball über seine Fingerspitzen gleiten, bis er die Torlinie überschritt. Weitere Tore fielen nicht, Bremen siegte 1:0. Der entscheidende Treffer konnte natürlich nicht Reinders zugeschrieben werden, sondern wurde als Eigentor Pfaffs notiert. So kann man auch eine Bundesligakarriere starten.

25. Mai 1983

Der Hamburger SV gewinnt den Europapokal der Landesmeister gegen Juventus Turin und zehrt bis heute von diesem Triumph

Wahrscheinlich ist der Athener Sieg schuld daran, dass man in Hamburg das Träumen nicht lassen kann und trotz aller glücklichst überstandener Abstiegskämpfe sich im tiefsten Grund zu Höherem, nein, Höchstem berufen fühlt. Klar: Wer eine Elbphilharmonie hat, die Olympiabewerbungsschmach verdrängt und den G20-Gipfel als »Auszeichnung« versteht, der gehört natürlich auch fußballerisch in die höchsten Sphären. Was aber partout nicht gelingen will und wohl auch so schnell nicht gelingen wird. Ein Glück deshalb, dass man sich ein Leben lang an den Tag erinnern darf, als die vom genialen Ernst Happel trainierte Mannschaft 1983 im Europapokal der Landesmeister das favorisierte Juventus Turin im Finale mit 1:0 niederrang. Bei den Italienern tummelten sich immerhin Größen wie Zoff, Tardelli, Platini, Boniek und Gentile, doch das nützte ihnen an diesem Abend nichts, als sich in der 9. Minute Magaths herrlicher Fernschuss über den verdutzten Zoff in den Winkel senkte. Danach geschah nicht mehr viel, und Hamburg holte den Pokal. Ernst Happel gedachte dieses Abends auf besonders schöne Weise: »Die erste Halbzeit in Athen – da habe ich die Arme verschränkt und hab' gedacht: Es gibt nichts Schöneres. In einer Kirche ist es auch nicht schöner.«

Felix Magath, der das Fußballspielen in Saarbrücken gelernt hatte, wurde damit zu einer HSV-Legende, woran sich nichts änderte, als er seine größten Erfolge als Trainer nicht beim HSV, sondern in Stuttgart, München und Wolfsburg feierte. Seine Trainingsmethoden genossen legendären Ruf und flößten selbst harten Männern Angst ein. Magath wurde schon als Spieler zugetraut, sich eigene Gedanken zu machen und Kulturellem gegenüber aufgeschlossen zu sein. Seine nicht einmal volksetymologisch zu rettende Behauptung, Qualität leite sich von »quälen« bzw. »sich quälen« ab, greift Max Liebermanns vor allem von Verächtern moderner Kunst gern zitiertes Diktum »Kunst kommt von Können« auf. So hängt ihm bis heute der Ruf an, ein Schinder, ein grausamer Antreiber, ein Medizinballenthusiast und ein Freund nicht enden wollender Waldläufe zu sein. Man verlieh ihm den Kosenamen »Quälix« und bedachte seine Kompetenz als Übungsleiter mit zweifelhaften Komplimenten: »Ich weiß nicht, ob Magath die Titanic gerettet hätte, aber wenigstens wären alle Überlebenden sehr fit gewesen« (Jan Åge Fjørtoft).

Anders als seine mit ähnlichen Attributen bedachten Vorgänger wie Max Merkel, Werner Lorant oder Uwe Klimaschefski verstand es Magath, diesem Image mit süffisantem Lächeln zu trotzen und sich allmählich darüber zu erheben. Seine Forderung, die Qualität spielerischer Leistung durch ein permanentes Sich-Quälen zu sichern, begegnet der (vermeintlichen) Anspruchshaltung schlapper Jungprofis, die nicht mehr dorthin gingen, »wo's weh tut«. Viele Fans, die ihre hochbezahlten Idole zumindest »kämpfen« sehen wollen, schätzen die nach Arbeiterfußball und guter alter Zeit klingenden Magath'schen Trainingsmethoden. Und wie war das damals bei der Tour de France 1997, als Udo Bölts seinen Teamgefährten Jan Ullrich mit dem Zuruf »Quäl dich, du Sau!« anspornte? Genau, auf die Qual folgt(e) der Sieg. Irgendwann, als es im deutschen Fußball nicht mehr recht klappen wollte, ging er nach China. Als Vater recht vieler Kinder muss man auf den Kontostand achten.

2. November 1993

Euro-Eddy macht das »Wunder vom Wildpark« möglich und den Karlsruher SC für kurze Zeit zu einem europäischen Fußballleuchtturm

Der Karlsruher SC zählt nicht zu den heroischen Vereinen des deutschen Fußballs, bringt nicht permanent lichtumflorte Spieler hervor, deren Trikots von Schleswig bis Mittenwald reißenden Absatz finden. Als »Fahrstuhlmannschaft«, die in einigen Epochen der Vereinsgeschichte Gefahr lief, zur »grauen Maus« zu werden, stellt der KSC eine Art Mischbrot der Liga dar, das sich alle Jahre wieder Tortenanschein gab.

Begonnen hatte alles sehr gut, damals als der deutsche Fußball laufen lernte und Karlsruhe neben Berlin zu einer Hochburg des noch jungen Sports wurde. Zu verdanken war das nicht zuletzt Walther Bensemann, der 1891 den Karlsruher FV gründete (und neunundzwanzig Jahre später übrigens das Fachblatt »kicker«). 1910 gewann der KFV gar die deutsche Meisterschaft und brachte mit Gottfried Fuchs jenen Stürmer hervor, der 1912 in einem Länderspiel satte zehn Tore schoss.

Karlsruhes Fußball hat beileibe nicht nur Gottfried Fuchs hervorgebracht. Blättert man in den Annalen, so hält man inne und erfreut sich am Klang von Namen, die Fußballglanz ins Wildparkstadion trugen. Zweimal gewann man in den fünfziger Jahren den DFB-Pokal. Horst Szymaniak wurde in die Nationalelf berufen. Später kam Flügelstürmer Hans Cieslarczyk hinzu, dann der noble Torhüter Rudi Wimmer, Klaus Zaczyk, Rainer Ulrich, Wilfried Trenkel, Rainer Schütterle, Emanuel Günther, Oliver Kreuzer ... um nur einige zu nennen. Eine Zeit lang galt der KSC gar als Talentschmiede und brachte Spieler wie Michael Sternkopf, Mehmet Scholl, Thorsten Fink, Jens Nowotny, Michael Tarnat und Oliver Kahn hervor. Letzterer brachte es nach seinem Wechsel zum FC Bayern zum Torwart-Titan, der seinen Kasten mit grimmiger Miene, waghalsigen Paraden und bisweilen martialischen Attacken verteidigte. Trotz all dieser berühmten Namen stieg der Verein mal ab, dann wieder auf; mehrmals landete man gar in der dritten Liga, eine harte Bewährungsprobe für seine Fans.

Zwei Namen – neben den genannten Spielern – haben sich unauslöschlich in die KSC-Historie eingeschrieben: Präsident Roland Schmider, der von 1974 bis 2000 im Amt war, und der zeitgemäß frisierte Trainer Winfried Schäfer, der die erfolgreichste Zeit seiner stationenreichen Laufbahn in Karlsruhe erlebte. In Schäfers Ägide fällt dann auch jenes Ereignis, das Historiker als »Wunder vom Wildpark« bezeichnen, und das bis heute die Augen jedes KSC-Anhängers glänzen lässt. Kurz resümiert für alle, die nicht aus Karlsruhe stammen und sich nicht mehr so genau erinnern können: In der Saison 1992/93 kam der KSC auf den sechsten Bundesligaplatz und damit in den Genuss, am UEFA-Pokal teilzunehmen. Bereits in der zweiten Runde drohte gegen den schier übermächtigen FC Valencia das Ende aller badischen Europaambitionen. Man verlor das Hinspiel in Spanien prompt mit 1:3 und rechnete sich fürs Rückspiel wenig aus. Doch das Wunder tat, was ein Wunder zu tun hat: Es trat ein. Mit einem unfasslichen 7:0 fegte man Valencia aus dem Wildpark. Vierfacher Torschütze war Edgar Schmitt, von da an nur mehr »Euro-Eddy« genannt. Auch vor und nach diesem Spiel überzeugte Schmitt als Torjäger, doch seine Treffer gegen Valencia machten ihn unsterblich, zumindest in Karlsruhe. Zur Freude aller KSCler wollen wir die komplette Aufstellung der Wunderelf nennen: Oliver Kahn – Michael Wittwer, Slaven Bilić, Dirk Schuster, Rainer Schütterle (ab 71. Min. Dirk Klinge), Eberhard Carl, Wolfgang Rolff, Manfred Bender, Waleri Schmarow, Edgar Schmitt (ab 82. Min. Rainer Krieg), Sergei Kirjakow. Keine schlechte Truppe, oder?

Wunder zeichnen sich dadurch aus, dass sie nicht ewig währen, und so folgten auf das Valencia-Glücksgefühl viele durchwachsene Jahre, mit dem üblichen Auf und Ab, das beinahe sogar zur Insolvenz geführt hätte. In der Ersten Bundesliga vermisst man den KSC nicht wirklich.

4. November 1987

Mal wieder ein »Wunder an der Weser«, diesmal gegen Spartak Moskau

Im Fußball geschehen, das macht seinen Reiz aus, Dinge, die normalerweise nicht geschehen, nicht geschehen können. Da der moderne Mensch Schwierigkeiten hat, das in Worte zu fassen, was ihm unbegreiflich ist, hat es sich eingebürgert, für gänzlich Unvorhersehbares den Begriff »Wunder« zu verwenden. Auch auf die Gefahr hin, dieses so magisch klingende Wort überzustrapazieren und schon von einem »Wunder« zu sprechen, wenn der Hamburger SV einmal nicht in Abstiegsgefahr schwebt.

Spezialist für Wunder in Deutschland ist auf jeden Fall der SV Werder Bremen, keine Frage. Woran das liegt, ist schwer zu sagen. Vielleicht an den Bremer Stadtmusikanten, an der würzigen Luft oder an großen Söhnen und Töchtern der Stadt wie Karl Carstens, Bärbel Schäfer, Jürgen Trittin, Angelique Kerber, Wiebke Porombka oder Hans-Joachim Kulenkampff. Wahrscheinlicher aber liegt es an dem in Bremen, zumindest lange Zeit, sehr beliebten Offensivfußball, verbunden vor allem mit den Trainernamen Otto Rehhagel und Thomas Schaaf. Diese Lust auf Angriff brachte es mit sich, dass die Bremer Meister darin wurden, Spiele zu drehen und sich aus aussichtslosen Situationen zu retten. Ob gegen Dynamo Berlin, SSC Neapel, Anderlecht oder Lyon – immer wieder kam die bremische Tormaschine ins Laufen und verzückte die Anhängerschaft. So kam es zu einer Wunderhäufigkeit, welche die des Neuen Testaments übertrifft.

Besonders beeindruckend, um wenigstens eines dieser übernatürlichen Ereignisse zu erwähnen, war der 6:2-Sieg nach Verlängerung im UEFA-Pokal gegen Spartak Moskau. Das Hinspiel in Russland hatte man schmählich mit 1:4 verloren, sodass nur noch Hyperoptimisten an ein Weiterkommen glaubten. Doch es gelang: Dank Neubarth, Ordenewitz und Sauer stand es nach neunzig Minuten 4:1 – was unweigerlich zur Verlängerung führte, die, dank Riedle und Burgsmüller, mit einem famosen 6:2 endete. Fraglos ein Wunder an der Weser. Eines aber gegen das beinahe der Wettergott oder Petrus interveniert hätten. Denn das Spielfeld wurde immer wieder von dichten Nebelschwaden überzogen, die das Geschehen auf dem Rasen verschleierten und den Hoffnungsvollen Angst einflößte. Würde, fragte man sich bang, der Nebel zunehmen und den Schweizer Schiedsrichter Sandoz zum Abbruch zwingen, der eine Neuansetzung zur Folge gehabt und die schönen Treffer von Neubarth & Co. null und nichtig gemacht hätte? Er nahm nicht zu. Der Wettergott und Petrus haben Wunder ja ganz gern.

21. November 1992

Lothar Matthäus kehrt zurück – und wie

Ja, wir haben es gerne, wenn großartige Fußballer auch außerhalb des Rasens Größe zeigen, intelligent auftreten, keine dummen Sprüche machen oder sonstwie angenehm auffallen. Der gelernte Raumausstatter Lothar Matthäus gehört leider nicht in diese Kategorie. Fraglos zählt er zu den allerbesten Fußballspielern, die es in Deutschland je gegeben hat. Mit 150 Länderspieleinsätzen ist er Rekordinternationaler; zwanzig Jahre währte seine internationale Karriere. Als drangvoller, energiegeladener Mittelfeldspieler (und zuletzt als Libero) schoss er für Borussia Mönchengladbach, Bayern München und Inter Mailand Tore en masse, wurde 1980 Europa-, 1990 Weltmeister, nahm fünfmal an Weltmeisterschaften teil und feierte mit Bayern München sieben Meistertitel. Es gäbe also allen Grund, ihm ganz vorne einen Ehrenplatz in der Ahnengalerie des deutschen Fußballs einzuräumen und ihm so zu huldigen, wie es lange Zeit Franz Beckenbauer widerfuhr und Fritz Walter oder Uwe Seeler dauerhaft widerfährt. Und doch ist das nie geschehen, da Matthäus keine Gelegenheit ausließ, sich öffentlich zu blamieren, sein Privatleben auszustellen und ein ideales Feindbild für alle abzugeben, die mit dem FC Bayern ohnehin nichts anzufangen wussten.

Was gab und gäbe es nicht alles an ihm auszusetzen? Ob

er sich in Virilitätsposen gefiel, die englische Sprache malträtierte, vor Berliner Basketballerinnen das Geschlechtsteil seines Kollegen Valencia pries, ob er sich mit dem (damaligen) Götterliebling Klinsmann anlegte, von Uli Hoeneß Verachtung erntete (»Aber solange ich und der Kalle Rummenigge etwas zu sagen haben, wird der nicht mal Greenkeeper im neuen Stadion«), sich selbst ungefragt als Bundestrainer ins Gespräch brachte, mit recht jungen Frauen eine Ehe nach der anderen einging und als TV-Experte nie durch ausgeprägten Scharfsinn auffiel – es war und ist ein Kreuz mit Lothar Matthäus.

Als Trainer reüssierte er allenfalls ein wenig bei Partizan Belgrad; bei keiner anderen Station führte er den Beweis, für das Traineramt geschaffen zu sein. Schon anlässlich seines ersten Jobs bei Rapid Wien beförderte die Prater-Atmosphäre auf ungute Weise seine bekannt schlichten rhetorischen Qualitäten. Sein Bemühen, die »tote Mannschaft« von Rapid zu reanimieren, erläuterte er so: »Nur so kann ich die Mannschaft aus ihrer Ekstase holen.« Trotzdem wunderte er sich, warum kein einziger Bundesligist es je ernsthaft in Erwägung zog, ihm eine Anstellung zu geben.

Zu allem Überfluss schlug Matthäus 1997 eine schriftstellerische Laufbahn ein, veröffentlichte *Mein Tagebuch* – eine Publikation, die dem an grauenvollen Produkten reich bestückten autobiographischen Fußballerschrifttum einen ungeahnten Tiefpunkt hinzufügte. Verlage, die künftig das beliebte Genre der Weihnachtsanthologie neu bestücken wollen, sollten Matthäus' Christfest (begangen mit Gattin Nummer 2, Lolita Morena) nicht übergehen: »Heiligabend. Wir feiern wie Millionen andere Familien auch. Lolitas Eltern sind da, in der Küche wird gebrutzelt, und für Loris verzaubert sich alles. Nachmittags gehen wir beiden Männer spazieren, während Lolita den Christbaum schmückt. Die schönen, strahlenden Kinderaugen von Loris, als er den Christbaum und die vielen eingepackten Geschenke sieht – da muss man sich einfach mitfreuen. Er stürzt sich auf die neuen Skier, die Brille, die Stöcke und die Schuhe. Und auf den Pullover mit der Mickey-Mouse, den wir vor zwei Monaten in Paris erstanden haben. Lolita und ich – wir schenken uns nur Kleinigkeiten. So hatten wir es abgemacht. Ich denke aber, meine Überraschung ist mir gelungen: ein Drei-Tages-Trip nach Mailand.«

Kurzum, es fällt schwer, Lothar Matthäus ganz ernst zu nehmen, und vermutlich wird sich das frühestens in zwanzig Jahren ändern. Das ist sein Problem, und natürlich macht er, wie es üblich ist, die Neidkultur in Deutschland dafür verantwortlich, dass ihm keine Denkmäler errichtet und Lorbeerkränze geflochten werden. Selbstkritik (»Aber ich stehe zu dem, was ich gesagt habe«) ist ihm übrigens eher fremd.

Dennoch gehört es sich nicht, nur diese Pein- und Lächerlichkeiten aufzulisten, wenn es um den Ausnahmefußballer Matthäus geht. Er blieb über viele Jahre die herausragende Figur, selbst wenn man ihn längst abgeschrieben hatte. Noch als 37-Jähriger wählte man ihn 1999 zum Fußballer des Jahres. Und wenn ich nur eine einzige Matthäus-Szene in Erinnerung behalten dürfte, dann wäre es die aus dem Bundesligaspiel Bayer Leverkusen gegen Bayern München in der Saison 1992/93. Im Trikot von Inter Mailand hatte er sich im April 1992 einen Kreuzbandriss zugezogen. Eine Rückkehr auf den Platz stand in den Sternen; er musste die EM 1992 absagen, und Juventus Turin verlor das Interesse an einer Verpflichtung. Stattdessen kehrte er zu den Bayern zurück, bereitete sich heimlich und beharrlich auf sein Comeback vor, das er früher als erwartet in Leverkusen feierte. Und dann geschah, was Waldemar Hartmann ins Entzückungstaumeln versetzt hätte: Beim Stand von 1:1 nimmt Matthäus eine weit ins Feld zurückgeschlagene Ecke Mehmet Scholls volley auf und hämmert den Ball aus gut fünfundzwanzig Metern in den Torwinkel. Folgerichtig wurde dieser Treffer zum Tor des Jahres gewählt, und wenn ich guter Laune bin und nur das Positive in und an Lothar Matthäus sehen will, denke ich an dieses Spiel in Leverkusen.

23. August 1994

Als Kahn & Co. in der Dreisam baden gingen

Wer dem »Fußballwahn« (Joachim Ringelnatz) verfallen ist und keine allzu große Sympathie für den FC Bayern München empfindet, weiß, was an diesem Tag geschah, als im südlichen Schwarzwald die Kuckucksuhren plötzlich anders gingen und dem Sport-Club Freiburg ein sensationeller Coup gelang. Mit einem unvorstellbaren Ergebnis – 5:1 – schickte man die damals von Giovanni Trapattoni trainierten Bayern blamiert nach Hause. Wer Anhänger der Freiburger ist, dürfte keine Mühe haben, die Aufstellung seiner Mannschaft – von Jörg Schmadtke bis Maximilian Heidenreich – und die Torfolge auswendig aufzusagen. Spanring, Kohl, zweimal Cardoso und Heinrich erzielten die Treffer und ließen den Nachthimmel im Breisgau erglühen. Wer für die Münchner traf, ist hingegen ohne Belang und braucht nicht erwähnt zu werden.

Anfang der neunziger Jahre, das war die Zeit, als der Mythos des SC Freiburg zu leuchten begann und halb Deutschland vom ganz anderen Fußball träumen ließ. Der Reihe nach: Freiburg im Breisgau ist ein liebenswürdiges Städtchen mit rund 220.000 Einwohner, darunter viele Studenten, tagtäglich angereichert durch Touristen, die sich vom bekannten Münster, von Heideggers Todtnauberg, vom nahe gelegenen Kaiserstuhl, vom Anblick leibhaftiger grüner Oberbürgermeister, vorbildlicher Mülltrennung oder vom freundlichen Klima anlocken lassen. Der Reiseschriftsteller Horst Krüger skizzierte 1970 das

Idyll, das den Besucher erwartet, so: »Wenn ihr die Welt menschenfreundlich und schön, schön beisammen, beinah heil haben wollt, geht dahin. Freiburg blüht, immer noch, immer wieder.«

Ein Jahr zuvor, 1969, wäre Freiburg fast noch schöner geworden, damals nämlich verfehlte der Freiburger FC nur um Haaresbreite den Aufstieg in die erste Fußballbundesliga. Der Betuchtenclub erholte sich nie mehr von diesem Beinahe-Erfolg und versank zeitweilig in der Siebtklassigkeit. Parallel dazu begann der wundersame Aufstieg des Lokalrivalen, der mit den Namen Achim Stocker (Präsident) und Volker Finke (Trainer) eng verknüpft war. 1993 schwang sich der Sport-Club in die erste Liga auf, entging mit hechelnder Zunge dem Abstieg und erklomm in der folgenden Saison sogar einen UEFA-Cup-Platz.

Der Ruhm, den die Freiburger in diesen Jahren errangen, verdankt sich nur zum Teil sportlicher Größe. Gewiss, mit geringem Budget, mit hausgemachten Stars, die zuvor in Emden, Ingolstadt oder Havelse kickten, mit einem begeisterungsfähigen, fairen Publikum, aufblitzendem Spielwitz und schwer zu kontrollierender Angriffslust bereicherte der Verein das zunehmend von den Großvereinen beackerte Bundesligafeld. Was freilich dem SC von Nicht-Freiburgern an Enthusiasmus entgegengebracht wurde, war oft ein mystisch grundiertes Gebilde, das aus Freude übers David-gegen-Goliath-Prinzip und aus verschleierter Gesellschaftskritik, die einen passenden Anknüpfungspunkt gefunden hatte, bestand. Der Verein avancierte zur Lieblingsmannschaft all derer, »deren Herz für keinen bestimmten Verein schlägt« (Gerhard Henschel), und selbst ein Fußballkenner wie Eckhard Henscheid sagte seiner Lebensliebe Eintracht Frankfurt Adieu und schenkte sein Herz den Freiburgern – mit schlagenden Argumenten: »Genau das also, was ich 42 Jahre vorher zu Recht bei Eintracht Frankfurt gesucht und gefunden habe und das nun im Windschatten des

Schwarzwalds das wirkliche und wahre Erbe dieser und jener Frankfurter Schule nebst ihrer Kritischen Theorie weit über den eher unbefugten Nachlassverwalter Habermas hinaus so legitim wie kompetent fort- und zu Ende führt.«

Andere zogen nach: Roger Willemsen pries den »anderen Zustand«, der im Dreisamstadion herrsche: »Sie kämpfen vorbildlich, haben wenig Kapital, der Trainer trägt einen Ohrring.« Journalisten aus allen Ecken gaben sich die Stadionklinke in die Hand und erzählten ergreifende Geschichten: von einem »nichtentfremdeten« Trainer, der gelernter Lehrer war, seine Zigaretten selbst drehte und Dichterlesungen besuchte, von den zahllosen spontimäßigen Spielern mit Abitur, Studienplatz, Müslischale, Fahrrad statt Mercedes und WG-Erfahrung, von einem Albaner namens Rraklli, der hier Unterschlupf fand, und von Stürmern wie »Strafraum-Melancholiker« Uwe Spies, die vor dem Schießen dachten. So sind oder waren sie, die guten Freiburger, und wenn sie siegten, so der Journalist Helmut Böttiger, dann umarmten sich »klassenübergreifend Kleinbürger und Intelligenzija«, dann erwachte, so Christoph Biermann, die Illusion, »dass Fußball fast ungetrübt schön sein« könnte. Zudem gab es Freiburger Spieler, die über Selbstironie verfügten und das intellektuelle Kuschelimage durch den Kakao zogen, wie etwa Torhüter Richard Golz: »Vor lauter Philosophieren über Schopenhauer kommen wir gar nicht mehr zum Trainieren.«

Doch nichts auf dieser Welt ist von Dauer – oder mit den Worten des Torhüters Toni Schumacher: »Erfolg ist wie Schönheit, kann nicht Ewigkeiten dauern.« Das galt auch für die Ära Finke, die 2007 nach geschlagenen sechzehn Jahren endete. Sein Nachfolger wurde Robin Dutt, mit dem der Wiederaufstieg in die erste Liga gelang. Danach fühlte sich dieser unglückseligerweise zu Höherem berufen – was ihm nicht bekam. Einmal aus dem trauten Freiburg gerissen, scheiterte Dutt in Leverkusen und Bremen – und zuletzt als Sportdirektor des VfB Stuttgart. Neue Jobs muss sich Dutt wohl im Ausland suchen.

Mit Dutts Abschied wuchs die Gefahr, dass der SC Freiburg seinen Nimbus einbüßen und zu einer der austauschbaren Fahrstuhlmannschaften des deutschen Fußballs, ja, womöglich zu einer grauen Maus werden könnte. Neue Underdogs wie Braunschweig, Augsburg, Darmstadt und Ingolstadt machten den Freiburgern den Platz als liebenswerter Kleiner streitig. Doch zum Glück kam es anders: Nach dem dürftigen Intermezzo mit Trainer Markus Sorg verpflichteten die Freiburger einen der Ihrigen, den in Weil am Rhein geborenen Christian Streich – ein Segen für den Verein. Mit Glaubwürdigkeit und Leidenschaft brachte Streich den Club wieder in die Spur und schuf vor allem vertrautes Identifikationspotenzial. Ohne sich um das Geschrei der Medien zu kümmern, legt sich Streich, sobald er Ungerechtigkeit wittert, mit Schiedsrichtern an, äußert sich politisch und geht unbeirrt seinen Weg, sodass man ihn – wäre das Wort »Kult« nicht so abgedroschen – damit etikettieren müsste. 2016/2017 landeten Streichs Schwarzwaldbuben sensationell gar auf dem siebten Platz, was zur Qualifikation für die Europa League berechtigte. Dass man dort gleich am slowenischen Club NK Domzale scheiterte, war bitter, regte aber in Freiburg niemanden groß auf.

Fußball ist für den »Freiburger Freigeist« (Frankfurter Allgemeine) Streich offenkundig nicht das ganze Leben, wenngleich man sein sehr breites Alemannisch in Norddeutschland kaum versteht. Sätze wie »Übscht, spielscht, wirscht ja sonst verrückt, kommt eh nicht, wie du willscht« machen es dem Hamburger SV oder Werder Bremen schwer, sich auf den Sport-Club einzustellen. So hält sich immer noch der Traum von der nicht ganz so kleinen Universitätsstadt im südwestlichen Zipfel der Republik, die den Mächtigen ein Schnippchen schlägt. Paderborn wäre auf Dauer für diese Rolle nicht geeignet gewesen. Und sicher kein Zufall: Auch Christian Streich hat wie Mythosbegründer Volker Finke ein Lehramtsstudium abgeschlossen. Im November 2017 wurde er im Literaturhaus Freiburg gar als »Buchmensch des Jahres« ausgezeichnet.

Manchmal, wenn Bayern München zum siebten oder zwölften Mal hintereinander Meister geworden ist, genügt es – um gute Laune zu bekommen –, sich die unverwechselbaren Namen großer SC-Spieler in Erinnerung zu rufen, sie stundenlang vor sich hin zu sprechen ... Zeyer, Kohl, Wassmer, Heinrich, Decheiver, Butscher, Kehl, Sané, Iaschwili, Todt, Weißhaupt ... Oder man schaut sich auf YouTube noch einmal alle Tore des 5:1-Sieges gegen die Bayern an, am besten in mehrfacher Wiederholung.

Nicht verschwiegen sei übrigens, dass auch die Frauenmannschaft des SC Freiburg seit langem erstklassig spielt.

30. Juni 1996

Ein Golden Goal macht Deutschland zum Europameister

Wenn ich es nur noch wüsste. Wenn ich mich, ohne im Internet nachzusehen, nur daran erinnern könnte, wer den Preis damals gewann, den ersten Preis beim Ingeborg-Bachmann-Wettbewerb in Klagenfurt ... Peinlich ist mir das, denn immerhin hatte ich mich, berufsbedingt, Ende Juni 1996 beim Kärntner Wettlesen aufgehalten, mir alle Beiträge brav angehört, mich abends in den Wörthersee geworfen und im Seerestaurant Maria Loretto übertreuerten Weißwein zu mir genommen.

Meine Aufmerksamkeit für die Literaten wurde ein wenig durch die gleichzeitige Austragung der Fußball-EM in England beeinträchtigt. Glücklicherweise ließ sich das meist gut verbinden, so auch am 26. Juni, als es zum Halbfinale im Wembley-Stadion gegen den Gastgeber kam. Für mich wurde dieser Abend nicht nur zu einem erfreulichen Fußballerlebnis, sondern auch zu einer Lehrstunde über das deutsch-österreichische Verhältnis. Im Innenhof der Klagenfurter Gaststätte »Bei uns« nahmen wir, etwa sechs bis acht deutsche Medienvertreter, vor einem Großbildschirm Platz. Kluge Lektoren, reizende Pressesprecherinnen und scharfsinnige Kritiker freuten sich auf einen spannenden Fußballabend, an dem ihre – die deutsche – Mannschaft mal wieder Revanche an England nehmen sollte. 1966 und das Wembley-Tor waren schließlich unvergessen.

Gut hundertfünfzig Menschen fieberten um uns herum auf harten Stühlen, tranken reichlich Bier, orderten Schnäpse – und feuerten mit Leidenschaft das englische Team an. Gewiss, aus unerklärlichen Gründen hatten sich einige Engländer, »native speakers«, in den Innenhof verirrt und schrien sich die Kehle aus dem Leib. Das ist ihr gutes Recht, sagte ich zu Angelika neben mir, das würden wir nicht anders machen. Doch nach wenigen Spielminuten war unverkennbar (der Engländer führte erstaunlicherweise eins zu null), dass die anwesenden Österreicher nur eine Erwartung an diesen Abend hatten: die Berti-Vogts-Buben verlieren zu sehen. Johlend und grölend begeisterten sie sich für jeden Alibipass, für jede Rückgabe eines Engländers, unflätig und grundlos beschimpften sie Sammer und Möller. In unfasslicher englisch-österreichischer Allianz gellten Sprechchöre durch den Hof, die Alan Shearer, den mediokren englischen Stürmer, feierten. »Alan Shearer, Alan Shearer, Alan Shearer« – und das an einem lieblichen Sommerabend in Klagenfurt. Zaghaft antwortete ein Frankfurter Kritiker mit Andy-Köpke-Rufen; feindselige Blicke, Hans-Krankl-Blicke prasselten sofort auf uns nieder. Eine Stuhlreihe vor mir, man stelle sich das vor, ermunterte ein auf den ersten Blick grundanständig wirkender österreichischer Familienvater seinen etwa siebenjährigen Sohn zu frenetischen England-England-Gesängen. In naivem Unverstand versuchte das fanatisierte Kind, mich von Eilts und Reuter abzubringen, verhöhnte deren Aktionen ... ein österreichisches Kind ...

In der Verlängerung spitzte sich alles zu. Angelika verlangte nach Marillenbrand, während ein Pfostenschuss der deutschen Minderheit fast den »sudden death« versetzt hätte. Gascoigne, der übergewichtige Flegel, schlitterte zweimal knapp am Ball vorbei, die Kärntner Volksseele tobte, sah ein indirektes Córdoba zum Greifen nah. Kein Zufall natürlich, dass der Schiedsrichter, der dem deutschen Stürmer Kuntz das »golden goal« – ein einwandfreier Kopfball! – verweigerte, Ungar war: Sándor Puhl. Ein Ungar, die reetablierte Habsburgermonarchie also, verhinderte, dass Angelika und ich in der Verlängerung siegten.

Als das Elfmeterschießen begann, setzten wieder Alan-Shearer-Rufe ein. Die Engländer wurden in ihrer Paradedisziplin ihrer Nerven nicht Herr, verschossen (Köpke!) den entscheidenden Strafstoß. Angelika verlangte entfesselt nach neuem Marillenbrand; das Kind vor mir sank – selber schuld – in sich zusammen. Die deutschen Kicker hatten gewonnen, glücklich zwar, doch mussten sie es nicht mit mehreren Gegnern aufnehmen? Mit ganz England, mit ganz Österreich, mit Schiedsrichter Puhl?

Das Endspiel am Sonntagabend wollte ich auf keinen Fall in Klagenfurt sehen. Wohl oder übel musste ich die Preisverleihung am Mittag abwarten – wenn ich nur wüsste, wer ... –, dann schwang ich mich ins Auto, einen recht alten VW Passat Kombi und nahm freundlicherweise einen Redakteur des Mitteldeutschen Rundfunks und seine Gefährtin mit, nachdem diese mir versprochen hatte, auf Pinkelpausen weitgehend zu verzichten. Schließlich wollte ich rechtzeitig zum Endspiel in meiner Leipziger Wohnung sein.

Die Strecke Klagenfurt – Leipzig zieht sich, doch ich verpasste nur die Anfangsminuten gegen die Tschechen, öffnete rasch ein Bier und wurde schließlich Zeuge eines historischen Ereignisses. Tschechien ging durch einen fragwürdigen Elfmeter in Führung, sodass Trainer Vogts eine Eingebung brauchte, die nicht lange auf sich warten ließ: Er wechselte den adretten Oliver Bierhoff ein, der prompt zum Ausgleich traf und in der Verlängerung den »sudden death« herbeiführte. Klinsmann passte ihm den Ball zu, und Bierhoff schob sich wie einst Gerd Müller in seinen Gegenspieler hinein, drehte sich und zog ab. Der überraschte tschechische Torwart Kouba konnte den Ball nur noch ins eigene Tor ablenken … bange Sekundenbruchteile verstrichen, bis klar war, dass Bierhoffs »golden goal« die Sache entschieden und Vogts seinen ersten Titel beschert hatte.

Wohlig lehnte ich mich in meinen Leipziger Sessel zurück und dachte unwillkürlich an den ungezogenen, englandfreundlichen Klagenfurter Bengel, der wahrscheinlich an diesem Abend jede Aktion der Tschechen bejubelt hatte – wieder ohne Erfolg. Mittlerweile dürfte er an die dreißig sein und musste erleben, wie sich Arnautović, Harnik und Prödl 2018 wieder einmal nicht für eine Weltmeisterschaft qualifizieren konnten. Fast kommt Mitleid in mir auf.

28. Mai 1997

Lars Ricken kam, sah und schoss ...

Über 300 Bundesligaspiele hat er für Borussia Dortmund absolviert und dabei 49 Tore geschossen. 16-mal wurde er in die deutsche Nationalmannschaft berufen – eine sehr ordentliche Karriere, und dennoch keine, die dafür gereicht hätte, sich auch in Nicht-Dortmunder Köpfen auf Dauer festzusetzen. Wenn es da nicht das Champions-League-Endspiel im Mai

1997 gegen Juventus Turin gegeben hätte ... Dortmund führte nach zwei Toren von Riedle und einem Gegentreffer von Piero mit 2:1. Das Spiel stand auf der Kippe, als Trainer Hitzfeld in der 71. Spielminute Stéphane Chapuisat aus- und jenen erst 21-jährigen Ricken einwechselte. Wenige Sekunden stand er auf dem Platz ... Andreas Möller schickte ihn mit einem langen Pass in die Turiner Hälfte, und kurzentschlossen hob Ricken den Ball aus gut 25 Metern über den zu weit vor seinem Tor stehenden und zudem nicht sonderlich groß gewachsenen Angelo Peruzzi ins italienische Gehäuse. 3:1 – das Spiel war entschieden, Dortmund durfte sich, ausgerechnet im Münchner Olympiastadion, als Champions-League-Gewinner feiern lassen. Mit diesem genialen Streich katapultierte sich Ricken in den (Dortmunder) Fußballolymp.

Vergessen wollen wir ob dieses meisterlichen Tores nicht den TV-Kommentator dieses Finales: Marcel Reif. Wie Herbert Zimmermann 1954 beim Berner WM-Wunder in der entscheidenden Szene suggestiv ausrief: »Jetzt müsste Rahn schießen« (was dieser ja auch umgehend und erfolgreich tat), gab Reif dem davoneilenden Ricken klare Anweisungen: »Lupfen jetzt!« Ricken gehorchte und platzierte seine ewigkeitsträchtige Bogenlampe mustergültig.

An Fans mangelt es Borussia Dortmund bis heute nicht. Der Verein, der in seiner Geschichte tiefe Täler zu durchschreiten hatte, verstand und versteht es, sich sein Image als aufrechter Ruhrpott-Club zu bewahren, Kommerz hin, Kommerz her. Und so darf er zu seinen Getreuen die Schriftstellerin Monika Maron zählen, die im April 2014, nachdem ihr Enkel Anton in einem »Generation«-Interview« in der »Frankfurter Allgemeinen« seine Fußballliebe offenbart hatte, eingeladen wurde, mit Anton das DFB-Pokalhalbfinale Dortmund gegen Wolfsburg zu besuchen. Wie die Berliner Autorin danach festhielt, lag ihr letzter Stadionaufenthalt doch schon recht lange, genauer: über sechzig Jahre, zurück: »An das Spiel erinnere ich mich nicht, nehme aber an, dass der SC Dynamo gegen ASK Vorwärts gespielt hat, also Polizei gegen Armee, und dass Erich Mielke mit blutrotem Kopf herumgesprungen ist. Ihm unterstand die Sportvereinigung Dynamo, und mein Stiefvater, zu dieser Zeit Chef der Deutschen Volkspolizei, war sein Stellvertreter.«

Eine Leidenschaft für diesen Sport löste jenes in Mielke-Nähe zugebrachte Spiel nicht aus. Mit der Wende 1989/90 entwickelte Monika Maron neue Vorlieben: »Erst in den letzten Jahren hat sich mein Verhältnis zum Fußball geändert, was damit begann, dass es nach 1990 nun eine Nationalmannschaft gab, deren Siege ich leidenschaftlich wünschen und deren Niederlagen ich ebenso betrauern konnte. Und Anton, mein Enkelsohn, wurde seit der ersten Klasse begeisterter Fußballer, später Torwart, beim SV Pfefferwerk, sodass ich mich, weil ich ihm eine ernsthafte Gesprächspartnerin sein wollte, um die wichtigsten Belange der Bundesliga zu kümmern begann, was wiederum mein Interesse auf Jürgen Klopp mit seinem BVB lenkte und dazu führte, dass ich zum ersten Mal mein Herz an eine Fußballmannschaft hängte.« Und so kam es, dass Maron 2014 endlich wieder ein Stadion betrat, den Dortmunder 2:0-Sieg bejubelte und erkannte, was der Fußball in seinen schönsten Momenten hervorzurufen vermag: »An diesem Abend im Stadion ergriff mich etwas, das ich nachträglich als den Rausch durch ein kollektives emotionales Erlebnis identifizierte, etwas, das es im Leben jenseits des Fußballs nur noch selten gibt. (…) Wir müssen den Fußball feiern für seine friedenserhaltende Kraft. Es geht um alles, wir dürfen Feinde haben und Feinde sein, wir dürfen zu einer liebenden und hassenden Masse gehören – für neunzig Minuten, um dann ins zivile Leben zurückzukehren.« Auch Enkelsohn Anton dürfte diesen Dortmunder Abend nie vergessen, »denn er hat Fotos: Anton mit Marcel Schmelzer, mit Neven Subotić, mit Teddy de Beer, und er hat ein Torwarttrikot, unterschrieben von Weidenfeller«.

Vier Wochen später kam es zum Endspiel, gegen die Münchner Bayern. Das Ergebnis habe ich aus nachvollziehbaren Gründen verdrängt.

12. Oktober 2003

Ein Golden Goal entscheidet das Endspiel der Frauen-Fußball-WM

Lange hat es gedauert, bis sich die Frauen in der letzten Männerdomäne, im Fußball durchsetzen konnten. Zwar soll es noch heute in abgelegenen oberbayerischen Landstrichen ältere Herren geben, die sich bei TV-Übertragungen von Frauenfußballspielen gelangweilt abwenden und sich lieber stundenlang dem Golf widmen oder gespannt Utta-Danella-Verfilmungen verfolgen, doch an der Akzeptanz der Frauen auf dem Rasen ist nicht mehr zu rütteln. Bei mir ums Eck zum Beispiel wohnt Katja Kraus, die es auf sieben Länderspiele und über 200 Bundesligaspiele für den FSV Frankfurt brachte, aber das gehört vielleicht nicht hierher ...

Ein langer Weg musste beschritten werden, bis die Frauen sich fußballerisch durchsetzen konnten. Blicken wir kurz zurück: Als der Niederländer Frederik J. J. Buytendijk Anfang der fünfziger Jahre in der Schriftenreihe »Weltbild und Erziehung« seine – so der Untertitel – »psychologische Studie« *Das Fußballspiel* veröffentlichte, war die Welt für die Männer noch in Ordnung. Der sich mehr und mehr ausbreitende Fußball hatte sich in vielen Ländern zum Volkssport ersten Ranges entwickelt, und die folgende Weltmeisterschaft in der Schweiz sollte diese Popularität, nicht nur in Deutschland, weiter steigern.

Kein Zweifel bestand für Buytendijk, dass der Fußball – anders als Schwimmen oder Turnen – eine ausschließlich dem männlichen Geschlecht vorbehaltene Sportart sei. Frauen und Fußball, diese Verbindung verbot sich in Buytendijks Augen aus weltanschaulichen Gründen, deren Gültigkeit anthropologisch untermauert wurde: »Das Fußballspiel als Spielform ist also wesentlich eine Demonstration der Männlichkeit, so wie wir diese auf Grund unserer traditionellen Auffassungen verstehen, und wie sie zum Teil durch die körperliche Anlage (die hormonale Irritation) hervorgerufen wird. Es ist noch nie gelungen, Frauen Fußball spielen zu lassen, wohl aber Korbball, Hockey, Tennis, und so fort. Das Treten ist wohl spezifisch männlich; ob darum Getretenwerden weiblich ist, lasse ich dahingestellt. Jedenfalls ist das Nicht-Treten weiblich! Im Fußballspiel zeigt sich in spielender Form das Grundschema der männlichen Neigungen und der Werte der männlichen Welt. (...) Das Fußballspiel jedoch, als spontanes primäres Jungenspiel, ist unmittelbar, vom Ursprung her undiszipliniert und undurchdacht. Primär ist auch die Fußbeherrschung namentlich das gerichtete Terrain, eine schwierigere Aufgabe als das gerichtete Treten, eine schwierigere Aufgabe als das gerichtete Werfen, wiewohl auch dies durch bestimmte Spielregeln recht schwierig werden kann. Der Junge ist mehr als das Mädchen geneigt, sich solch eine Welt von schwierigen Aufgaben zu formen, so wie das unter anderem in seiner Abenteuerlust und seiner Waghalserei zum Ausdruck kommt. Auch gibt das Bewusstsein, etwas Schwieriges leisten zu können, dem Jungen ein stärkeres Gefühl von Eigenwert.«

Von dieser scheinbar eindeutigen Geschlechterzuordnung ist heute wenig geblieben. So wie sich Frauen nach und nach gesellschaftliche Terrains eroberten, die für immer und ewig Männern vorbehalten schienen, ist auch der Fußball keine reine Männerdomäne geblieben. Wiewohl natürlich weiterhin eine erhebliche Differenz beim Zuschauerzuspruch und bei der Medienpräsenz besteht, erregt es keinen männlichen

Schauder mehr, wenn Frauen sich im »Treten« üben und ihre Qualitäten beim Flankenlauf oder Kurzpassspiel demonstrieren.

»Eine Frau spielt Fußball. Das bedeutet nichts Gutes. Das ist das Ende« – dieses ironische Diktum aus Melchior Vischers 1924 uraufgeführtem Theaterstück *Fußballspieler und Indianer* hat sich in seinem Kulturpessimismus glücklicherweise nicht bewahrheitet. Ja, bisweilen sind die männlichen Betrachter des Spiels dankbar dafür, wenn sie – bei Versagen ihrer Geschlechtsgenossen – siegreichen Frauen zujubeln dürfen.

Es war ein langer Weg, bis die Frau als Fernschuss- oder Hackentrickspezialistin akzeptiert wurde. Männer ertragen es – eine alte Erkenntnis – schwer, wenn die ihnen angestammten Bastionen verloren gehen und Frauen Zutritt zu ihren herrschaftsorientierten Bündnissen verlangen. Zudem sind die Hierarchien der offiziellen Fußballverbände seit jeher Domänen männlichen Machtstrebens, und so nimmt es nicht wunder, dass der Frauenfußball von institutioneller Seite lange Zeit wenig Förderung erhielt. Die Welt der Hermann Neubergers oder Gerhard Mayer-Vorfelders sah das weibliche Geschlecht vorrangig als Ornament, das man allenfalls bei Banketten oder Weihnachtsfeiern duldete: »Ich kann mir nichts Schlimmeres vorstellen als schreiende Fußballbräute auf der Tribüne« (Wolfgang Overath).

Frauen, die sich in den Zirkel des Fußballs verirrten, hatten sich in blond gelockter Demut zu üben. Wollten sie sich in diese schmückende Beiwerkrolle nicht stillschweigend fügen, sich wie Gaby Schuster oder Angela Häßler gar als Managerinnen versuchen oder wie Carmen Thomas Sportsendungen moderieren, so war ihnen der geballte Spott der männlichen Betonköpfe gewiss. Der vielgespielte Schlager *Er steht im Tor* (1970) – gesungen von einer Frau, Wencke Myhre, getextet von einem Mann, Peter Zeeden – mühte sich, diese bröckelnden Dämme zu stabilisieren, und beschwor die klassische Rollenverteilung: »Er steht im Tor, im Tor, im Tor / und ich dahinter, / Frühling, Sommer, Herbst und Winter / bin ich nah bei meinem Schatz / auf dem Fußballplatz«.

Je selbstverständlicher Frauen – nicht nur als »Mitgenommene« – Fußballstadien aufsuchen, ihren Terminkalender mit den TV-Übertragungen wichtiger Spiele abgleichen, aktiv gegen den Ball treten oder Spiele der Männer pfeifen, desto häufiger finden sich Texte über Fußball, die von Frauen geschrieben werden. Längst haben sich die latent immer leicht zu verunsichernden Männer daran gewöhnt, dass Frauen (wie Sabine Töpperwien oder Claudia Neumann) die heiligen Hallen der Radiokonferenzschaltungen und TV-Liveübertragungen betraten und begannen, die *Sportschau* und *Das Aktuelle Sportstudio* zu moderieren. Selbst die Regelkenntnis hat unter Frauen auf beeindruckende Weise zugenommen. Das Abseits zum Beispiel, das übrig gebliebene Machos wie Jörg Wontorra als das »letzte Geheimnis der Männer« ansahen, ist keine Barriere mehr, die die Geschlechter voneinander trennt. Eine Umfrage, die die Guinness-Brauerei im Jahr 2000 unter englischen Fans machte, brachte Erschütterndes zutage: Während nur etwa die Hälfte der befragten Männer die Abseitsregel plausibel erklären konnte, schafften dies zwei Drittel der Frauen. Ein Ergebnis, das Männern zu denken gab: »Es wird Zeit, dass die Abseitsregel wieder etwas komplizierter gestaltet wird. Es gibt mittlerweile zu viele Frauen, die die erklären können.«

Zum endgültigen Durchbruch des Frauenfußballs in Deutschland wurde die WM 2003. Das Team um Birgit Prinz, Steffi Jones und Kerstin Garefrekes hatte sich ins Endspiel gegen die Schwedinnen durchgekämpft und sich mit diesen ein hitziges Gefecht geliefert, das in die Verlängerung ging. Die Spannung stieg, denn seinerzeit galt noch die umstrittene Golden-Goal-Regel, der zufolge mit dem nächsten Tor alles zu Ende war – eine Unachtsamkeit, ein Fehler im Stellungsspiel und der WM-Traum erlosch in Sekundenbruchteilen.

Dank der eingewechselten Nia Künzer, die in der 98. Minute einen Freistoß von Renate Lingor mit wuchtigem Kopfstoß im Tor der schwedischen Torfrau Caroline Jönsson versenkte, hatten die Deutschen das bessere Ende für sich. Glockenheller Jubel und zitronensaure Enttäuschung breiteten sich blitzschnell aus, und zu Hause vor den deutschen Bildschirmen prosteten sich Männer zu, als hätten Miroslav Klose oder Michael Ballack eingenetzt. Nia Künzer, die mittlerweile auch als TV-Fachfrau ein prima Bild abgibt, ist seitdem unvergessen; ihr Kopfball wurde gar Tor des Monats.

12. Juli 2006

Joachim Löw übernimmt

Seien wir ehrlich: Es gab in den Achtzigern und Neunzigern schreckliche, quälende Jahre, in denen man der deutschen Fußballnationalelf insgeheim nichts Gutes wünschte. Trotz mancher Erfolge überwogen die Momente des Rumpel- und Hauruckfußballs, dessen Defizite durch Kampf- und Turniergeist wettgemacht wurden. Spaß hat das nicht gemacht. Erst als die entbehrungsreiche Ribbeck-Talsohle durchschritten und mit dem kläglichen Ausscheiden bei der Europameisterschaft 2004 der Tiefpunkt erreicht war, ging ein Ruck durch Deutschland. Endlich sah man ein, dass allein mit deutschen Sekundärtugenden kein Blumentopf mehr zu gewinnen war. Motivator Klinsmann übernahm und veränderte die Stimmungslage rechtzeitig zum Sommermärchen 2006 komplett. In einem lichten Augenblick erkannte Klinsmann nach dem Turnier, dass es für ihn besser nicht werden konnte, und übergab das Zepter an seinen Assistenten Joachim Löw, der am 12. Juli offiziell als Bundestrainer vorgestellt wurde. Eine glückliche Wendung, die dem deutschen Fußball plötzlich weltweite Anerkennung einbrachte.

Wer ist dieser Mann, der zum erfolgreichsten DFB-Trainer aller Zeiten wurde? Was verdankt Deutschland insgesamt Baden-Württemberg und seiner »Spätzle-Connection«? Zu dieser zählen vor allem »Professor« Ralf Rangnick, Jürgen Klinsmann und eben Joachim Löw, auch Thomas Tuchel und Jürgen Klopp mag man dazuzählen. Tobias Escher beschreibt in seinem Buch *Vom Libero zur Doppelsechs*, wie es in diesen Jahren gelang, Anschluss an internationale Entwicklungen zu finden und Ideen einer neuen Spielauffassung zu integrieren. Seine Konzepte trage, so Escher, Joachim Löw in »charmantem Schwäbisch« vor – ein fataler Hörfehler, der wohl damit zu tun hat, dass Escher in Hamburg und auch sein Verlag Rowohlt bald wieder dort ansässig ist. Von da aus betrachtet, verwischen sich offensichtlich die Grenzen zwischen Baden und Schwaben, zwischen Schwarzwald und Schwäbischer Alb.

Näher dran ist da natürlich Peter Schelshorn, seines Zeichens Bürgermeister der zum Landkreis Lörrach gehörenden Gemeinde Schönau, wo Joachim Löw 1960 geboren wurde. Nach dem WM-Sieg 2014 machte Schönau seinen berühmtesten Sohn zum Ehrenbürger und gab dem Buchenbrandstadion den Namen Jogi-Löw-Stadion. Dessen Vereinsheim wird übrigens von Joachim Löws Bruder Pit betrieben. Bei der Verleihung der Ehrenbürgerschaft hielt Bürgermeister Schelshorn unmissverständlich fest: »Von der Art her ist er der typische Schwarzwälder, er geht nicht gleich auf jeden zu.« Wenn Löw nach Schönau komme, schwätze er »100 Prozent Alemannisch«.

Löws erste Annäherungen an den Fußball fanden also in Schönau statt. Als Profifußballer pendelte seine Karriere zwischen Baden und Schwaben, zwischen dem SC Freiburg, dem VfB Stuttgart und dem Karlsruher SC hin und her. Zum Nationalspieler brachte es Stürmer Löw nicht; seine größten Erfolge feierte er in der Zweiten Liga beim SC Freiburg, dessen Rekordtorschütze er bis heute ist.

Auch Löws Laufbahn als Vereinstrainer verlief wechselhaft, nachdem er 1996 als Interimstrainer des VfB Stuttgart einen furiosen Einstand gefeiert hatte und zum Chefcoach avancierte. Es war die kurze Blütezeit des Magischen Dreiecks um Krassimir Balakow, Giovane Elber und Fredi Bobic, als Löw mit dem VfB den DFB-Pokal gewann und ein Jahr später im Europapokalendspiel gegen Chelsea knapp verlor. Eine unvergessene Zeit für die Fans, weshalb sie ihn 2012 zum Trainer ihrer »Jahrhundertelf« wählten. Danach versuchte Löw, in der Türkei und in Österreich deutsches Spielverständnis zu vermitteln, mit durchwachsenem Erfolg, bis er 2004 – als der DFB endlich die Notwendigkeit von Revolutionen einsah – als Assistenztrainer von Jürgen Klinsmann anheuerte.

Was danach kam, vom Sommermärchen 2006 bis zum Triumph 2014, ist bekannt. Hieß es schon zu Anfang, dass Klinsmann vor allem als Stimmungsmacher brilliere und Löw als Denker im Hintergrund fungiere, so zeigte sich, als Löw Cheftrainer wurde, was er und sein Team zu bewirken vermochten. Wie Mehltau hatte der auf Kampf und Willensstärke beruhende Rumpelfußball auf den Gemütern der Fußballfans gelegen, und nun endlich kehrte mit Joachim Löw die Ästhetik zurück, fand die Nationalelf Anschluss an das, was andere erfolgreiche Mannschaften auf dem Rasen zelebrierten. Klinsmann und Löw brachten die Freude zurück, dank »högschder Disziplin«, »högschder Konzentration« und »högschder Schnelligkeit«, und plötzlich schossen die Talente wie Pilze aus dem zuvor brachliegenden Boden, und gleichzeitig schaffte es Löw, der nie »Fähnchen im Wind« sein wollte, mit seiner Geradlinigkeit selbst in Schwächephasen die Kritik an ihm im Keim zu ersticken.

Löw schuf um sich eine Aura des leicht entrückten, nie plump volkstümlichen Visionärs, der mit Journalisten nicht über Gebühr fraternisierte. Körper- und modebewusst kreierte er im Pullunder oder im weißen, weit aufgeknöpften Hemd einen völlig neuen Bundestrainer-Look, für den sich auch fußballferne Frauen zu interessieren begannen. Und das obwohl seine Frisur, dieses bubikopfähnliche Etwas, keinem neumodischen Trend hinterherlief. 2014, im Vorrundenspiel gegen Klinsmanns USA, freilich brachte der Dauerregen von Recife Löws so konstanten Haarschopf komplett aus der Fasson. Mit einem Mal sahen wir – das Spiel gegen die Amerikaner war ohnehin recht langweilig – einen Bundestrainer im Wet-Look, was umgehend Diskussionen auslöste, ob Löws Sexiness dadurch nicht entscheidend befördert würde. Selbst im Boulevardmedium »Gala« wurde das Thema erörtert. Unvorstellbar, dass man über Sepp Herbergers, Helmut Schöns oder Berti Vogts' Haartracht vergleichbare Diskussionen angestellt hätte. Rudi Völler ist ein Sonderfall.

Kein Wunder folglich, dass Löw als Werbeträger in Betracht kam. Seit Jahren setzt die Firma Nivea auf ihn als »Pflegecoach«. Wie Inken Hollmann-Peters, Vice President Corporate Communications & Sustainability der Beiersdorf AG, betont, schätze der Bundestrainer die hohe Pflegekompetenz von Nivea und verwende die Produkte täglich. Lediglich beim Schweißfleckengruppenspiel der EM 2016 gegen die Ukraine vergaß er vor Aufregung den Einsatz seines Deodorants.

Ob es an Nivea liegt, dass Löw inzwischen eine Grandezza erreicht hat, die ihn über den Dingen stehen lässt, bleibt offen. Jedenfalls sollte es sich allmählich verbieten, seinen Vornamen Joachim weiterhin zum albernen »Jogi« zu verniedlichen. Es gehört zu den Unsitten des deutschen Fußballwesens, seine Helden mit »i«-Endungen (Litti, Poldi, Schweini …) auf putzig zu trimmen. Das ist eines Bundestrainers Joachim Löw nicht würdig.

Schönau und Wittnau im Hexental hat der deutsche Fußball viel zu verdanken. Ja, dem Schwarzwald überhaupt. Denn von Wittnau sind es nur rund dreißig Kilometer bis nach Todtnauberg, wo Philosoph Martin Heidegger seit 1922 eine von Denkern und Dichtern gern besuchte Hütte besaß. Weniger bekannt ist, dass Heidegger, vormals Linksaußen beim FC Meßkirch, ein großer Anhänger des Fußballsports war. Bei wichtigen Spielen eilte er zum Fernsehgerät der Nachbarn und soll 1963 bei den Europapokalkämpfen des Hamburger SV gegen Barcelona vor Erregung einen Teetisch umgestoßen haben.

Philosophie und Fußball hängen im Schwarzwald eng zusammen. Wie Heideggers Existenzphilosophie die Denk- und Laufwege des jungen Joachim Löw beeinflusste und was Doppelsechs und falsche Neun damit zu tun haben, werden künftige wissenschaftliche Studien zeigen müssen.

13. Juli 2014

Deutschland wird Weltmeister gegen Argentinien

Nicht immer hängt das Lebensglück von den entscheidenden Fragen unseres Daseins ab. Ja, natürlich wissen wir, dass Gesundheit, Liebe oder berufliche Erfüllung das Wesentliche einer Biographie bestimmen. Doch wen Fußballbegeisterung ernsthaft erfasst hat, der weiß, dass das nicht (immer) stimmt. Denn es sind die Auf- und Abstiege, die Meisterschaften und Pokalsiege, die Fallrückzieher und Volleyschüsse, die uns im Herzen anrühren, die uns frohlocken oder verzweifeln lassen und die sogar unsensible Männer zu Tränen der Freude oder des Leids rühren. Die großen Glückserfahrungen eines Lebens, einer Kindheit hängen oft am seidenen Faden, entscheiden sich in Momenten, da andere über uns entscheiden, ohne sich der Schicksalhaftigkeit ihres Tuns bewusst zu sein.

Was mögen zum Beispiel jene Eltern im Nachhinein empfinden, die in pädagogischem Übereifer ihren Kindern am 8. Juli und am 13. Juli 2014 verwehrten, das Halbfinale und das Finale der deutschen Mannschaft vor dem Fernseher zu verfolgen? Viel zu spät sei das, die Schule gehe vor, im Internet könne man am nächsten Tag sich die Tore ja ansehen – was für ein lächerlicher, was für ein hanebüchener Unsinn! Wie sollen diese Kinder die Demütigung je verkraften, das 7:1 gegen Brasilien und das 1:0 gegen Argentinien versäumt, wie je dieses Gefühl, Geschichte verpasst zu haben?

Acht Jahre war ich im Sommer 1966, als wir wie eh und je nach Österreich in den Urlaub fuhren und in der Wirtsstube unseres Tannheimer Vermieters Deutschland im WM-Finale gegen England verlieren sahen. Acht Jahre alt war mein Sohn Konrad, der ein knappes halbes Jahrzehnt nach den Ereignissen von Wembley natürlich die Erlaubnis erhielt (meine Gemahlin hielt sich vorbildlich zurück), den Versuch der Löw-Mannen, den WM-Titel endlich wieder nach Deutschland zu holen, live zu erleben. Schon Tage zuvor lag nervöse Anspannung über unserer Wohnung. Das Kind schlief schlecht; meine Gemahlin sehnte das WM-Ende herbei. Wir sahen das Spiel dann in geselliger Freundesrunde. Daggi hatte biologisch einwandfreies Bier mitgebracht. Ich bot trockenen Rosé an. Wir aßen – größere Speisen hätten zu sehr vom Spiel abgelenkt – englische Kartoffelchips, die, nach dem Packungspreis zu urteilen, handgeschnitzt gewesen waren. Jost hatte mit Müdigkeit zu kämpfen und lehnte eine Verlängerung kategorisch ab; ein harter Arbeitstag lag vor ihm. Konrad und ein gleichaltriger Freund kauerten im Sessel und auf dem Boden, ertrugen die Anspannung kaum. Zu euphorisch waren sie nach dem Triumph gegen Brasilien ins Spiel gegangen, zu dürftig waren die Argentinier ins Endspiel geschlittert, zu mühsam entwickelte sich das Finale.

Der Rest ist bekannt: Joachim Löws geniale Einwechslungen, Schürrles Flanke, Götzes Ballannahme, das langsame

Heruntertropfen des Leders, das Götzes Fuß unendliche Sekunden später genau an der richtigen Stelle traf, der sich verzweifelt werfende argentinische Torhüter ... die Vorentscheidung durch einen Geniestreich in der 113. Minute. Alle sprangen auf, schrien und johlten, die Kinder tanzten. Konrad, der den Schützen im Eifer des Gefechts nicht genau erkannt hatte, jubelte noch lauter, als ich ihn aufklärte, wiederholte den Namen Götze mit seliger Inbrunst und umarmte jeden, der seinen Weg kreuzte. Jost wirkte plötzlich munter wie ein Fisch im Wasser. Ich bot trockenen Rosé an und trank bei jeder Wiederholung des Siegtores gierige Schlucke.

Alles tun wir, dass Konrad eine erfreuliche Kindheit erleben und gut gewappnet in eine ungewisse Zukunft gehen kann. Meine Frau und ich strengen uns wirklich an. Doch es gibt Schicksalskräfte, die stärker sind als wir, die das Glück unseres Kindes ohne unseren Einfluss wundersam lenken. Konrad wurde mit acht Jahren Weltmeister, dank Mario Götze. Das ist ein solides Fundament. Wie wachsen, sinniere ich in stillen Stunden, Kinder in Ländern wie Bulgarien, Andorra oder – ja, seien wir ehrlich – Österreich auf, Kinder, die aufgrund ihrer geographischen Benachteiligung nie das Glück haben werden, das Weltmeister-Feeling zu spüren? Manche Fragen sind verdammt schwer zu beantworten.

19. August 2016

Silvia Neids i-Tüpfelchen

Eine Musterkarriere, die Silvia Neid da hingelegt hat. Als Spielerin glänzte sie im Mittelfeld des TSV Siegen, mit dem sie etliche Meisterschaften und Pokalsiege errang, und 1988 sogar das »Tor des Monats« schoss. 111 Länderspiele absolvierte sie, auch diese mit reichlich Titeln garniert. Nahtlos wechselte sie ins Traineramt, zuerst als Assistentin von Tina Theune-Meyer und dann, von 2005 bis 2016, als Cheftrainerin. Diese nicht minder segensreiche Tätigkeit krönte sie bei den Olympischen Spielen in Brasilien 2016 im Endspiel mit einem hart umkämpften 2:1-Sieg gegen Schweden – womit die deutsche Frauennationalmannschaft erstmals eine olympische Goldmedaille einheimste. Ein schwererkämpfter Finalerfolg, der nicht zuletzt der überragenden Dzsenifer Marozsán zu verdanken war.

Überhaupt hat es über all die Jahre fast immer Spaß gemacht, dem deutschen Frauenteam zuzusehen, weil man fast immer das gute Gefühl hatte, dass am Ende ein Sieg herausspringt. Es war mit Birgit Prinz, Silke Rottenberg, Maren Meinert, Inka Grings, Kerstin Garefrekes, Simone Laudehr, Nadine Angerer oder Annike Krahn schlichtweg entspannter als mit ihren männlichen Kollegen. Das hatte natürlich mit der besonnenen Silvia Neid an der Seitenlinie zu tun, die für die Eitelkeiten und Fisimatenten des Männerfußballs keine Zeit hatte. Und als es ihr als Spielerin auf die Nerven ging, ständig mit ihrem männlichen Mittelfeldpendant Lothar Matthäus verglichen zu werden, parierte sie das mit einer überzeugenden Replik: »Ich bin kein Matthäus, dazu fehlen an meinem Körper die entscheidenden fünf Gramm.«

10. September 2017

Eine Frau pfeift Erste Bundesliga

Lange genug ließ man die Polizeibeamtin Bibiana Steinhaus in der zweiten Liga schmoren, acht Jahre. Bis es zum Führungswechsel bei den DFB-Schiedsrichterfunktionären kam und die großgewachsene Frau aus Hannover ihr Erstligadebüt feiern durfte – im Berliner Olympiastadion beim Spiel Hertha BSC gegen Werder Bremen. Ohne größeren Fehl und Tadel brachte Frau Steinhaus das über die Runde; beim Berliner Führungstor wandte sie die Vorteilsbestimmung prächtig an. Als mit Angela Merkel erstmals eine Frau Bundeskanzlerin wurde, erregte das weit weniger Aufmerksamkeit als Bibiana Steinhaus' Aufstieg. Der nächste folgerichtige Schritt läge darin, eine Frau zum Chefcoach, pardon: zur Chefcoachin eines Bundesligavereins, bei den Männern, versteht sich, zu machen. Vor 2050 ist damit nicht zu rechnen.

4. November 2017

Robin Zentner geht in die Geschichte ein, schon in seinem zweiten Bundesligaspiel

Manchmal gelingt es, mit einer einzigen Szene Untersterblichkeit zu erlangen. Mainz-Torhüter Robin Zentner zum Beispiel hat das, als Vertreter von René Adler, schon in seinem zweiten Bundesligaeinsatz geschafft. Eine halbe Stunde ist beim Auswärtsspiel in Mönchengladbach verstrichen, als ihn ein Rückpass ereilt. Zentner blickt nach vorne, abwägend, wohin er das Leder schlagen soll, und bemerkt dabei nicht, dass selbiges unter seinem Fuß hindurchgleitet. Wovon er sich freilich nicht beeindrucken lässt. Unbeirrt verwechselt er den weißen Elfmeterpunkt mit dem ebenso weißen, hinter ihm liegenden Ball und schlägt ein famoses Luftloch, das ihn selbst so verdutzt wie alle anderen Beteiligten. Mit letzter Kraft gelingt es Zentner und die Mainzer Abwehr, Gladbachs Stindl am Erzielen eines Gegentors zu hindern. Andernfalls wäre Zentner noch nachhaltiger in die Geschichtsbücher eingegangen.

5
Grandiose Erinnerungen

16. Mai 1937

Die »Breslau-Elf« zeigt Dänemark, wie man Tore schießt

Eines der besten Spiele der DFB-Elf soll es gewesen sein, der in Breslau errungene 8:0-Sieg gegen Dänemark. Die Männer um Münzenberg, Goldbrunner, Janes, Kupfer, Szepan, Lehner oder Urban spielten schnellen Tempofußball und rissen damit große Lücken in die dänische Abwehr. Allen voran Otto Siffling vom SV Waldhof, der gleich fünfmal traf. Es bedurfte freilich der taktischen Raffinesse von Trainer Herberger, um Siffling von seinem Job zu überzeugen. Vierzehn Tage vor dem Spiel hatte er sich scheinbar hilfesuchend an Siffling gewandt: »Ottl, wie ist es, wissen *Sie* keinen Mittelstürmer für mich?« Insgeheim war sich Herberger längst im Klaren, dass der Mannheimer sein Mann für die Sturmmitte war, doch er wollte, dass dieser sich selbst die Aufgabe zutraute. Kurz darauf war Siffling dann so weit: »›Ich wüsste einen, Herr Herberger!‹ Ich tat überrascht und interessiert: ›Na, wen denn?‹ ›Nehmen Sie mich!!‹, war seine Antwort. Ich hatte ihn, wo ich ihn haben wollte.«

23. Februar 1955

Bewegung auf dem deutschen Buchmarkt –
der beste deutsche Fußballroman erscheint

Fußball und Sport, beschied einst Literaturpapst Marcel Reich-Ranicki, seien »feindliche Brüder« – was man nicht allzu ernst nehmen sollte, da sich der Frankfurter Kritiker nachweislich bei Thomas Mann besser als im Auestadion oder am Böllenfalltor auskannte. Doch das eingeräumt, muss man konstatieren, dass die deutsche Literatur in den letzten einhundertfünfzig Jahren zwar kaum ein Thema ausließ, sich jedoch mit dem Fußball schwertat. Anders gesagt: Das Warten auf den großen, ultimativen Fußballroman hält an, und nicht jeder Text, in dem Bälle rollen, ist es wert, dieser Untergattung zugeordnet zu werden.

Philipp Winklers *Hool* (2016) zum Beispiel handelt einerseits von gewaltbereiten Hooligans, die jedes Wochenende nutzen, um sich mit gegnerischen Anhängern zu prügeln, und es hat auch irgendwie mit Spielen von Hannover 96 und Eintracht Braunschweig, mit Helden der Vergangenheit wie Roman Wójcicki oder »Pokalheld« Jörg Sievers zu tun. Andererseits sind die Bundesligaspieltage für die rauen Fans bloßer Vorwand, um in zweckfreier Randale sich selbst und ihren Körper zu spüren, sich in einstudierter Choreographie zu prügeln und den (Miss-)Erfolg danach mit reichlich Bier zu begießen. *Hool* ist so ein lesenswerter Gesellschafts-, aber nicht wirklich ein Fußballroman. Vom Missverständnis um Peter Handkes *Die Angst des Tormanns beim Elfmeter* (1970) war bereits die Rede. Die Fachwelt war entrüstet. Petar Radenković, Münchens Meistertorwart, lehnte eine Rezension brüsk ab; Kollege Uli Stein betonte, dass es nur die »Angst des Tormanns vor dem Elfmeter-Pfiff« gebe, und Sepp Maier forderte die deutschen Schriftsteller auf, einen Roman über die »Angst des Schützen beim

Elfmeter« zu schreiben. Wahrscheinlich hat Handke alles mal wieder ganz anders und eher symbolisch gemeint.

    Zurück zum Thema Fußball & Literatur im Allgemeinen: Die Aufwärmphase für die Dichter und Denker hat einige Zeit in Anspruch genommen. Fußball erschien vielen als rüpelhafter Sport, als »Fußlümmelei«, wie der Stuttgarter Professor Karl Planck 1898 schimpfte. Damals galt es in bestimmten Gesellschaftskreisen als undenkbar, in aller Öffentlichkeit gegen einen Ball zu treten. Der Schriftsteller Friedrich Torberg veröffentlichte 1935 seinen Roman *Die Mannschaft*. Dessen Held Harry Baumester, der sich sowohl im Fußball als auch im Wasserball auszeichnet, hat, als er um 1900 tagaus, tagein im Wiener Fürstenheimpark Fußball spielt, mit dem energischen Widerstand seiner Mutter zu rechnen.

    Zwei, drei Jahrzehnte später sieht die Welt anders aus: Fußball, wohin das Auge blickt – und da blieb es nicht aus, dass sich die ersten warnenden Stimmen meldeten und vor der Besessenheit durch das Ballgeschehen warnten. Joachim Ringelnatz zum Beispiel, der in seinem Gedicht *Fußball (nebst Abart und Ausartung)* nicht nur ein frühes Zeugnis lyrischer Sportbetrachtung gibt, sondern auch die Auswüchse der um sich greifenden Fußballbegeisterung schonungslos brandmarkt. Ringelnatz beschreibt einen Zeitgenossen, der unter »Fußballwahn und Fußballwut« leidet und sich von allen kugelförmigen Gegenständen, von Schwalbennestern, Lampen, Eiern, Kokosnüssen oder Krautköpfen, magisch angezogen fühlt. Bis ihn sein Eifer weit übers Ziel hinausschießen lässt.

    Fußball und Lyrik, das scheint gut zusammenzupassen; da mangelt es nicht an kombinationssicheren Ballgedichten. Und dies hat wiederum dazu geführt, dass sich die Aktiven des Sports – wenn Zeit zwischen den Übungseinheiten bleibt – gern an Gedichten erfreuen. Trainerurgestein Otto Rehhagel bekannte seine Liebe zu Schillers Balladen, insbesondere zur *Bürgschaft*, und Berti Vogts verblüffte 1996 die ihm nicht immer wohlgesinnten Journalisten, als er eine Pressekonferenz mit der Rezitation eines Gedichtes schloss. Die Zeilen, die Vogts als Produkt eigenen Schaffens ausgab, stammten, wie belesene Literaturwissenschaftler herausfanden, vom österreichischen Volksdichter Peter Rosegger und wollten dem knallharten Profigeschäft echte Menschlichkeit entgegensetzen, ein typischer Vogts eben.

Viel schwerer als die erzählfreudigen Autobiographen oder Diaristen Gerd Müller, Stefan Effenberg, Uli Stein oder Lothar Matthäus taten sich hingegen die Dichter, wenn es darum ging, sich auf die Details eines Fußballspiels einzulassen. Über Fallrückzieher und Sturmläufe zu schreiben, adelte einen Autorenlebenslauf nicht, ja, galt als Unfähigkeit, sich würdigeren literarischen Gegenständen zuzuwenden. So zogen es die ballaffinen Schriftsteller lange Zeit vor, sich dem Ball metaphorisch und symbolisch zu nähern. Die Rasenaktivitäten mussten mehr hergeben als simple Methoden, sich an die Spitze der Tabelle zu schießen. Selbst ein Nobelpreisträger wie Günter Grass war in jungen Jahren nicht davor gefeit, das Fußballgeschehen mit bedeutungsschwangeren Versen zu überhöhen, etwa in seinem 1955 erschienenen Gedicht *Nächtliches Stadion*: »Langsam ging der Fußball am Himmel auf. / Nun sah man, dass die Tribüne besetzt war. / Einsam stand der Dichter im Tor, / doch der Schiedsrichter pfiff: Abseits«. Dennoch schafften es diese Verse, in die von Matthias Reiner 2017 herausgegebene Anthologie *Mondgedichte* aufgenommen zu werden.

Je weiter das 20. Jahrhundert voranschritt, je mehr sich der Fußball zur Ersatzreligion entwickelte, desto unverblümter traten die Dichter auf den Plan und machten sich von ihrer intellektuellen Scheu frei. Ror Wolf, Ludwig Harig oder Robert Gernhardt zogen treffsicher vom Leder, und auch Autorinnen wie Uta-Maria Heim, Ulrike Draesner und Ulla Hahn ließen sich nicht zweimal bitten, den literarischen Anstoß vorzunehmen. Keine Mühe schien zu groß, den Idolen der Stadien gerecht zu werden, und so wurden selbst antike Strophenformen aufgegriffen. Eckhard Henscheid wählte die Hymne, um den Koreaner Bum-Kun Cha zu preisen, Martin Halter die Elegie, um seinen Favoriten Rodolfo Esteban Cardoso angemessen zu präsentieren, und der Münchner Albert Ostermaier griff gar zur Ode, um Oliver Kahn gerecht zu werden.

Nichts, was sich nicht mit dem Fußball in Verbindung bringen ließe. Politisches, Philosophisches, Erotisches ... und doch gelingt es keiner noch so klugen Betrachtung, die tiefe Faszination dieses Sports ganz zu ergründen, den ungewissen Ausgang der neunzig Minuten. Die Ästhetik des Fußballs erscheint gegenüber derjenigen der Fiktion im Vorteil zu sein. Der österreichische Germanist Wendelin Schmidt-Dengler hat das mit klaren Worten herausgearbeitet: »Wie Shakespeares *Hamlet* oder Lessings *Minna von Barnhelm* ausgeht, weiß ich; wie aber das nächste Derby zwischen Rapid und Austria weiß ich nicht. Der ästhetische wie dramaturgische Vorsprung des Hanappi-Stadions vor dem Burgtheater ist kategorial.«

Keiner im deutschsprachigen Raum hat diese Beseeltheit durch den Fußball, keiner hat das Innenleben eines Fans so eindringlich seziert wie der Engländer Nick Hornby in seinem autobiographischen Roman *Fever Pitch*, der auch den Weg in die Kinos fand. Daran sollten sich die Kehlmanns, Ruges, Geigers, Moras und Lewitscharoffs ein Beispiel nehmen!

Weil das so ist, wie es ist, steht nicht nur in meiner persönlichen Hitliste der besten deutschen Fußballromane ein Werk aus dem Jahr 1955 weit oben. Im Februar des Jahres erscheint im Thienemann Verlag *Elf Freunde müsst ihr sein*. Sammy Drechsel (1925–1986), Sportreporter und Kabarettist, schrieb dieses Berliner Fußballstück, dessen herrlich gestrige Umschlaggestaltung bis heute nicht verändert wurde und die Helden des Buches, die Mannschaft der 5. Volksschule in der Koblenzer Straße, in ihren blau-weißen Trikots auf den Platz marschieren lässt. *Elf Freunde müsst ihr sein* spielt im Berlin der 1930er Jahre, dort, wo auch Autor Drechsel aufwuchs. Vom Nationalsozialismus ist in diesem Buch keine Rede; stattdessen geht es um die Ballheroen jener Tage, um Ludwig Goldbrunner, Hanne Sobek, Fritz Szepan, Willy Jürissen oder Raimundo Orsi, der 1934 mit Italien den WM-Titel errang. Wer sich als angehender Fußballer Vorbilder sucht und nicht mit dem Strom schwimmen will, sucht sich extravagante Spieler aus, zu denen er aufblickt. Einen wie Orsi eben, für den Sammy Drechsels Held, Mittelstürmer Heini Kamke, heftig schwärmt.

Kamke (so lautete Drechsels bürgerlicher Name) ist der Leitwolf seiner Wilmersdorfer Schule, und der Roman folgt den spannenden Spielen um die Berliner Bezirksmeisterschaft. Viele Rückschläge haben die ballgewandten Jungen zu verdauen: einen Rektor, der Fußball für eine sinnlose Beschäftigung hält, einen dürftigen Finanzetat, der die Anschaffung einer neuen Ausrüstung verhindert, die üble Verletzung eines wichtigen Spielers, das grausame Nachsitzen, weshalb man ein entscheidendes Spiel mit sieben Spielern beginnen muss, eine blamable Niederlage gegen die schwachen Zehlendorfer ... Heini Kamke und seine Mitstreiter lassen sich nicht beirren, und am Ende kommt es, wie es sich jeder Leser wünscht: Das Endspiel um die Schulmeisterschaft, geleitet vom bekannten Unparteiischen Carl Koppehel, gewinnen die Koblenzer gegen das starke Charlottenburg mit 4:3 (1:2) – ein Ergebnis, das zur Bekehrung des fußballabstinenten Rektors Schulz führt.

Sammy Drechsels Buch erzählt von den alten Tagen des Fußballs, und natürlich verklärt es den moralischen Zusammenhalt, den das Spiel stiftet. Heini und seine »duften Kumpels« glauben an ihren Wahlspruch »Elf Freunde müsst ihr sein, wenn ihr Siege wollt erringen«, an dieses Motto, das den Mannschaftssport zu einer ethisch wichtigen Angelegenheit macht.

Platz genug für vorbildliches Verhalten ist in diesem Roman. Als Heini Kamke, unbemerkt vom Schiedsrichter, ein Tor mit der Hand erzielt, scheut er sich nicht, diese Regelwidrigkeit schweren Herzens zuzugeben und den Sieg seiner Mannschaft zu gefährden: »Heini nestelte an dem Gummiband seiner Turnhose. Sein Blick blieb einen Augenblick auf dem Ball hängen. Dann gab er sich einen Ruck. Er klemmte den Ball unter den Arm, lief damit zum gegnerischen Tor und legte ihn an der Stelle, an der er ihm entgegengesprungen war, auf den Boden. Dann kehrte er zum Schiedsrichter zurück und sagte mit tränenerstickter Stimme: ›Freistoß für die andern!‹«

Mit den torhungrigen Berliner Volksschülern sind Generationen von Nachwuchskickern groß geworden. Ihre Erfolgsgeschichte bestärkte die Hoffnung, man könne es selbst auf dem Rasen weit bringen, und ihr Appell an die Freundschaft ließ kein Bubenherz unbeeindruckt. Auch Friedrich Christian Delius, Jahrgang 1943, hat davon berichtet, wie er Sammy Drechsels Roman seinen Mitschülern als Anschauungsunterricht zu lesen gab und was er selbst daraus lernte: »Aber mehr als zur mentalen Aufrüstung unserer Mannschaft hat Sammy Drechsel dazu beigetragen, meine sozialen Erfahrungen zu erweitern, gruppendynamische Prozesse besser zu begreifen und mich über Motivations-Management aufzuklären.«

Neben diesem – wenn man so will – ideologischen Hauptprogramm weist das Buch eine Fülle von kleinen Szenen auf, die das Faszinosum Fußball beleuchten. Gleich zu Anfang wird eine dröge Mathematikstunde zu einem Lehrbeispiel, wie wertvoll die Betrachtung von Fußballtabellen fürs richtige Leben sein kann. Zu Heini Kamkes Zeit entschied bei Punktgleichheit noch nicht die Tordifferenz über den besseren Tabellenplatz; es bedurfte rechnerischer Akrobatik, um den Torquotienten – geschossene Tore geteilt durch eingefangene Tore – zu ermitteln. Rechenlehrer Peters nutzt die Gunst der Stunde und nimmt seine Schüler plötzlich für die Kunst des

Dividierens ein – schließlich geht es darum, den kommenden Berliner Fußballmeister vorherzusagen: »Wenn ich den Nenner eines Bruches erhöhe, wird der Wert kleiner. Das heißt also: ein 4:3-Sieg ist für eure ›Störche‹ viel ungünstiger als 1:0, oder 2:1, oder 3:2, obwohl in all diesen Fällen die Tordifferenz die gleiche, also 1 ist. Bei 4:3 würden die ›Störche‹ nämlich nur ein Gesamt-Torverhältnis von 1,64 erzielen, und wenn Hertha dann mit 1:0 verlieren würde, wäre sie mit einem Verhältnis von 1,66 Berliner Fußballmeister.«

Auch diese komplizierte Mathematiklektion stellt Heini Kamke und seine Freunde nicht vor unlösbare Rätsel. Sie meistern alle Probleme, egal, ob es um Quotienten oder Elfmeter geht. Und sie tun dies, weil sie um den Zusammenhalt wissen, den sie als gemeinsam agierende Mannschaft – und nur als Mannschaft – erringen. Das ist schön und tröstlich, und daran wollen wir gerade in Zeiten der unseligen FIFA- und Pay-TV-Regentschaft gerne glauben, zwischen den Spieltagen zumindest.

Der fachkundige Eckhard Henscheid betonte einmal, dass sich wahre Fußballkennerschaft nicht darin zeige, die deutsche Siegerelf von 1954 auswendig aufsagen zu können. Nur wem es auch gelänge, alle elf ungarischen Spieler wie aus der Pistole geschossen zu repetieren, dürfe als Spezialist gelten. Vielleicht lässt sich das – womöglich auch ein Thema für *Wer wird Millionär?* – erweitern, und optimales Kennertum besitzt, wer Heini Kamkes Siegerteam aus Sammy Drechsels Roman aufzusagen weiß. Wer üben will, hier ist es: Hermann Hinze (Torwart), Georg Frentzel (rechter Verteidiger), Heinz Augustin (linker Verteidiger), Erwin Pilz (rechter Läufer), Hänschen Ritter (Mittelläufer), Heinrich Erhardt (linker Läufer), Klaus Mond (Rechtsaußen), Gerd Hoffmann (Halbrechts), Heini Kamke (Mittelstürmer), Matze Krause (Halblinks), Werner Plötz (Linksaußen).

5. Mai 1956

Ein Deutscher in Wembley

Vielleicht war er der beste deutsche Torwart des 20. Jahrhunderts. Und dennoch stand er nie im Aufgebot der Nationalelf, denn er galt als »Legionär«, weil er im Ausland sein Geld verdiente, was in den fünfziger Jahren automatisch Länderspieleinsätze ausschloss. Bernd »Bert« Trautmann, Fallschirmjäger im Zweiten Weltkrieg, wurde Kriegsgefangener in England, blieb dort und fiel durch seine Qualitäten als Torhüter auf. Manchester City nahm den »Deutschen«, trotz heftiger Proteste, unter Vertrag. Knapp 600 Spiele bestritt er für den Verein und galt als einer der Weltbesten seines Faches. Stürmern wie Bobby Charlton riet man, dem hochgewachsenen Trautmann beim Torschuss auf keinen Fall in die Augen sehen; er erahne die Absichten der Gegner im voraus. Trautmann beschrieb seine Fertigkeit nüchterner: »Da, wo der Ball hinkam, da stand ich halt.« In einem Spiel, gegen Sunderland, hielt er vier Elfmeter.

Eine unangreifbare Legendengestalt wurde er durch das FA-Cup-Finale 1956 im Londoner Wembley-Stadion. Manchester City spielte gegen Birmingham, führte 3:1, als sich Trautmann eine Viertelstunde vor Schluss einem gegnerischen Stürmer entgegenwarf, dessen Knie ihn daraufhin im Genick traf. Trautmann taumelte, brach zusammen und spielte weiter, im Unterbewusstsein, wie er es später beschrieb. Filmaufnahmen zeigen ihn, wie er, die Hand am Hals, auf der Ehrentribüne die Glückwünsche von Königin Elisabeth entgegennimmt. Erst Tage später diagnostizierte der Orthopäde Griffith einen Genickbruch. Viele Wochen verbrachte Trautmann im Gips und feierte sieben Monate später sein Comeback. 1956 wählte man ihn zu Englands Fußballer des Jahres, 1964, im Alter von 41 Jahren, beendete er umjubelt seine Karriere. Die

ManCity-Fans zerlegten danach das Torgebälk – niemand nach Trautmann sollte zwischen diesen Pfosten stehen. 2013 starb er.

28. Mai 1966, 17.37 Uhr

Ich bin Deutscher Meister!

Zum Fußball gehört das Leiden. Gewinnen ist leicht, sich von Sachsen Leipzig und Lokomotive Leipzig abzuwenden und sich Ralf Rangnicks roten Bullen in die Arme zu werfen ist verständlich. Wer möchte nicht einmal im Leben zu den Siegern gehören und alle Demütigungen vergessen? Wahre Charakterstärke, die nicht weit verbreitet ist, zeigt sich jedoch erst, wenn es gilt, Größe in der Niederlage zu zeigen und zu seinem Verein zu stehen, egal, was dieser einem zumutet. Auch auf die Gefahr hin, nie mehr auf der Sonnenseite zu stehen und bis zum Tod in den Niederungen des Amateurwesens zu verharren. Wer dergleichen erlebt, benötigt starke Nerven und die Fähigkeit, Stärke aus der Vergangenheit zu ziehen – ganz im Sinn des Dichters Jean Paul und seiner gern genommenen Sentenz »Die Erinnerung ist das einzige Paradies, aus dem wir nicht vertrieben werden können«. Menschen, die sich dem Wuppertaler SV, dem SSV Ulm, Alemannia Aachen, Rot-Weiß Oberhausen, Preußen Münster oder Rot-Weiß Essen verbunden fühlen, wissen, wovon ich spreche. Und alle Sechzger, alle »Einmal Löwe, immer Löwe«-Fans sowieso.

Mein Paradies der Erinnerung lässt sich gut verorten: Im Stadion an der Grünwalder Straße am 28. Mai 1966 um 17.37 Uhr pfiff Schiedsrichter Berthold Schmidt aus Hermesdorf das Bundesligaspiel zwischen dem TSV 1860 München und dem Hamburger SV ab und besiegelte damit die deutsche

Meisterschaft der Löwen. Das 1:1-Unentschieden hatte ausgereicht, um die Dortmunder Borussen in Schach zu halten, und unter Beisein von Bundeskanzler Ludwig Erhard und Oberbürgermeister Hans-Jochen Vogel reckte Kapitän Peter Grosser die Meisterschale kurz darauf in den fraglos weiß-blauen Himmel. Oder in den Worten Manfred Focks, der diese historischen Momente in seinem wichtigen Buch *Der letzte Spieltag. Ein Bericht* (1996) festgehalten hat: »Wir sind Deutscher Fußballmeister! ›Sechzig! Sechzig!‹ donnert es von den Rängen und schließlich aus Tausenden von Kehlen: ›So ein Tag so wunderschön wie heute …‹«

Ehrlich gesagt zehre ich von diesem leicht verblichenen Glück bis heute. Meine Mannschaft hat mir in all den Jahren viel, sehr viel Leid zugefügt, und die Schrecken haben sich in den letzten Jahren so zugespitzt, dass ich für meine moralische Standfestigkeit vor allem Mitleid ernte – als sei ich ein Parteigänger der ÖDP oder ein Maria-Furtwängler-Bewunderer. Da ich diese Zeilen niederschreibe, spielen wir in der vierten Liga (was immerhin den Auszug aus der verhassten FC-Bayern-Schüssel, der Allianz-Arena, nach sich zog) gegen Pipinsried, Buchbach oder Unterföhring.

Nach meinen verbliebenen Lebensträumen befragt, antwortete ich jahrelang mit der Hoffnung, es noch einmal erleben zu dürfen, dass die Sechzger in der Bundesliga vor den Bayern stünden. Realistischerweise und mit Blick auf meine bereits ein klein wenig verblühte Jugend muss ich mir die Aussichtslosigkeit dieser Wunscherfüllung eingestehen. Andererseits werden die Menschen heutzutage viel älter als früher, und ich fühle mich recht rüstig … Das heißt, wenn wir sofort zu einem Durchmarsch ansetzen und die Bayern Mirko Slomka oder Karl Dall als Trainer verpflichten, dann könnten wir uns in fünf, sechs oder vielleicht zehn oder zwanzig Jahren wieder sprechen und … dann wären wir obenauf, und ich könnte ein ganz gegenwärtiges Paradies genießen. So sehen meine Tagträume aus. Was bleibt mir sonst? Soll ich plötzlich zu Werder Bremen oder Eintracht Braunschweig halten?

Zurück zum 28. Mai 1966: Auch unser damaliger Gegner, der HSV, gehört mittlerweile zu den Clubs, deren treue Fans sich die Welt schönreden müssen. Die letzten Titel liegen sehr lange zurück, und sehr viele Deutsche halten es für absolut gerechtfertigt, dass die Gurkentruppe von der Alster endlich seinen Bundesligaplatz räumt und in unteren Klassen regeneriert. Uwe Seeler, Willi Schulz, die Dörfel-Brüder – diese Granden spielten damals, als die Löwen Meister wurden. Und ein Finne, der erste Bundesliga-Finne überhaupt, dessen Name mir besonders gefiel: Juhani Peltonen. Der erlebte die beste Zeit in seinem Heimatclub Haka Valkeakoski, doch auch für den HSV brachte er es auf 38 Spiele und 6 Tore. Wegen seiner blonden Haare und seiner Schnelligkeit wurde er »Schneehase« genannt, endlich mal ein origineller Spitzname für einen Fußballer. 2013 kehrte Peltonen nach Hamburg zurück, um bei einem Freundschaftsspiel gegen die HSV-Altliga teilzunehmen. Er schoss ein Tor und überreichte Uwe Seeler, der am 28. Mai 1966 in München den Ausgleich erzielt hatte, ein selbstgemaltes Bild.

20. Juli 1966

Aus unmöglichem Winkel – Lothar Emmerich lässt Spaniens Torwart alt aussehen

Vorrundenspiele bei Weltmeisterschaften sind oft mühsame Angelegenheiten. Man träumt schon vom Viertelfinale, von den entscheidenden Spielen, vielleicht vom Titel ... und muss doch erst einmal die Gruppenphase überstehen. So auch Helmut Schöns Mannschaft 1966. Im ersten Spiel hatte man die

Schweiz klar mit 5:0 besiegt, doch gegen Argentinien stockte es mit einem torlosen Remis. So hieß es aufgepasst gegen den starken Europameister Spanien, der prompt durch Fusté in Führung ging. Bis es in der 38. Minute zur Wende kam, zu einem Tor, das allen physikalischen Grundsätzen zu widersprechen schien.

Sigfried Held wirft den Ball zu seinem Dortmunder Pendant Lothar Emmerich, der vermutlich zuvor wieder sein »Gib mich die Kirsche!« gerufen hatte. Er hat fast die Torauslinie erreicht, als er den Ball trifft ... und nicht etwa eine Flanke schlägt, sondern direkt den Torwinkel anvisiert und so den Ausgleich erzielt. Ein Schuss wie ein Strich, aus dem berühmten »unmöglichen Winkel«. Spaniens hilfloser Torhüter Iribar dürfte oft von dieser Aktion geträumt haben. Emmerich selbst wies den Verdacht der Zufälligkeit stets zurück. Per »Dropkick« habe er den Ball »abgedrückt«. Der Mann mit der Klebe wusste, was er tat: »Ich habe nicht einfach draufgeknallt, sondern instinktiv die Lage gepeilt und den richtigen Winkel gewählt.« Fußball kann so einfach sein.

17. Juni 1970

Ausgerechnet Schnellinger!

Mehr als diese zwei Wörter braucht es nicht, und jeder, der nicht rhythmische Sportgymnastik oder Synchronschwimmen zu seinen bevorzugten Leidenschaften zählt, weiß sofort, worum es geht. WM-Halbfinale Mexiko, Deutschland gegen Italien – ein Spiel, das als »Jahrhundertspiel« in die Geschichte einging, als »magische Nacht« (Roberto Giardina). Dabei deutete wenig bis kurz vor Spielschluss auf Denkwürdiges hin: Deutschland liegt 0:1 zurück; die Nachspielzeit läuft, und für das, was geschah, benötigen wir Reporter Ernst Huberty, der an diesem Abend ebenfalls die Sätze formulierte, die auf seinem Grabstein stehen könnten: »Noch eine Möglichkeit. Grabowski. Schnellinger. Nein, nein, nein, nein. Tor durch Schnellinger. Unglaublich. Ausgerechnet Schnellinger, werden die Italiener sagen. Ausgerechnet Schnellinger. Es ist nicht zu glauben.«

So dezent und unaufgeregt drückte man sich damals aus, egal, was an Ungeheuerlichem geschah. Heutigen Reportern – wie dem permanent künstlich erregten und allein deshalb unerträglichen Steffen Simon zum Beispiel – sollte man sedierende Huberty-Schleifen vorspielen, stunden-, tagelang.

»Ausgerechnet Schnellinger!« – der damals in Italien spielende blonde »Legionär«, der Abwehrspieler, der weder davor noch danach durch zahlreiche Treffer aufgefallen war. Glückselig taumelte ich damals vor dem Fernsehschirm, und um sich die entscheidende Szene noch mal vor Augen zu führen, braucht es kein YouTube: Grabowskis Flanke, aufgenommen vom sehr langen Bein Schnellingers, das den Ball an Italiens entsetztem Torsteher Albertosi vorbeischiebt ...

Wie es nach und trotz Schnellingers Tor in der Verlängerung weiterging, ist leidvoll bekannt: 3:4 hieß es am Ende für die Italiener. Die deutsche Presse hatte den Schuldigen schnell ausgemacht, den mexikanischen Schiedsrichter Arturo Yamasaki. Schon während des Spiels ließ WDR-Reporter Kurt Brumme kein gutes Haar an ihm: »Seeler wird umgestürzt, aber der Schiedsrichter sieht es nicht. Der sieht nichts, der sieht nichts! Es ist zum Weinen!«

Unnachahmliche Ursachenforschung betrieb hinterher wieder einmal die BILD-Zeitung: »Bis 1955 spielte Señor Arturo Yamasaki als Torwart. Die Karriere beendete ein Beinbruch. Und ein schwerer Tritt gegen den Kopf. Danach wurde Yamasaki Schiedsrichter ...«

29. April 1972

Traumfußball im Wembley-Stadion

Wann war es am schönsten? Seinerzeit, als wir jung und unbeschwert waren, noch nicht jeden Morgen zur Arbeit gingen, die ersten Küsse in Partykellern oder auf Weinfesten getauscht wurden, man besser aussah als heute ... War damals, war früher alles besser? Sind – um den relativ unsportlichen, ab und zu einen Tennisschläger schwingenden Marcel Proust zu zitieren – die »wahren Paradiese« wirklich die, »die man verloren hat«?

Schwierige Fragen, die nicht nur das normale Leben, sondern auch das Fußballleben betreffen. Denn früher, dieser Glaube drängt sich auf, war nicht nur »alles ganz anderscht gsi« (Urs Widmer), nein, früher wurde auf jeden Fall besser und schöner gespielt. Die Schüsse waren härter, die Tricks ausgefeilter, die Spieler intelligenter, ehrlicher, idealistischer, und Sky und den Eurosport-Player gab es auch noch nicht.

Wann genau die Zeit der paradiesischen Zustände anzusetzen ist, bleibt umstritten. Der Soziologe Dietrich Schulze-Marmeling, Jahrgang 1956, ist sich sicher: »Die späten 60er/frühen 70er Jahre waren zweifelsohne die schönsten Jahre des Fußballs.« Der Theaterkritiker Benjamin Henrichs, Jahrgang 1946, war sich ebenso sicher: »Als alles anfing, kurz nach dem Krieg, war alles natürlich am schönsten«, und der Schriftsteller Ota Filip, Jahrgang 1930, wusste es noch genauer: »Alle, die den F. V. Schlesisch Ostrau noch zu seiner ruhmreichen Zeit spielen sahen, werden bestätigen, dass es heutzutage keinen richtigen Fußball mehr gibt, sondern alles nur auf ein rohes Holzen hinausläuft.« Ganz anders wiederum der Publizist Dirk Schümer, Jahrgang 1962, der Mitte der neunziger Jahre schrieb: »In Wirklichkeit war der deutsche Fußball niemals besser als heute.« Sepp Herberger hingegen notierte 1977 kurz vor seinem Tod: »Mit dem Fußball geht es wahrscheinlich dem Ende zu.«

Was nun? Wer hat recht? Vielleicht ist die Erklärung für die unterschiedlichen Auffassungen ganz einfach, vielleicht liegt sie auf der Hand. Wie sie sich in einem Dialog widerspiegelt, den der Journalist und in jungen Jahren für Eintracht Braunschweig schwärmende Axel Hacke in seinem Buch *Fußballgefühle* notierte: »Mein Freund L. sagt auf die Frage, ob der Fußball früher schöner gewesen sei als heute, einfach: Ja. Und warum? Weil wir früher jünger gewesen seien.«

Obwohl das gut möglich ist, herrschte trotz aller divergierenden Ansichten lange Zeit fast Einmütigkeit darüber, dass die Hochzeit des deutschen Fußballs auf die frühen siebziger Jahre zu datieren sei. Wortführer dieser Deutung war der Publizist Helmut Böttiger, Jahrgang 1956, der schon bei der WM 1966 in England den »ästhetischen Vorschein der Studentenbewegung« und den Gipfel des Schönen beim deutschen Europameisterschaftsgewinn von 1972 erblickte, verkörpert durch den unorthodoxen Strategen und Mittelfeldlenker Netzer. Dieser »Geist Gladbachs« habe sich jedoch auf Dauer nicht gegen den »Pragmatismus Bayerns« durchsetzen können; das sei das »Los der Bundesrepublik«. Danach kam, so Böttiger, der »Yuppie-Zynismus der achtziger Jahre« mit seinen »Milchbubis« à la Helmer und Illgner.

Man muss dieses Niedergangsszenario, wie es Böttiger in den frühen neunziger Jahren entwarf, nicht teilen, um dem Manne in einem Punkt recht zu geben: Als Helmut Schöns Mannschaft 1972 den EM-Titel mit einem nie gefährdeten 3:0-Endspielsieg gegen die UdSSR gewann, paarten sich in glückvollen Monaten Ästhetik und Erfolg, spielte Deutschland so, als sei es ein anderes Land. Den Höhepunkt dieser Epoche bildete das EM-Viertelfinale, als man am 29. April im Wembley-Stadion gegen England anzutreten hatte. Gewandet in grün-weiße Trikots, ließ Helmut Schön folgende Männer antreten: Sepp Maier, Horst-Dieter Höttges, Franz Beckenbauer, Georg Schwarzenbeck, Paul Breitner, Uli Hoeneß, Günter Netzer, Herbert Wimmer, Jürgen Grabowski, Gerd Müller, Sigfried Held.

Von nichts und niemandem ließ sich diese »Wembley-Elf« beeindrucken, zelebrierte Kombinationen vom Feinsten, die meist Beckenbauer und Netzer initiierten. In den letzten zehn Minuten erzwangen sie den Sieg; ein von Netzer verwandelter Foulelfmeter und ein typischer Gerd-Müller-Drehschuss besiegelten das Schicksal der ungläubigen Engländer. Der Literaturwissenschaftler Karl Heinz Bohrer fand dafür die passenden Worte: »Der aus der Tiefe des Raumes plötzlich vorstoßende Netzer hatte ›thrill‹. ›Thrill‹, das ist das Ereignis, das nicht erwartete Manöver, das ist die Verwandlung von Geometrie in Energie, die vor Glück wahnsinnig machende Explosion im Strafraum, ›thrill‹, das ist die Vollstreckung schlechthin, der Anfang und das Ende.« Und auch Helmut Böttiger ließ sich zwei Jahrzehnte später nicht lumpen: »Schöner konnte Fußball nicht mehr gespielt werden. Die weiten Pässe Günter Netzers atmeten den Geist der Utopie, plötzlich befand man sich im Offenen, und die langen Haare des Regisseurs mit Schuhgröße 47 – diese langen Haare, die im Mittelfeld wehten und beim Antritt die ganze Brisk- und Schuppen- und Fassonschnittästhetik der fünfziger Jahre vergessen ließen – diese langen Haare wollten mehr.«

Mitleid empfand ich an diesem Londoner Abend dennoch mit den Engländern, genauer: mit einem Engländer, mit ihrem Torhüter Gordon Banks, der neben Radi Radenković und Manfred Manglitz mein Idol auf dieser Position war. Ende der fünfziger Jahre, als er seinen Militärdienst in Deutschland leistete, spielte er übrigens ein Jahr für den SV Victoria Königslutter, für die dritte Mannschaft. Am Stammtorwart der ersten Mannschaft sei, wie dieser noch Jahrzehnte später behauptete, Banks einfach nicht vorbeigekommen.

20. Oktober 1973

Lichterloh brennt der Betzenberg

Zum Lobe des 1. FC Kaiserslautern lässt sich vieles sagen. Zum Beispiel, dass Sepp Herberger in den fünfziger Jahren auf die Pfälzer Achse um Fritz Walter vertraute und der Berner WM-Titel ohne die Lauterer Stammkräfte undenkbar wäre. Oder dass es 1997/98 unter Otto Rehhagel gelang, als Aufsteiger die deutsche Meisterschaft zu erringen. An all das erinnern sich die wahren Lauterer gern und ausgiebig. Was diese Leistungen dennoch übertrumpft ist das Punktspiel vom Oktober 1973, als man die Münchner Bayern mit 7:4 vom Betzenberg fegte. Das Ergebnis allein hätte schon gereicht, um ewiges Zitiergut zu werden, doch wie es zustande kam, gibt ihm erst seine höheren Weihen. Noch heute, wenn man sich die Szenen ansieht, kann man sich eines erregten Schauderns nicht erwehren, kann man kaum glauben, was in der zweiten Hälfte auf dem Betzenberg geschah.

1:4 lagen die Gastgeber bis zur 57. Minute zurück, und keiner setzte mehr einen Pfifferling auf sie. Doch dann schoss Toppmöller ein Tor, Seppl Pirrung zwei weitere, sodass es plötzlich unentschieden stand. Als schließlich der zweifache Münchner Torschütze Bernd Gersdorff (der mit dem markanten Schnauzbart) vom Platz flog, ergaben sich Maier, Beckenbauer, Dürnberger, Müller & Co. ohne Gegenwehr in ihr Schicksal. Diehl und zweimal Laumen machten in den letzten sechs Spielminuten den Deckel drauf und ließen Udo Latteks Blick gefrieren. Schöner war es nie auf dem Betzenberg, die Spieler wälzten sich auf dem schlammigen Grund und hatten fortan lebenslänglich Stoff, um ihre Kinder und Enkel von der eigenen Größe zu überzeugen. »Totenstille«, so Klaus Toppmöller, habe in der ersten Halbzeit geherrscht, »Festtagsstimmung« am Ende – so schnell schlägt das manchmal um.

Schiedsrichter der denkwürdigen Partie war Horst Bonacker, der an diesem Nachmittag die einzige rote Karte seiner Bundesligakarriere zückte. Er stammt aus der Gemeinde Quadrath-Ichendorf (Rhein-Erft-Kreis), die Pferdefreunden dank des Vollblutgestüts Schlenderhan vertraut ist, was mich wiederum an die Sportreporter und Reitsportfachleute Hans-Heinrich Isenbart und Arnim Basche erinnert, die das schöne Wort »Schlenderhan« so geheimnisvoll auszusprechen verstanden. Mit Kaiserslauterns 7:4 über die Bayern hat das nichts zu tun.

19. März 1986

Als Dynamo Dresden, Ralf Minge und Klaus Sammer in Krefeld untergehen ...

Wunder gibt es immer wieder, davon sang die Schlagersängerin Katja Ebstein, und auch der Fußball kennt einige dieser Phänomene, die rational nicht erklärbar sind. Neben dem Wunder von Bern und den zahlreichen Wundern von der Weser darf vor allem das von der Grotenburg nicht unterschlagen werden. Im Europapokal der Pokalsieger kam es im März 1986 zum deutsch-deutschen Viertelfinale zwischen Dynamo Dresden und dem KFC Uerdingen (für die Nachgeborenen: ja, das war mal ein richtiger Bundesligaclub). Das Hinspiel in Sachsen hatten die von Karl-Heinz Feldkamp trainierten Uerdinger mit 0:2 verloren, und beim Rückspiel im Krefelder Grotenburg-Stadion lagen die Gastgeber zur Halbzeit aussichtslos mit 1:3 zurück. Das Schlimmste, so schworen sich die deprimierten Uerdinger um die Brüder Funkel beim Pausentee, sollte vermieden werden. Wenigstens anständig wollte man sich aus der Affäre ziehen, zumal erstmals das ZDF live aus der Grotenburg sendete.

Ja, und dann kam es im Minutenrhythmus zu jenen Spielzügen, die das Unmögliche ermöglichten. Zwischen der 58. und der 79. Minute schossen die Uerdinger fünf Tore und drehten das Spiel, ehe kurz vor Schluss Wolfgang Schäfer mit dem 7:3 noch ein Sahnehäubchen draufsetzte. Danach fiel keinem dafür eine vernünftige Erklärung ein, ein Wunder eben. Und eines mit mehreren Begleiterscheinungen. Dresdens Stürmer Frank Lippmann setzte sich sofort in den Westen, Richtung Nürnberg, ab und galt fortan als »Verräter«, dessen Stasi-Akten stolze 1200 Seiten umfassten. Dresdens Ersatztorwart Jens Ramme, der in der Halbzeit für den verletzten Bernd Jakubowski eingewechselt worden war, trug zwar keine große Schuld an den sechs Gegentoren, doch bei Dynamo Dresden bekam er keinen Fuß mehr auf den Boden und wechselte zu Fortschritt Bischofswerda. Dresdens Trainer Klaus Sammer (ja, ja, der Vater von ...) verlor alsbald seinen Job, da die DDR-Oberen das schmähliche Ausscheiden als »klassenschädigend« empfanden.

Zu den Dresdner Fans zählte damals übrigens auch der Schriftsteller Ingo Schulze, der, auf das Spiel angesprochen, noch heute mit seinen Emotionen zu kämpfen hat. Aus ihm ist inzwischen ein Dortmunder Borusse geworden, was vor allem mit Sammer-Sohn Matthias zu tun hat, der nach der Wende in Westfalen sportliche Erfolge feierte.

Schiedsrichter des Grotenburg-Wunders war der Ungar Lajos Németh, der kein Mitleid mit seinen sozialistischen Brüdern zeigte und mit zwei – berechtigten – Elfmetern zum Uerdinger Sieg beitrug. Drei Jahre danach, am 8. April 1989, leitete er wieder ein deutsch-deutsches Kräftemessen, das UEFA-Pokal-Halbfinale VfB Stuttgart gegen Dynamo Dresden. Und erneut schieden die Sachsen aus. Der Stuttgarter 1:0-Sieg ging nicht in die Geschichte ein.

31. August 1993

Jay-Jay Okocha narrt im Trikot der Frankfurter Eintracht alle

Manche Tore kann man sich immer wieder ansehen, manche Szenen sind von überirdischer Schönheit. Der Nigerianer Okocha, der als Jugendlicher bei Borussia Neunkirchen für Furore sorgte, vollbrachte ein solches Meisterstück, als er sich das Leben selber schwer machte und sich entschloss, gegen Karlsruhes Schlussmann Oliver Kahn noch etwas Spannung aufzubauen. Anstatt den Ball kurz und bündig im Tor zu versenken, genoss es der spielfreudige Okocha, Kahn und drei verzweifelte Karlsruher Abwehrspieler mehrfach ins Leere laufen zu lassen. Alle Zurufe »Nun schieß doch endlich!« ignorierend, schien Okocha reiflich zu überlegen, wie und wann er sein Kunstwerk vollenden wollte. Für sehr lange Momente vergaß Okocha, obwohl das entscheidende 3:1 auf dem Spiel stand, alle Kosten-Nutzen-Rechnungen und freute sich an seiner Spielfreude. Die Schönheit siegte in dieser 87. Minute im Frankfurter Waldstadion ...

Apropos Schönheit: Fußball und Schönheit – geht das zusammen? Zählen nicht allein Siege, Meisterschaften, WM-Triumphe? Was nützt es dem treuen Fan, wenn seine geliebte Mannschaft eine glanzvoll herausgespielte Führung in der letzten Viertelstunde versiebt, weil sie bis zum Schluss der Lust am Spiel frönt und sich nicht durch Zeitschinden und zweckorientiertes Ballgeschiebe bis zum Schlusspfiff durchlavieren will? Wer Fußball spielt, möchte siegen, denkt man – oder in den brachialen Worten des in schlanken Zeiten auf dem Rasen gern aktiven Ex-Außenministers Joschka Fischer: »Wenn ich Fußball spiele, dann will ich gewinnen und spiele ihn nicht schöner Pirouetten wegen.«

Auch die Stadionalltagssprache hat nicht viel übrig für feinsinnige Ästheten. Akteure, die »in Schönheit sterben« oder nur »für die Galerie« spielen, ziehen bei aller stillen Bewunderung Hohn und Spott auf sich und werden im Zweifelsfall von denjenigen ausgestochen, die den Ball lieb- und reizlos per Abstauber ins Tor stochern. Und dennoch verspürt selbst der allein aufs Ergebnis blickende Anhänger eine tiefe Sehnsucht danach, einem »schönen« Fußballspiel beizuwohnen – einem Spiel, das vergessen lässt, dass es um viel Geld geht.

Allen kommerziellen Interessen zum Trotz erwarten wir vom Fußball, dass er unsere ästhetischen Bedürfnisse befriedigt, und nirgendwo sonst in unserem Leben ist das Schöne so volksnah wie in einem Fußballstadion – selbst wenn es einen grauenvoll-hässlichen Namen wie Signal Iduna Park trägt. Menschen, die nie in ihrem Leben ein Museum oder einen Konzertsaal betreten, lassen sich mit einem Mal von Kunst ergreifen, wenn der Doppelpass zur Metapher und die Flügelzange zum Kreuzreim wird. Ein Match mag achtzig Minuten Langeweile und Trostlosigkeit ausstrahlen ... bis der Blitz aus heiterem Himmel einschlägt, bis ein spektakuläres Tor mit der Hacke oder nach einem Dribbling über vierzig Meter gelingt. Vergessen ist dann alle Not; ein beseligendes Glück stellt sich ein, das nicht primär mit Sieg oder Niederlage zu tun hat, sondern mit einem Ereignis »aus dem Nichts«, mit einem »unmöglichen« Phänomen.

Der Philosoph Martin Seel sieht das Ästhetische im Sport dort, wo Menschen etwas zu tun versuchen, was sie im Grunde nicht beherrschen. Diese »Zelebration des Unvermögens« zeigt sich darin, dass ästhetische Momente eintreten, wenn die Maßstäbe des »Normalen« versagen und scheinbar Unbegreifliches glückt. Deshalb bleiben Tore unvergessen, die diesen ästhetischen Schock bescheren. Lothar Emmerichs Treffer zum Beispiel, den er 1966 aus überspitztem Winkel gegen den wahrlich geschlagenen Keeper Iribar erzielte. Oder Uwe Seelers Hinterkopfballtreffer vier Jahre später gegen den verdutzten englischen Tormann Bonetti. Wer gerät nicht in Verzückung, wenn Arjen Robben, Lionel Messi oder Gareth Bale durch gegnerische Abwehrreihen tänzeln, als hätten sie es nur mit einzementierten Slalomstangen zu tun? Und wer wird jemals den 14. November 2012 vergessen, als Schwedens Zlatan Ibrahimović in einem Freundschaftsspiel gegen England einen Treffer per Fallrückzieher aus 25 Metern erzielte?

Niemand, denn hier geschah Unfassliches, wie überhaupt der Fallrückzieher am eindrücklichsten verdeutlicht, was einen überraschenden Spielzug ausmacht. Eine plötzliche Verschiebung des Körpers, ein Sich-in-die-Luft-Stellen, eine Überrumpelung des Gegners, dem keine Zeit bleibt, angemessen zu reagieren. Ein Spieler wie Klaus Fischer verdankt seinen Nachruhm im Wesentlichen dem guten Auge für den richtigen Fallrückziehermoment. Kein Wunder, dass ein feinsinniger Ballbetrachter wie Axel Hacke in seinem Buch *Fußballgefühle* anregt, eine »Gesellschaft der Freunde des Fallrückziehers« zu gründen.

Gestern wie heute gehen wir ins Stadion oder fiebern vor dem TV-Gerät, um unsere Mannschaft aufsteigen und triumphieren zu sehen. Doch wir wollen mehr, wir wollen auf Dauer keine hässlichen Siege, keine verwaltete Fußballkunst. Die Dialektik von Erfolgsstreben und Kunstschönem beschreibt bestechend deutlich einen modernen Konflikt. Wer den Fußball durchrationalisiert, ihn mit Videobeweisen und Statistiken ersticken will, der raubt ihm seine Urwüchsigkeit und sein Potenzial, uns durch einen Augenblick des Schönen aus dem schnöden Alltag zu reißen. Wie vor ein paar Jahren, als ich im Hamburger Volksparkstadion Zeuge wurde, wie Hakan Çalhanoğlu Dortmunds Torhüter Weidenfeller ansatzlos mit einem Freistoß aus 40 Metern überraschte. Was für ein berauschender Moment, was für ein Glücksgefühl, was für ein Symbol des Schönen! Und in zehn Jahren werde ich standhaft behaupten, es seien mindestens 50 Meter gewesen ... mein

Sohn Konrad, der das Glück hatte, diesen Kunstschuss an meiner Seite mitzuerleben, wahrscheinlich auch.

Übrigens: Hätte Okocha damals beim Endlosdribbling den Ball vertändelt, wäre ihm aller Spott der Welt sicher gewesen.

15. April 2000

Mein letzter Derby-Sieg: 1860 München schlägt die Bayern

Alles begann am 19. Mai 1965. Damals, als die Münchner Löwen ungerechterweise im Europapokalendspiel an West Ham United scheiterten und ich als sehr junger Mensch, vor dem Fernseher kniend, bittere Tränen der Trauer vergoss. Es sollten nicht die letzten gewesen sein, denn wer sein Herz an diese Mannschaft verschenkt, dem gehen die Klagegründe nie aus, bis heute. Nie habe ich in München gewohnt, und vielleicht gerade deshalb träume ich davon, eine Sechzger-Dauerkarte zu besitzen und im Stadion das Leid (und womöglich das Glück) mit denen zu teilen, die mit dem gleichen Schicksal geschlagen sind.

So wie am 15. April 2000, als ich dabei war, im ungeliebten Olympiastadion, als meine Mannschaft den FC Bayern hoch verdient mit 2:1 niederrang und ich vor Begeisterung sogar Uli Hoeneß umarmt hätte. Martin Max hatte die Meinigen in Führung gebracht, Scholl unnötigerweise ausgeglichen, ehe ausgerechnet der Ex-Löwe Jeremies noch vor der Pause mit einem bildschönen Eigentor das Endergebnis besiegelte. Die Eintrittskarte dieses denkwürdigen Spiels hängt seitdem an der Pinnwand in meinem Arbeitszimmer. Immer wenn ich übellaunig bin oder am Sinn des Lebens zweifele, werfe ich ihr einen Blick zu und kann wieder lächeln. Allzu oft war es nicht, dass ich in den letzten vier Jahrzehnten Radenković, Keller, Völler, Waas, Max oder Lauth live anfeuern durfte. Manchmal bot sich eine Gelegenheit, wenn wir die Tante besuchten, die ein stattliches Haus in Obermenzing besaß, ein Haus, das später als Schauplatz für den Film *Männer* diente. Oder auswärts in Heilbronn, Regensburg oder Hamburg. Heute glaube ich, wenn mal wieder peinliches Chaos im Verein herrscht und ich selbst im weiß-blauen Löwen-Nachthemd keine Ruhe finde, dass ich sofort nach München ziehen, für Ordnung sorgen und mein Erspartes investieren müsste. Vor Ort ließe sich mehr erreichen, vielleicht sogar der Wiederaufstieg, und nach glanzvollen Spielen würde ich im Dürnbräu einkehren, Milzwurst verzehren – ja, das Dürnbräu, auch so ein Ort, den ich im Norden schmerzlich vermisse.

Derbysiege sind besondere Siege, die mit vielem versöhnen – das weiß jedes Kind. Derbys ... ja, ich komme ins Sinnieren, ins Schwelgen ... damals ja, damals war die Böckinger Bratwurst noch in Ordnung. Rechts vom Tor stand die Bude, wo die elementar wichtige Halbzeitstärkung – eine »Rote« mit Senf und Weckle – gereicht wurde. Ansonsten freilich brachte ich dem FV Union Böckingen wenig Sympathie entgegen. Als Anhänger des VfR Heilbronn konnte ich den fußballerischen Künsten, die die »Seeräuber«, so der Neckname, mit dem die Heilbronner ihre Stadtteilrivalen bedachten, ablieferten, wenig abgewinnen.

Derbys prägen das Leben eines Fußballfans, weil sie dem Rasengeschehen eine besonders emotionale Note geben. Natürlich ist es möglich, in Erregung zu geraten, wenn Leipzig gegen Turin oder Leverkusen gegen Amsterdam spielt, doch um wie viel packender ist die Auseinandersetzung, wenn die Gestalt des Gegners persönliche Züge annimmt und man historisch mühsam fundierte Vorurteile pflegen kann. Derbys sind – das haben die Medien längst erkannt – in Zeiten des globalisierten Fußballs und der fliegenden Spielerwechsel ein wichtiger Faktor, um über die Austauschbarkeit von Vereinen hinwegzutäuschen und die Kommerzialität des Geschehens zu kaschieren.

Obwohl der Begriff Derby, der natürlich aus dem Mutterland England stammt, inzwischen eine künstliche Ausweitung erfährt und Spiele zwischen dem Hamburger SV und den Münchner Bayern lächerlicherweise zum »Nord-Süd-Derby« stilisiert werden, geht es in »richtigen« Derbys um die Auseinandersetzung zweier konkurrierender Systeme, zweier konkurrierender Mannschaften aus einer Stadt, einer Region. Die großen Kämpfe, die die unvergesslichen Geschichten des Fußballs liefern, heißen folglich Rot-Weiß Essen gegen Schwarz-Weiß Essen, Rapid Wien gegen Austria Wien, Fürth gegen Nürnberg, Borussia Dortmund gegen Schalke 04 (besonders fein, wenn man sich nach einem 4:0 zur Halbzeit am Ende 4:4 trennt), St. Pauli gegen den HSV ... und eben 1860 München gegen Bayern München.

Fast immer wird da mit heißem Herzen gegeneinander gespielt, trifft man auf historisch tief verwurzelte Animositäten, die für den Fan das Salz in der Suppe sind. Identität bildet sich nicht zuletzt durch Abgrenzung aus. Wer sich im Leben behaupten will, tut das nicht immer auf edle Weise, schließt nicht immer politisch korrekte Freundschafts- und Solidarbündnisse. Nein, stark ist, wer stärker ist als der andere. Der argentinische Publizist Eduardo Sacheri beschreibt in seinem wunderbaren Buch *Die Hand Gottes*, wie früher in seiner Heimat Fußballsozialisationen verliefen. Damals, als sich Kicker aus jenem Stadtviertel mit den – natürlich – unsympathischen Gegnern benachbarter Straßenzüge um den Sieg stritten und dabei vor keinem üblen Trick zurückschreckten. Um die Glut von Derbys aufrechtzuerhalten, müssen Klischees bedient werden, die mit der Realität der Gegenwart mitunter kaum etwas zu tun haben. Politische und religiöse Gegensätze prägen den Charakter von Derbys, so in Glasgow, wenn das katholische Celtic gegen die protestantischen Rangers antritt oder in München der vermeintliche »Arbeiterverein« sich gegen den finanzstarken Giganten des Hoeneß-, Stoiber- und Rummenigge-Clubs zu behaupten sucht.

Auch in Hamburg kultiviert man diese Gegensätze, mit beträchtlichem medialen Erfolg. Hier der »kultige« Kiezclub St. Pauli, dem lange ein schwuler Theatermann vorstand; da der noble Hamburger SV, der das Geld seines Sponsors Kühne Jahr für Jahr versemmelt und dem längst verdienten Abstieg Jahr für Jahr um Haaresbreite entkommt. Hier die immer noch als unorthodox geltenden Pauli-Fans, die am Millerntor die Totenkopffahnen schwenken; dort die eitlen HSVler, die die Raute im Herzen tragen, in einem Stadion, das seinen Namen alle naselang änderte, bis Sponsor Kühne ein Einsehen hatte und den verletzten HSV-Seelen den Namen Volksparkstadion zurückgab.

Wer in Hamburg lebt und sich für Fußball nicht erst dann interessiert, wenn Weltmeisterschaften anstehen oder St. Pauli den Weg zurück in die erste Liga findet, muss sich entscheiden. Gleichermaßen für beide Hamburger Topvereine zu entflammen ist ein Ding der Unmöglichkeit. Menschen, die das Gegenteil behaupten – Politiker etwa, die es sich mit keinem verderben wollen –, sind im Grunde genommen erbärmlich, nicht satisfaktionsfähig. Allenfalls einer Licht- und Urgestalt wie Uwe Seeler mag es glaubhaft gelingen, sogar dem Lokalrivalen Sympathie entgegenzubringen. Fußballspieler, die es gar wagen, ins feindliche Lager überzutreten, führen fortan ein problematisches Dasein. Von Werder Bremen zum HSV oder gar von Dortmund nach Gelsenkirchen zu wechseln, das sollte man sich gut überlegen. Auch in meiner Jugend kam es zu solchen spektakulären Ereignissen, etwa als der geistreiche Mittelfeldspieler Martin »Batze« Kübler 1969 tatsächlich von der Union Böckingen zum Erzrivalen VfR Heilbronn ging – ein mutiges Unterfangen.

Wir wären ärmer ohne unsere legendären Derbys. Hier endlich dürfen sich Voreingenommenheiten frei austoben, hier endlich geht es nicht darum, feinfühlig Pro und Contra abzuwägen. Wenn Jena Erfurt empfängt oder Mainz das ungeliebte Kaiserslautern, dann ist Sachlichkeit nicht gefragt. Der alte Frankfurter Schlachtruf »Sprung in der Schüssel, Loch im Dach – das ist Kickers Offenbach« hat, seien wir ehrlich, Herzerfrischendes an sich. Derbys appellieren an unsere niederen Instinkte, und das kann so schön sein. Sie finden ja höchstens zweimal pro Spielzeit statt.

8. Juli 2014

7:1 gegen Brasilien

Manchmal geht's einem schlecht. Zu Hause ist die Stimmung im Keller; im Büro rauschen die anderen auf der Karriereleiter an einem vorbei, das Auto gibt komische Geräusche von sich, und der eigene Verein ist von seinen Saisonzielen meilenweit entfernt ... Was tun dann? Wenn man zum Trost nichts Ungesundes verschlingen, nicht dem Alkohol übermäßig zusprechen will? Ich weiß nicht, was andere Autoren empfehlen, aber ich rate in solchen tristen Lebensmomenten dazu, sich an seinen Computer zurück- und sich große Fußballspiele mit sensationellen Toren reinzuziehen, sich an Momenten zu berauschen, die uns aus dem Räderwerk der Zeit und der Mühsal befreien. In Sekundenschnelle alle Demütigungen und Erniedrigungen zu vergessen, das gelingt mir am besten, wenn ich mir auf YouTube das WM-Halbfinalspiel Brasilien gegen Deutschland ansehe. Inzwischen weiß ich haargenau, wie die Tore in der ersten Halbzeit fielen, wie die deutsche Elf zwischen der 23. und der 29. Minute vier Tore erzielte und den ohne den verletzten Neymar angetretenen Gastgeber Brasilien aufs Schrecklichste demütigte.

Berauschend war das und deshalb so schön, weil man seinen eigenen Augen nicht zu trauen wagte, weil man es nicht für möglich hielt, dass Kroos & Co. sich die Bälle nach Belieben zuschoben und Brasiliens Torwart Júlio César wie einen ausrangierten Kleiderschrank aussehen ließen. Und während man die unglaubliche Trefferfolge bejubelte, stellten sich gleichzeitig edle Gefühle des Mitleidens und der Empathie ein – beim Blick auf die fassungslosen Gesichter brasilianischer Frauen und Männer, auf weinende Geschöpfe, die ihren Traum vom sicher geglaubten WM-Titel binnen weniger Minuten ad acta legen mussten.

Dem historischen Sieg sind mittlerweile zahlreiche Betrachtungen gewidmet worden; Christian Eichler hat darüber sogar ein ganzes Buch geschrieben: 7:1 – *Das Jahrhundertspiel: Als der brasilianische Mythos zerbrach und Deutschlands vierter Stern aufging.* Bei so viel vertrauter Meinungsäußerung tut es vielleicht gut, eine unverdächtige Stimme aus dem Ausland zu hören, den bosnischen Schriftsteller Miljenko Jergović. Vor dem Fernsehschirm sitzend und einem kroatischen Reporter zuhörend, hielt dieser sein Staunen über die Deutschen fest, die sich wie »leichtfüßige Pferdchen« über den Rasen bewegten, und zog ein schönes Fazit dieses Halbfinales: »Aber der Zauber und die Schönheit liegen ja nicht darin, dass Deutschland Brasilien mit einem so überragenden Ergebnis besiegt hat, das sich in den kommenden Fußball- und Menschenleben sicher so schnell nicht mehr wiederholen wird, sondern die Schönheit liegt eigentlich in der Unverhofftheit dieses Ereignisses, in der unerwarteten, geradezu göttlichen Inspiration der Mannschaft, die bis vor ein paar Tagen noch so normal wirkte. Ja, denn sie waren wirklich gut und stark, aber doch normal. Aber gestern haben sich diese elf Spieler aus einer Sphäre in eine andere durchgekämpft, wurden von guten und talentierten Fußballern, von Glückspilzen, die gut verdienen und deren Gesichter in Reklamen für dieses oder jenes unnütze Produkt auftauchen, zu Künstlern, derentwegen man dieses Spiel für immer im Gedächtnis behalten wird.«

Jergović hat recht: Wenn Fußball zur Kunst wird, verlieren sich alle Gewissheiten von Raum und Zeit. Womöglich ist das das große Faszinosum des Fußballs: beim Betrachten alles zu vergessen, sich wie in einer Epiphanie aus allen Beschränkungen zu befreien. Sich Brasilien gegen Deutschland 2014 wieder und wieder anzusehen, das macht uns zu freieren Menschen. Oder wie es der Publizist Christoph Biermann formulierte: »Fußball leert den Kopf. Radikal und komplett. (...) Nur im Fußball gehe ich verloren.«

Freilich: nicht allen Menschen gelingt es, diesen Zustand zu erlangen. Die Schriftstellerin Sasha Marianna Salzmann zum Beispiel gibt in ihrem mit dem Mara-Cassens-Preis ausgezeichneten Debüt *Außer sich* (2017) einen Dialog wieder, der das Ringen darum deutlich macht: »In jedem Heim spielte Anton Fußball mit den anderen Kindern im Hof, Ali fand Fußball langweilig, kickte aber mit, schmetterte die halb aufgepumpten Plastikbälle, so hart sie nur konnte, gegen Wohnheimwände, klaute sich einen eigenen und verstaute ihn für das nächste Heim in ihrer Reisetasche. ›Ich verstehe Fußball nicht. Ich verstehe nicht, warum Millionen von Armen einer kleinen Gruppe von Millionären dabei zuschauen, wie sie hinter einem Ball herrennen‹, schüttelte Valja den Kopf. Konstantin winkte ab und sagte: ›Weil du gar nichts verstehst von diesem Leben.‹

Valja schaute ihn an und sagte: ›Ja, das kann sein.‹ Anton kam angelaufen, schmiegte sich an den Bauch der Mutter, steckte seinen Kopf zwischen ihre Brüste. ›Fußball ist toll, weil man dann an gar nichts denken muss‹, sagte er und schaute auf das Doppelkinn seiner Mutter. ›Blödsinn‹, sagte

Ali, die im Schneidersitz auf dem Bett saß und Comics neben den Plastikball in die Tasche stopfte: ›Ich denke dabei die ganze Zeit daran, wie ich dich fertigmache.‹»

An gar nichts denken oder nicht – das ist die Frage. Probieren Sie es aus.

Register

A
ABBA 45
Adenauer, Konrad 104
Adler, René 224
Adorno, Theodor W. 98
Ahlenfelder, Wolf-Dieter 83, 111, 112
Ahlers, Derle 105
Alber, Karl 171
Albertosi, Enrico 240
Allgöwer, Karl 171
Allofs, Klaus 59, 160
Andersson, Patrik 36
Angerer, Nadine 223
Aničić, Michael 121
Anthony, Andrew 187
Aránguiz, Charles Mariano 135
Aristoteles 80, 120
Arnautović, Marko 209
Assauer, Rudolf »Rudi« 36
Aston, Ken 163
Augenthaler, Klaus 57, 160

B
Bachramow, Tofik 21, 22
Baggio, Roberto 186
Bajramaj, Fatmire 166
Bakalorz, Dirk 171
Balakow, Krassimir 218
Bale, Gareth 249
Ballack, Michael 75, 130, 131, 216
Balotelli, Mario 85
Banks, Gordon 243
Barbarez, Sergej 36
Barthez, Fabien 185
Basche, Arnim 245
Basler, Mario 71, 91, 129
Battiston, Patrick 33, 34, 35
Baumann, Frank 133
Bausenwein, Christoph 97
Bauwens, Peter Joseph »Peco« 46, 93, 94
Beatles, The 176
Beckenbauer, Franz 25, 36, 103, 116, 117, 119, 120, 122, 126, 139, 144, 157, 158, 159, 166, 167, 168, 175, 180, 199, 243, 244
Becker, Fritz (Willy) 91, 92
Beckham, David 186
Beer, Erich 29
Beer, Wolfgang de 211
Bein, Uwe 154
Bender, Manfred 197
Bennato, Edoardo 61
Bensemann, Walther 196
Berg, Alfons 154
Berger, Andreas 125
Berger, Jörg 150, 156
Bernard, Günter 59, 100
Bernstein, F. W. 103
Bierhoff, Oliver 209
Biermann, Christoph 204, 256
Bilić, Slaven 197
Binder, Franz 189

259

Bloch, Ernst 140
Boateng, Jérôme 58
Bobic, Fredi 80, 114, 218
Bodden, Olaf 131
Bohn, Volker 168
Bohnsack, Klaus 171
Bohrer, Karl Heinz 243
Böll, Heinrich 120
Bölts, Udo 195
Bonacker, Horst 245
Bonetti, Peter 249
Bonhof, Rainer 174
Boniek, Zbigniew 194
Boninsegna, Roberto 25, 26, 27
Böttiger, Helmut 17, 182, 204, 242, 243
Bozsik, József 149
Brand, Benjamin 99
Brandt, Willy 104, 158
Bregman, Kees 55
Brehme, Andreas »Andi« 61
Breitner, Paul 34, 112, 183, 243
Briegel, Hans-Peter 120
Brooks, John Anthony 58
Brozulat, Dieter 171
Brülls, Albert 165
Brumme, Kurt 240
Brungs, Franz 167, 168
Brunnenmeier, Rudolf »Rudi« 23
Brussig, Thomas 178
Brych, Felix 32, 66
Buhtz, Horst 165
Burdenski, Dieter 191
Burgsmüller, Manfred »Manni« 198
Butragueño, Emilio 189
Butscher, Heiko 206
Butterweck, Arno 166, 167
Buytendijk, Frederik J. J. 212, 213

C

Çalhanoğlu, Hakan 249
Camus, Albert 72
Canellas, Horst-Gregorio 23
Cardoso, Rodolfo Esteban 202, 231
Carl, Eberhard 197
Carstens, Karl 198
Casteels, Koen 99
Čebinac, Zvezdan 168
Čech, Petr 74
Celentano, Adriano 26, 107
Cha, Bum-Kun 231
Chapuisat, Stéphane 210
Charlton, Robert »Bobby« 235
Cieslarczyk, Hans 196
Clarke, Ron 190
Clüver, Bernd 37, 117
Codesal Méndez, Edgardo 61
Collina, Pierluigi 71, 72, 131
Cooper, Alice 37
Cooper, Gary 185
Corver, Charles 33
Croy, Jürgen 103
Cruyff, Johan 179
Csernai, Pál 193
Cullmann, Bernhard »Bernd« 174

D

Dahlen, Klaus 102
Dall, Karl 237
Dankert, Bastian 68
Daum, Christoph 53, 75, 76
Daum, Marcel 75
David, Josef 11
Decheiver, Harry 206
Del Piero, Alessandro 210
Del'Haye, Karl »Calle« 59, 113, 121
Delius, Friedrich Christian 147, 148, 233

Derwall, Josef »Jupp« 31, 33, 144, 146
Devitte, H. P. 92
Dickel, Norbert 60
Diego (Diego Ribas da Cunha) 133
Diehl, Ernst 244
Dienst, Gottfried 21, 22
Dietz, Bernard 59
Donner, Christophe 83
Dörfel, Bernd 238
Dörfel, Gert »Charly« 116, 238
Dörner, Hans-Jürgen 14
Dorpmans, Jef 26, 27
Douglas, Michael 124
Draesner, Ulrike 230
Draxler, Julian 114
Drechsel, Sammy 231, 232, 233, 234
Drees, Jochen 99, 135
Drogba, Didier 74
Ducke, Peter 14
Ducke, Roland 14
Dürnberger, Bernd 244
Dutschke, Rudolf »Rudi« 104
Dutt, Robin 204, 205

E

Effenberg, Claudia 128
Effenberg, Stefan 122, 230
Eichler, Christian 255
Eilts, Dieter 208
Elber, Giovane 218
Elisabeth II. von England 235
Emmerich, Lothar 164, 239, 248
Endrulat, Peter 113
Engels, Stephan 114
Erhard, Ludwig 237
Ernst, Fabian 160
Escher, Tobias 217
Eschweiler, Walter 32, 83
Esser, Hartmut 144, 175

F

Fabulösen Thekenschlampen, Die 115
Fach, Stefan 125
Fährmann, Ralf 68
Falkenmayer, Ralf 154
Faßbender, Heribert 62, 123
Fassbinder, Rainer Werner 147
Feddersen, Helga 102
Feldkamp, Karl-Heinz 245
Fenna 115
Ferschl, Karl-Heinz 168
Fichtel, Klaus 24
Filip, Ota 241
Finger sen., Eduard »Edi« 28, 29
Fink, Thorsten 71, 196
Finke, Volker 203, 204, 206
Finken, Heribert 49, 50
Finney, Jim 164
Fischer, Cathy 121
Fischer, Joschka 247
Fischer, Klaus 24, 33, 34, 160, 249
Fjørtoft, Jan Åge 155, 156, 194
Flick, Hans-Dieter »Hansi« 151
Flohe, Heinz 174, 191
Fock, Manfred 237
Fontanella, Dario 107
Förderer, Fritz 91, 92
Francis, Connie 50
Freud, Sigmund 63
Freund, Steffen 69
Frey, Karl-Heinz 170
Fritz, Marco 67
Fuchs, Gottfried 139, 196
Funkel, Friedhelm 156, 245
Funkel, Wolfgang 245
Furtok, Jan 154
Furtwängler, Maria 237
Fusté, Josep 239

G

Galeano, Eduardo 25
Gallagher, Rory 37
Galler, Bruno 126
Garefrekes, Kerstin 215, 223
Garrincha (Manuel Francisco dos Santos) 60, 160
Gascoigne, Paul 39, 208
Gaudino, Maurizio 121, 154
Gaulle, Charles de 22
Gaus, Günter 103
Gebhardt, Marco 155
Gecks, Horst 169
Geiger, Arno 231
Gentile, Claudio 194
Gento, Francisco 60
Gernhardt, Robert 230
Gersdorff, Bernd 244
Giardina, Roberto 239
Giresse, Alain 33
Goethe, Johann Wolfgang von 40, 105, 122
Goldbrunner, Ludwig 227, 232
Golz, Richard 204
Gomez, Mario 85, 172
Götze, Mario 221, 222
Grabowski, Jürgen 240, 243
Graf, Stefanie »Steffi« 190
Gräfe, Manuel 32
Granata, Rocco 26
Granitza, Karl-Heinz 171
Grass, Günter 230
Gravgaard, Michael 133
Griesbeck, Harry 169
Griffiths, Mervyn 149
Grimm, Manfred 171
Grings, Inka 223
Grönemeyer, Herbert 37
Groß, Volkmar 154
Grosser, Peter 237
Gschweidl, Friedrich »Fritz« 28

Gumbrecht, Hans Ulrich 152
Günther, Emanuel 196
Gutendorf, Rudolf »Rudi« 161, 169

H

Haaga, Werner 171
Haan, Arend »Arie« 181
Haber, Marco 114
Habermann, Günther 67, 68
Habermas, Jürgen 185, 204
Hacke, Axel 108, 242, 249
Haefs, Gisbert 103
Hägele, Hans »Hansi« 170
Hagner, Karl 170
Hahn, Jürgen 125
Hahn, Ulla 230
Haller, Helmut 165, 170
Halter, Martin 231
Hamann, Erich 103
Hammer, Armin 125
Hamrin, Kurt 46, 47
Handke, Peter 168, 186, 228, 229
Hanke, Mike 160
Hannibal 47
Hansen, Klaus 161
Happel, Ernst 118, 194
Harder, Otto Fritz 73, 93, 94
Harig, Ludwig 147, 230
Harnik, Martin 209
Hartmann, Waldemar 69, 129, 201
Hartwig, William Georg »Jimmy« 114
Hartz, Hans 30
Häßler, Angela 214
Häßler, Thomas 59
Hauffe, Armin 29
Hausmann, Christian 121
Hausmann, Manfred 70, 72, 104, 192, 193
Heidegger, Martin 73, 145, 158, 159, 202, 220

Heidenreich, Maximilian 202
Heim, Uta-Maria 230
Heinrich, Jörg 69, 202, 206
Heinze, Gerhard 58
Held, Sigfried 160, 239, 243
Helmer, Thomas 64, 65, 67, 134, 242
Hempel, Wolfgang 150
Henke, Michael 36
Henrichs, Benjamin 241
Henscheid, Eckhard 152, 153, 156, 157, 203, 231, 234
Henschel, Gerhard 22, 203
Herberger, Eva »Ev« 143
Herberger, Josef »Sepp« 46, 48, 139, 142, 143, 144, 145, 146, 147, 219, 227, 241, 244
Herkenrath, Fritz 48
Herrlich, Heiko 131
Herrmann, Roland 180
Herrndorf, Wolfgang 178
Herz, Bernd 171
Heynckes, Josef »Jupp« 26, 52, 112, 119, 122, 174
Hiden, Rudolf 28
Hilpert, Helmut 168
Hilpert, Horst 65
Hitler, Adolf 142
Hitzfeld, Ottmar 36, 72, 73, 210
Hitzlsperger, Thomas 39
Hochfeld, Frank 125
Hoeneß, Ulrich »Uli« 36, 52, 53, 54, 57, 75, 76, 180, 186, 200, 243, 250, 253
Hofmann, Manfred 184
Hohenwarter, Erwin 171
Hollmann-Peters, Inken 219
Holm, Michael 40
Holtby, Lewis 121
Hölz, Willi 50
Hölzenbein, Bernd 153, 170, 180, 181, 182, 183

Hornby, Nick 231
Hornig, Heinz 17, 116
Horr, Lorenz 50, 51
Höttges, Horst-Dieter 103, 111, 191, 243
Hoyzer, Robert 77, 79
Hrubesch, Horst 30, 34, 59, 167
Hrynda, Karl 171
Huber, Lothar 113
Huberty, Ernst 18, 160, 240
Hunt, Roger 18
Huntelaar, Klaas-Jan 172
Hurst, Geoffrey Charles »Geoff« 21, 22

I

Iaschwili, Aleksandre 206
Ibrahimović, Zlatan 249
Ilić, Stjepan 171
Iribar, José Ángel 239, 248
Isenbart, Hans-Heinrich 245
Ismaik, Hasan 41

J

Jablonski, Jörg 65, 66
Jablonski, Sven 66
Jakubowski, Bernd 246
Janes, Paul 227
Jansen, Wim 180, 181, 182, 183
Jaspers, Karl 186
Jauch, Günther 101
Jean Paul 236
Jens, Walter 105, 144
Jeremies, Jens 250
Jergović, Miljenko 255, 256
Jones, Stephanie Ann »Steffi« 215
Jönsson, Caroline 216
Júlio César (Júlio César Soares de Espíndola) 255
Jürgens, Udo 61, 117

Jürissen, Willy 232
Juskowiak, Erich 46, 47

K
Kafka, Franz 11, 12
Kafka, Gabriele »Elli« 12
Kahn, Oliver 131, 132, 196, 197, 231, 247
Kant, Hermann 103
Kant, Immanuel 72, 84, 144
Kapellmann, Hans-Josef »Jupp« 174
Kapitulski, Helmut 171
Kargus, Rudolf »Rudi« 185
Kasper, Hans-Jürgen 80
Keegan, Kevin 59, 114
Kehl, Sebastian 206
Kehlmann, Daniel 231
Keller, Ferdinand 251
Kelly, Petra 31
Kerber, Angelique 198
Kerkeling, Hans-Peter Wilhelm »Hape« 128
Kießling, Stefan 66, 67
Kirjakow, Sergei 197
Kirn, Richard 91
Kirsten, Ulf 172
Kleff, Wolfgang 174
Klein, Abraham 28
Kliemann, Uwe 58, 167
Klimaschefski, Uwe 195
Klinge, Dirk 197
Klinsmann, Jürgen 62, 131, 144, 172, 200, 209, 216, 217, 218, 219
Klopp, Jürgen 81, 211, 217
Klose, Miroslav 92, 130, 131, 139, 216
Klose, Oskar 180, 181
Knoblauch, Hermann 124
Knöpfle, Georg 18
Kobluhn, Lothar 171

Koch, Günther 156
Kocsis, Sándor Péter 149
Kögl, Ludwig »Wiggerl« 60
Kohde-Kilsch, Claudia 189, 190, 191
Kohlhäufl, Alfred 171
Kohl, Helmut 70
Kohl, Ralf 202, 206
Kolle, Oswalt 104
Koller, Jan 59
Konopka, Harald 174
Köpke, Andreas »Andy« 64, 131, 185, 207, 208
Koppehel, Carl 96, 232
Körbel, Karl-Heinz »Charly« 156
Kostner, Michael 121
Kouba, Petr 209
Kovać, Niko 156
Krahn, Annike 223
Krämer, Gerd 51
Krämer, Werner 157
Krankl, Johann »Hans« 28, 29, 31, 116, 207
Kraus, Katja 212
Krauthausen, Franz 171
Krebs, Diether 102
Kreische, Hans-Jürgen 14, 103
Kreitlein, Rudolf 162, 163, 164
Krekel, Hildegard 102
Kremers, Helmut 117
Kremers, Erwin 117, 169
Kress, Richard 152
Kreuzer, Oliver 196
Krieg, Rainer 197
Kroos, Toni 52, 255
Krügel, Heinz 177, 178
Krüger, Horst 202
Kubasik, Klaus 171
Kübler, Martin 169, 253
Kühne, Klaus-Michael 253
Kulenkampff, Hans-Joachim 198
Kulik, Christian 26, 113

Kunter, Peter 58, 154, 155
Kuntz, Stefan 208
Künzer, Nia 216
Kupfer, Andreas 227
Küppers-Adebisi, Michael 85
Kurbjuweit, Lothar 103
Kutzop, Michael 56, 186
Kuzorra, Ernst 140, 141
Kwiatkowski, Heinrich 48

L

Lafontaine, Oskar 57, 190
Lahm, Philipp 58, 85
Langner, Fritz 139
Lattek, Udo 26, 57, 81, 112, 244
Laudehr, Simone 223
Laumen, Herbert 100, 244
Lauth, Benjamin 121, 251
Law, Denis 151
Lawrence, Thomas »Tommy« 160
Le Fevre, Ulrik 26
Lehmann, Jens 131
Lehner, Ernst 227
Leinemann, Jürgen 144
Lemke, Wilfried »Willi« 53
Lerby, Søren 56
Lessing, Gotthold Ephraim 231
Leupold, Horst 168
Lewandowski, Robert 99, 105, 135, 172, 191
Lewitscharoff, Sibylle 231
Libuda, Reinhard 24, 160, 161
Liebermann, Max 194
Lienen, Ewald 55, 113
Ling, William 149
Lingor, Renate 216
Lippmann, Frank 246
Littbarski, Pierre 34, 60, 219
Loest, Erich 103
Löhr, Johannes »Hannes« 17, 18, 174

Lorant, Werner 51, 194
Lottermann, Stefan 97, 155
Loustau, Juan Carlos 62
Löw, Joachim »Jogi« 85, 130, 144, 216, 217, 218, 219, 220, 221
Löw, Peter »Pit« 217
Lowtschew, Jewgeni 164
Loy, Egon 152, 154
Luca, Medardus 55
Lukács, Georg 98

M

Maack, Hanno 105
Madjer, Rabah 151
Magath, Felix 194, 195
Maier, Andreas 157
Maier, Josef »Sepp« 24, 28, 53, 54, 103, 168, 228, 243, 244
Manglitz, Manfred 24, 154, 243
Mann, Thomas 228
Maradona, Diego Armando 119, 120
Marías, Javier 153
Marin, Marko 121
Maron, Monika 210, 211
Marozsán, Dzsenifer 223
Marschall, Olaf 69
Martens, René 181, 187
Matthäus, Loris 200
Matthäus, Lothar 71, 84, 199, 200, 201, 202, 223, 230
Max, Martin 250, 251
Mayer, Hans 169
Mayer-Vorfelder, Gerhard 214
Mazzola, Alessandro »Sandro« 26, 81
Meier, Urs 130
Meinert, Maren 223
Meisl, Hugo 95
Meisl, Wilhelm »Willy« 95
Menge, Wolfgang 102

Merk, Markus 36, 40
Merkel, Alexander 121
Merkel, Angela 224
Merkel, Max 120, 168, 194
Mertesacker, Per 58
Messi, Lionel 58, 188, 249
Meuser, Gert 100
Meyer, Hans 178
Michel, Rudi 21
Micic, Petar 171
Mielke, Erich 211
Mill, Frank 60, 61
Milne, Gordon 18
Mina 26
Minge, Ralf 14
Mohr, Kalli 105
Möller, Andreas »Andy« 39, 67, 68, 207, 210
Möller, Gunnar 47
Mora, Terézia 231
Morena, Lolita 200, 201
Moritz, Konrad 221, 222, 250
Morlock, Max 145
Morris, Desmond 134
Mourinho, José 79, 177
Mpenza, Emile 77
Müller, Dieter 190, 191
Müller, Gerd 59, 92, 115, 139, 170, 171, 172, 173, 175, 182, 189, 190, 209, 230, 243, 244
Müller, Hans Peter »Hansi« 29, 34, 121
Müller, Klaus 125
Müller, Ludwig 25, 26
Müller, Thomas 74, 114
Müller, Ursula 172
Müller-Hohenstein, Katrin 132
Münch, Thomas 67
Münzenberg, Reinhold 227
Myhre, Wencke 214

N

Nafziger, Rudolf »Rudi« 171
Nannini, Gianna 61
Napoleon 45, 57
Nazareth 37
Neeskens, Johan 180, 183
Neid, Silvia 141, 222, 223
Németh, Lajos 246
Nepomucký, Karel 50
Nerz, Otto 142
Netzer, Günter 26, 103, 166, 174, 175, 176, 182, 242, 243
Neubarth, Frank 198, 199
Neuberger, Hermann 31, 51, 117, 214
Neuer, Manuel 52, 85
Neumann, Claudia 215
Newman, Randy 58
Neymar 255
Nickel, Bernd 153, 189
Nicole 30
Nielsen, Carsten 113
Niersbach, Wolfgang 34
Nigbur, Norbert 116
Norman, Chris 114
Nowotny, Jens 196
Nuber, Hermann 157

O

Okocha, Augustine 247, 250
Olić, Ivica 133
Ordenewitz, Frank 198
Orloff, Peter 37
Orsi, Raimundo 232
Orzessek, Manfred 171
Osieck, Holger 24
Osmers, Hans-Joachim 65, 66
Ostermaier, Albert 178, 231
Overath, Wolfgang 18, 23, 174, 175, 176, 177, 214

P

Palotai, Károly 146
Panenka, Antonín 53, 54
Parnass, Peggy 103
Patzke, Bernd 24
Pauly, Dieter 122, 123
Pause, Herbert 105
Pavone, Rita 26, 107
Payrhuber, Manfred 31
Pedersen, Rune 69
Peltonen, Juhani 238
Peruzzi, Angelo 210
Peter Alexander 61, 117
Pfaff, Alfred 149
Pfaff, Jean-Marie 56, 60, 115, 151, 193
Pfeifer, Werner 170
Pflügler, Hans 120
Pieckenhagen, Martin 171
Piontek, Josef »Sepp« 59
Pirkner, Johann »Hans« 52
Pirrung, Josef »Seppl« 244
Pirsig, Detlef 191
Pizarro, Claudio 133
Planck, Karl 229
Platini, Michel 194
Platon 120
Podolski, Lukas 76, 219
Polster, Anton »Toni« 115
Pommerenke, Jürgen 178
Porombka, Wiebke 198
Poschner, Gerhard 114, 121
Posipal, Josef »Jupp« 93
Poulidor, Raymond 190
Pralija, Mladen 123
Presutti, Enzo 107
Prinz, Birgit 141, 215, 223
Prödl, Sebastian 209
Pröpper, Davy 171
Proust, Marcel 109, 241
Pudenz, Dieter 157
Puhl, Sándor 208
Pull, Hans-Peter 72
Pulver, Liselotte 47
Puskás, Ferenc 148, 149, 152

Q

Qualtinger, Helmut 139
Quiniou, Joël 83

R

Racky, Heiko 171
Radenković, Petar 115, 116, 228, 243, 251
Rahn, Helmut 139, 148, 189, 210
Ramme, Jens 246
Rangnick, Ralf 68, 217, 236
Rattín, Antonio 162, 163
Rau, Johannes 141
Rausch, Friedel 52
Rehhagel, Otto 48, 55, 112, 113, 198, 229, 244
Reich-Ranicki, Marcel 228
Reif, Marcel 45, 72, 101, 159, 210
Reinders, Uwe 193
Reiner, Matthias 230
Render, Otto 50
Reuter, Stefan 127, 208
Ribbeck, Erich 70, 146, 216
Richter, Ilja 117
Ricken, Lars 210
Riedle, Karl-Heinz »Kalle« 127, 198, 210
Riedl, Johannes »Hannes« 55
Rijkaard, Frank 62
Ringelnatz, Joachim 202, 229
Rinke, Moritz 178
Ritschel, Manfred 157
Rivaldo (Rivaldo Vítor Borba Ferreira) 131
Rivera, Giovanni »Gianni« 177
Robben, Arjen 74, 249

Roggensack, Gerd 171
Rohwedder, Otto 105
Rolff, Wolfgang 197
Rolling Stones, The 176
Ronaldo (Ronaldo Luís Nazário de Lima) 131
Roos, Mary 23, 37
Rosegger, Peter 230
Rosenberg, Marianne 37
Rost, Frank 133, 166
Roth, Franz 188, 189
Roth, Petra 156
Roth, Volker 56
Rottenberg, Silke 223
Rousseau, Jean-Jacques 122
Rraklli, Altin 204
Ruge, Eugen 231
Ruländer, Hermann 48
Rummenigge, Karl-Heinz »Kalle« 33, 34, 62, 191, 200, 253
Rupp, Hans-Georg 62
Rüssmann, Rolf 24, 29
Ruth, Hans 50

S

Sacheri, Eduardo 252
Saftig, Reinhard 166
Salzmann, Sasha Marianna 256
Sammer, Klaus 246
Sammer, Matthias 68, 127, 207, 246
Sandoz, Georges 199
Sané, Souleymane 206
Santamaría, José 152
Sartre, Jean-Paul 145
Sauer, Gunnar 121, 198
Schaaf, Thomas 198
Schäfer, Bärbel 198
Schäfer, Hans 45, 116, 145
Schäfer, Winfried »Winnie« 68, 169, 196
Schäfer, Wolfgang 246

Schäfer-Hock, Christian 66
Schall, Anton 28
Schanze, Michael 61
Schatzschneider, Dieter 118, 171
Schaut, Robert 17, 18
Scheidemandel, Nika 110
Schelshorn, Peter 217
Schieck, Jürgen 50
Schiek, Jan 125
Schiller, Friedrich von 229
Schimmel, Annemarie 54
Schipplock, Sven 139
Schlappner, Klaus 143
Schleiff, Thomas 146
Schlögel, Herbert 181
Schmadtke, Jörg 202
Schmarow, Waleri 197
Schmeichel, Peter 126
Schmelzer, Marcel 52, 99, 211
Schmid, Wilhelm 146
Schmider, Roland 196
Schmidhauser, Hermann 73
Schmidt, Berthold 236
Schmidt, Helmut 182
Schmidt, Jochen 178
Schmidt-Dengler, Wendelin 231
Schmitt, Bertram 63
Schmitt, Edgar 197
Schmitt, Egon 169
Schneider, Bernd 155
Schneider, Werner 113, 166
Schnellinger, Karl-Heinz 165, 177, 240
Schöbel, Frank 115
Schober, Mathias 36
Scholl, Mehmet 121, 129, 196, 201, 250
Schön, Helmut 29, 54, 103, 141, 146, 157, 176, 190, 191, 219, 238, 242
Schopenhauer, Arthur 120, 204

Schubert, Heinz 58, 102
Schulz, Willi 238
Schulze, Ingo 246
Schulze-Marmeling, Dietrich 241
Schumacher, Harald Anton »Toni« 32, 33, 34, 35, 123, 204
Schümer, Dirk 241
Schuricke, Rudi 108
Schürrle, André 221
Schuster, Bernd 160, 173
Schuster, Dirk 67, 68, 197
Schuster, Gaby 214
Schütterle, Rainer 196, 197
Schwarzenbeck, Hans-Georg 168, 243
Schwarz-Pich, Karl-Heinz 143
Schweinsteiger, Bastian 74, 85, 219
Seeger, Robert 31
Seel, Martin 145, 248
Seeler, Uwe 45, 59, 81, 93, 139, 145, 157, 164, 165, 199, 238, 240, 248, 253
Seguin, Wolfgang 177, 178
Semlitsch, Nikolaus »Niko« 169
Senekowitsch, Helmut 28
Seyffer, Karlheinz 171
Shakespeare, William 231
Shankly, William »Bill« 17
Shearer, Alan 207
Sheringham, Edward Paul 72
Siegmann, Norbert 54, 55
Sieloff, Klaus-Dieter 174
Siemensmeyer, Hans 171
Sievers, Jörg 228
Siffling, Otto 227
Silva, Héctor 164
Simon, Steffen 240
Simonsen, Allan 60
Sindelar, Matthias 28, 95
Skoblar, Josip 122
Skocek, Johann 159

Skoglund, Lennart 45
Slomka, Mirko 237
Sloterdijk, Peter 146, 172
Sobek, Johannes »Hanne« 232
Sokrates 120
Solskjaer, Ole Gunnar 72
Sorg, Markus 205
Southgate, Gareth 186
Spahrbier, Walter 104
Spanring, Martin 202
Sparwasser, Jürgen 103, 104, 115, 178
Spengler, Oswald 145
Spies, Uwe 204
Stabel, Josef »Sepp« 119
Stanjek, Eberhard 31
Stéfano, Alfredo di 152
Stein, Ulrich »Uli« 122, 123, 154, 228, 230
Steiner, Paul 114
Steinhaus, Bibiana 223, 224
Stepanović, Dragoslav 70
Sternkopf, Michael 121, 196
Stieler, Tobias 134, 135
Stielike, Ulrich »Uli« 33, 186
Stiles, Norbert »Nobby« 59
Stindl, Lars 224
Stinka, Dieter 152
Stocker, Achim 203
Stoiber, Edmund 253
Stoppelkamp, Moritz 160
Strampe, Hartmut 36
Streich, Christian 81, 205
Strigel, Eugen 67
Strunz, Thomas 127, 128, 129
Stuhlfauth, Heiner 93, 94
Sturm, Hans »Hansi« 18
Suárez, Luis 188
Subotić, Neven 211
Suker, Davor 69
Suková, Helena 190

Szepan, Fritz 141, 227, 232
Szepesi, György 149
Szymaniak, Horst 50, 165, 196

T

Tardelli, Marco 194
Tarnat, Michael 69, 196
Taylor, John Keith »Jack« 153, 179, 180, 181, 182, 183
Theis, Amand 113
Theobald, Gerhard 57
Theune-Meyer, Tina 223
Theweleit, Klaus 82, 96
Thielen, Karl-Heinz 17, 116, 155
Thielicke, Helmut 165
Thoelke, Wim 104
Thomas, Carmen 214
Thomforde, Klaus 171
Thompson, Archie 139
Thurn und Taxis, Fritz von 126
Tiffert, Christian 66
Todt, Jens 206
Tolan, Metin 58
Toni, Luca 191
Töpperwien, Sabine 215
Toppmöller, Klaus 154, 244
Torberg, Friedrich 28, 229
Trapattoni, Giovanni 127, 128, 129, 177, 202
Trautmann, Bernd »Bert« 235, 236
Trenkel, Wilfried 196
Trésor, Marius 33
Trittin, Jürgen 198
Troche, Horacio 164, 165
Tschenscher, Kurt 164
Tuchel, Thomas 217
Turek, Anton »Toni« 48, 107, 148
Tyler, Bonnie 30
Tyll, Axel 178

U

Ullrich, Jan 195
Ulrich, Rainer 196
Ulsaß, Lothar 171
Umbach, Reinhard 21, 53
Unnerstall, Lars 121
Urban, Adolf 227

V

Valencia, Adolfo 200
Van Breukelen, Johannes »Hans« 62
Van der Ende, Mario 101
Van der Vaart, Rafael 151
Venske, Regula 103
Vestergaard, Jannik 58
Vilfort, Kim 127
Vischer, Melchior 214
Vogel, Hans-Jochen 237
Vogts, Hans-Hubert »Berti« 28, 59, 69, 70, 86, 117, 126, 144, 174, 179, 180, 207, 209, 219, 229, 230
Völler, Rudolf »Rudi« 56, 57, 61, 62, 63, 75, 129, 130, 166, 219, 251

W

Waas, Herbert 251
Walitza, Hans 171
Wallraff, Günter 103
Walter, Fritz 46, 47, 50, 107, 139, 143, 147, 150, 151, 199, 244
Wassmer, Uwe 206
Wawerzinek, Peter 103
Weber, Ralf 154
Weber, Wolfgang 18, 21
Wegmann, Jürgen 122, 123
Weidenfeller, Roman 211, 249
Weigl, Julian 52
Weil, Gerhard 171

Weißhaupt, Marco 206
Weisweiler, Hans »Hennes« 60, 174, 176, 177
Wells, Benedict 178
Welz, Gerhard 174
Wenders, Wim 186
Wenzel, Rüdiger 151
Werding, Juliane 23
Werner, Timo 68, 69, 114
Wessel, Bernhard 58
Weyland, Hans-Joachim 84
Widmayer, Herbert 59
Widmer, Urs 241
Wiedemann, Elisabeth 102
Willemsen, Roger 204
Willen, Günther 22
Wimmer, Herbert 174, 243
Wimmer, Rudi 196
Winkler, Philipp 87, 228
Winklhofer, Helmut 151
Winner, David 181
Wittich, Elke 103
Wittwer, Michael 197
Wójcicki, Roman 228
Wolf, Ror 32, 81, 142, 230
Wontorra, Jörg 215
Wörns, Christian 69, 70
Wosz, Dariusz 59
Wurtz, Robert 83
Wuttke, Benjamin 119
Wuttke, Wolfram 59, 118, 119, 120, 121

Y

Yamasaki, Arturo 81, 240
Yeats, Ronald »Ron« 18, 161
Yeboah, Anthony 154

Z

Zaczyk, Klaus 196
Zapf, Manfred 178
Zeeden, Peter 214
Zentner, Robin 224
Zeyer, Andreas 206
Zimmermann, Herbert 45, 47, 147, 148, 149, 210
Zischek, Karl 28
Zoff, Dino 194
Zorc, Michael 68
Zsolt, István 46